Shopfloor Management und seine digitale Transformation

D1724456

Jörg Brenner

Shopfloor Management und seine digitale Transformation

Die besten Werkzeuge in 45 Beispielen

Mit 116 Bildern und 2 Tabellen

Praxisreihe Qualität
Herausgegeben von Kurt Matyas

Die Autoren:

Jörg Brenner, München, selbständiger Unternehmensberater mit Schwerpunkt Lean Management.

MIX
Papier aus verantwor-
tungsvollen Quellen
FSC® C016439

Alle in diesem Buch enthaltenen Informationen wurden nach bestem Wissen zusammengestellt und mit Sorgfalt geprüft und getestet. Dennoch sind Fehler nicht ganz auszuschließen. Aus diesem Grund sind die im vorliegenden Buch enthaltenen Informationen mit keiner Verpflichtung oder Garantie irgendeiner Art verbunden. Herausgeber, Autoren und Verlag übernehmen infolgedessen keine Verantwortung und werden keine daraus folgende oder sonstige Haftung übernehmen, die auf irgendeine Art aus der Benutzung dieser Informationen – oder Teilen davon – entsteht.

Ebenso wenig übernehmen Herausgeber, Autoren und Verlag die Gewähr dafür, dass beschriebene Vorfahren usw. frei von Schutzrechten Dritter sind. Die Wiedergabe von Gebrauchsnamen, Handelsnamen, Warenbezeichnungen usw. in diesem Werk berechtigt auch ohne besondere Kennzeichnung nicht zu der Annahme, dass solche Namen im Sinne der Warenzeichen- und Markenschutz-Gesetzgebung als frei zu betrachten wären und daher von jedermann benutzt werden dürften.

Bibliografische Information der Deutschen Nationalbibliothek:

Die Deutsche Nationalbibliothek verzeichnet diese Publikation in der Deutschen Nationalbibliografie; detaillierte bibliografische Daten sind im Internet über http://dnb.d-nb.de abrufbar.

© 2019 Carl Hanser Verlag München, www.hanser-fachbuch.de
Lektorat: Dipl.-Ing. Volker Herzberg
Herstellung: Björn Gallinge
Coverkonzept: Marc Müller-Bremer, www.rebranding.de, München
Coverrealisation: Max Kostopoulos
Satz: Kösel Media GmbH, Krugzell
Druck und Bindung: Hubert & Co. GmbH & Co. KG BuchPartner, Göttingen
Printed in Germany

Print-ISBN: 978-3-446-46000-3
E-Book-ISBN: 978-3-446-46006-5

Inhalt

Geleitwort

Shopfloor Management gehört sicherlich zu den ältesten Praktiken nach der industriellen Revolution. Warum darüber noch ein Wort verlieren? Warum hierüber sogar ein Buch schreiben? Die meisten von Ihnen fühlen sich bereits wesentlich weiter und befinden sich im digitalen Zeitalter. Doch gerade diese Digitalisierung ist es, die eine Renaissance früher gängiger Konzepte bewirkt. Warum ist gerade ein Shopfloor Management wichtig für den Erfolg eines Unternehmens? Was sind deren Erfolgsfaktoren und wie realisieren gute Unternehmen dessen Nachhaltigkeit? Worauf ist bei einem digitalen Shopfloor Management zu achten? Dies wird in diesem Buch anschaulich mit Beispielen diskutiert.

Lassen Sie sich durch den weit verbreiteten Begriff Shopfloor Management nicht in die Irre führen. Die Leistungsfähigkeit dieses Systems beginnt sobald es über die eigentliche Produktion hinaus angewandt wird. Idealerweise lässt sich hiermit die Performance ganzer Bereiche und Wertströme optimieren. Beispiele hierfür sind der Auftragserfüllungsprozess, das Labor Performance Management in pharmazeutischen Betrieben ebenso wie das Launch Management. Der Markt fordert immer größere Flexibilität, das heißt stabile und schnell steuerbare Prozesse. Der Erfolg resultiert aus der zeitnahen Transparenz von realen Performance-Verlusten gepaart mit der bereichsübergreifenden, ebenso zeitnahen Problembeseitigung. Historische Daten helfen hier nur sehr bedingt. Das reale Hier und Jetzt ist ausschlaggebend für schnelle Optimierungen. Shopfloor Management macht Verluste vor Ort unmittelbar sichtbar. Zielabweichungen sind sofort erkennbar und unterstützende Fachbereiche können schnelle und strukturelle Hilfe leisten. Idealerweise ist ein Problemlösungsansatz (PDCA, QRQC, KT, ...) im Shopfloor Management integriert und visualisiert. Auf das Zusammenspiel der Abteilungen und insbesondere das Führungsverhalten kommt es an. Mitarbeiter werden bei der Transparenz helfen, solange sie bei der Lösung der Probleme positive Unterstützung erfahren. Mitarbeiter dürfen erste dokumentierte Veränderungen vornehmen. Der große Hebel liegt in der direkten Kommunikation und in Prozessoptimierungen an den Schnittstellen der Material- und Informationsflüsse. Klar strukturierte Treffen und Regelkreise garantieren schnelle Fehlerbeseitigung auf der Arbeitsebene und vermeiden unnötigen Mail-Verkehr und endlose Meetings. Schichtleiter, Meister werden vom Firefighting befreit. Bereichs- und Abteilungsleiter erhalten wieder Zeit für ihre eigentlichen Aufgaben.

Wir haben Shopfloor Management vor 20 Jahren bei Unternehmen, gleichsam bei Konzernen und Mittelständlern, eingeführt. Und wir machen es heute wieder. Bei neuen und viel zu oft wieder bei den gleichen Kunden. Sehr oft erweist sich Shopfloor Management als personenabhängig. Erfolgreiche Manager lösen die Silo-Zwänge und schaffen die konstruktive, interdisziplinäre Zusammenarbeit. Sie leiten die Organisation an und sind ein Vorbild in Führung und Verhalten. Bei Managementwechseln werden gut funktionierende Prozesse häufig als selbstverständlich angesehen und deren Pflege unterschätzt. Sie werden nicht mehr in gleicher Art und Weise geführt und ein Einschlafen guter Praktiken wird zu spät bemerkt. Ein Wiederbeleben gestaltet sich meist als zeitintensiv und ist oft nur mit professioneller externer Unterstützung zu realisieren: „dies ist unsere letzte Chance; das muss funktionieren". Ebenso riskant ist die häufige Versuchung zur schnellen Veränderung von bestehenden Shopfloor Management Prozessen. Hierbei besteht die Gefahr, äußerliche Prozesse überzubewerten. Entscheidend sind und bleiben Führung und Verhalten. Eine Problemlösungskultur bedarf Pflege. Richtig gemacht bringt Shopfloor Management den Unternehmen einen hohen Mehrwert, der Belegschaft deutlich mehr Spaß an der Arbeit und dem Management Zeit für das Wesentliche.

Kopieren Sie kein Shopfloor Management, sofern die Standorte nicht die gleiche Ausgangsbasis haben. Selbst in Konzernen machen lokale Freiräume Sinn. Die Ausgestaltung ist abhängig von der bestehenden Organisationsstruktur, deren Reifegrad sowie der Prozesse, Produkte und Kundenanforderungen. SFM lässt sich an jedes Unternehmen anpassen: Serienfertiger, Kleinserienfertiger, Kundenauftragsfertiger ebenso wie Automobil, Schiffswerft, IT und Windparks. Das Aussehen mag sehr ähneln. Die Kenngrößen, zeit- oder auftragsbezogenen Erfassungen und Zyklen werden fallweise variieren. Die Ausrichtung auf konzernweite Kennzahlen-Kaskadierungen wird sicher von Vorteil sein. In jedem Fall ist die aktive Einbeziehung der Belegschaft und des Betriebsrats unbedingt angeraten. Das System dient der Unterstützung der Mitarbeiter, um deren Probleme zu lösen und ihnen ein weitestgehend stress- und störungsfreies Arbeiten zu ermöglichen.

Im Zuge der Digitalisierung hätte die Schere nicht weiter aufgehen können: Wer SFM in den Grundzügen beherrscht, macht mit Digitalisierung den entscheidenden Schritt. Für wen SFM ein Lippenbekenntnis war, tappt in die Falle und investiert sinnlos. Noch schlimmer: Er verliert Jahre bis er der Belegschaft wieder helfen kann, den richtigen Weg zu finden. Einen Schritt nach vorne oder zeitintensiver Rückschritt, Sie haben es VOR Einführungsstart noch in der Hand.

Die internationalen Beispiele zeigen dasselbe Muster: Shopfloor sowie Management besteht auch weiterhin aus Menschen. Start Up's ohne die alten Zöpfe tun sich leichter mit neuen Ansätzen. Mittelständler und Konzerne hinterfragen häufig zu wenig. Oft wird gestartet, weil es im Trend ist, sehr oft wird zu schnell gegen die Digitalisierung entschieden, viel zu oft ist nicht klar wo und wie anfangen. Vor allem ist oft unklar, welches die direkten und indirekten Auswirkungen sind und auf welche Architektur aufgebaut werden soll. Entscheiden Sie bewusst und führen dies – manuell oder digital – zum Erfolg.

Freuen Sie sich auf die spannenden Beispiele und kritischen Diskussionen. Dieses Buch wird Ihnen bei Ihrer Entscheidung helfen und Ihren Weg aus der Digitalisierungsfalle hin zum erfolgreichen Shopfloor Management zeigen. Viel Erfolg! Und glauben Sie mir: richtig gemacht, macht es allen viel Spaß.

Björn Jandke

Managing Partner, Growtth® Consulting Europe GmbH, Starnberg

Vorwort

Lean Shopfloor Management ist nun sicherlich kein neues Konzept. Für viele Unternehmen und Lean-Experten handelt es sich um eine selbstverständliche Komponente von Lean Production, die seit vielen Jahren ihre erfolgreiche Anwendung in der Industrie findet. Daher wurde mir auch immer wieder die Frage gestellt, wie es zu diesem Buch kam. Die Idee dazu entstand aus der Erfahrung mit zahlreichen Firmen, dass Shopfloor Management doch nicht als so selbstverständlich angesehen werden sollte. Diese Firmen lassen sich mehr oder weniger in zwei Gruppen unterteilen. Die einen hatten einmal ein funktionierendes Shopfloor Management und leben es nur mehr sehr eingeschränkt. Die anderen haben noch so gut wie keine Erfahrung mit Lean oder lehnen das Konzept mit all seinen Komponenten eher ab. Sehen wir uns die Gründe für beide einmal etwas genauer an.

Immer mehr Unternehmen betreiben Shopfloor Management nicht mehr mit der Konsequenz, wie sie es bereits getan hatten. Die Begründung liegt zumeist nicht darin, dass sie es nicht für relevant halten. Es ist vielmehr der eigene Erfolg, der sie daran hindert. Die geforderten Volumen stiegen kontinuierlich und es wird immer schwieriger, die operativen Ziele zu erreichen. Langsam schleichen sich mehr und mehr Fehler in der Produktion aber auch in den indirekten Bereichen ein, was die Situation noch verschlimmert. Niemand erhält allerdings die zeitlichen Freiräume, sich um die neuerliche Stabilisierung der Prozesse zu kümmern. Viele Unternehmen fallen dadurch in das alte Verhalten des Firefightings zurück. Der Fokus liegt auf der Beseitigung der Symptome, um die notwendigen Stückzahlen zu erreichen. Es werden nicht die richtigen Ressourcen für ein vernünftiges Shopfloor Management zur Verfügung gestellt, um Stabilität und daraus auch eine Verbesserung der Prozesse zu erreichen. Diese Kapazitäten werden zur Produktion der notwendigen Stückzahlen bereitgestellt. Die Folge daraus sind häufig explodierende Kosten. Manche Firmen kommen damit wieder zur Erkenntnis, dass sie sich der alten Tugenden des Shopfloor Managements besinnen sollten. Teilweise können sie auf bereits existierende Prozesse und Werkzeuge zurückgreifen, andere müssen es von Neuem aufbauen.

Die andere Gruppe besteht aus den Unternehmen, die keinerlei oder nur sehr eingeschränkte Erfahrung mit Lean Production haben. Für manche Firmen stellt Lean ein Konzept dar, dass nur in der Automobilindustrie funktioniert und für sie keine Relevanz hat. Andere haben schon manche Facetten versucht und hatten damit keine Erfolge. Sehr oft liegt es dann aber auch daran, dass sie Lean Production als gesamtes Konzept nicht richtig verstanden haben. Nur weil One-Piece-Flow oder Kanban nicht das Allheilmittel sind, sollten die grundlegenden Ideen von Fluss und auch das kontinuierliche Streben nach Verbesserung von Prozessen in allen Unternehmen ihre angepassten Anwendung finden können. Dann gibt es letztendlich Firmen, die von Lean noch nichts gehört haben. So etwas gibt es nach wie vor. Alle haben natürlich die Gemeinsamkeit, dass sie in ihrer Produktion kein Lean Shopfloor Management betreiben oder betreiben wollen. Sie verwenden häufig verschiedene Kennzahlen oder haben ein Vorschlagswesen. Ein klar strukturiertes Shopfloor Management lässt sich allerdings nicht finden. Und dieses Phänomen lässt sich nicht nur in kleinen Familienbetrieben finden, in denen sich eventuell der Eigentumer gegen solche Konzepte verwehrt. Sehr viele dieser kleinen Unternehmen können sogar häufig wesentlich weiter entwickelt sein als Fabriken von großen Konzernen. Selbst in diesen ist es nicht selten schockierend, auf welchem Niveau sie sich aus Sicht von Lean Production und damit auch Shopfloor Management befinden.

Egal ob ein Unternehmen nun bereits Erfahrung mit Shopfloor Management hat oder nicht, sie können sich alle nicht der Diskussion zur Digitalisierung entziehen. Ob nun Neustart oder Neuland fragen sich allerdings viele Unternehmen, welche Art von digitaler Unterstützung verwendetet werden sollte. Der Erfahrungsschatz dazu ist zumeist sehr gering. Es gibt auch nicht viele Firmen, die schon Jahre der Erfahrung damit haben. Es beginnt also eine Zeit der Findung, was wie möglich wäre. Wer hat bereits mit welchen Werkzeugen Erfahrung? Welche Anbieter gibt es in der Software- und Beratungsbranche, die die Unternehmen bei der Digitalisierung des Shopfloor Managements unterstützen können? Was muss bei der Einführung besonders berücksichtig werden? So begann eine Suche nach Unternehmen, die ihre Erfahrungen teilen konnten und wollten. In über 20 Jahren als Berater hatte ich genug Beispiele und Erfahrungsberichte, wie in den verschiedenen Industrien Shopfloor Management auf Basis analoger Werkzeuge betrieben wurde. Die digitale Einführung steckte bei den meisten allerdings noch in den Kinderschuhen. Es sollte sich über ein Jahr hinweg ziehen, bis ich endlich ausreichend Unternehmen ausfindig machen konnte, die Shopfloor Management auch auf digitaler Basis betrieben. Für die meisten sollte es aber auch immer noch ein Entwicklungsprozess sein, der bei Weitem noch nicht abgeschlossen ist. Es gibt auch sicher noch zahlreiche Unternehmen, die sich in einer ähnlichen Entwicklungsphase befinden oder vielleicht auch schon wesentlich weiter vorangeschritten sind. Das Potenzial, noch weitere interessante Praxisbeispiele mit zusätzlichen Erfahrungen und Eindrücken zu finden, ist zweifelsohne enorm. Ziel für dieses Buch ist es also auch, mit den Fortschritten der Digitalisierung mitzuwachsen. Ich sehe diese Ausgabe nur als den ersten Schritt, den Stand der Entwicklung aufzuzeigen. Sie werden also in den folgenden Kapiteln den Fortschritt der Digitalisierung im Zusammenhang mit Shopfloor Management so vorfinden, wie er sich mir bei zahlreichen Firmenbesuchen und Teilnahmen an Konferenzen geboten hat. Hoffentlich kommt es noch zu weiteren Ausgaben, in denen kontinuierlich neue Praxisbeispiele aufgenommen werden können. Das Thema steckt, wie gesagt, für viele Unternehmen noch in den Kinderschuhen. Diese Schuhe und damit das Buch sollen gemeinsam wachsen.

Da, wie eingangs bereits erwähnt, viele Unternehmen kein strukturiertes Shopfloor Management haben, wird dieses zuerst in seinen Grundzügen erklärt. Im ersten Kapitel folgt daher ein Überblick zu den Aufgaben des Shopfloor Managements. Dieser Teil beinhaltet auch eine kurze Einführung zu den fünf in diesem Buch definierten Werkzeugen Standards, Kennzahlen, Visualisierung & Regelkreise, Mitarbeiterführung und Schnittstellenmanagement. Im Folgenden ist jeweils ein Kapitel einem dieser Werkzeuge gewidmet. Nach einem kurzen, theoretischen Teil wird deren Anwendung anhand von zahlreichen Praxisbeispielen detailliert erklärt. Bei Standards und Kennzahlen geht es um deren allgemeine Bedeutung und wie sie in verschiedenen Produktionsumfeldern verwendet werden können. Ein Bezug zur Digitalisierung ist daher hier noch nicht notwendig. Erst beim dritten Werkzeug Visualisierung & Regelkreise wird zwischen einer analogen und einer digitalen Ausführung unterschieden. Dies setzt sich in den folgenden zwei Kapiteln zur Mitarbeiterführung und dem Schnittstellenmanagement fort. Den Abschluss bildet eine kritische Auseinandersetzung zwischen Lean und Digitalisierung. Wo kann es also eventuell zu Widersprüchen kommen? Letztendlich sollen Ihnen alle Kapitel einen Überblick geben, wie die unterschiedlichen Werkzeuge des Shopfloor Managements funktionieren und wie sie wo angewendet werden können. Durch die Gegenüberstellung von analogen und digitalen Anwendungsmöglichkeiten soll Ihnen geholfen werden, selbst zu entscheiden, wie viel digitale Unterstützung für Sie sinnvoll und notwendig ist.

Ich möchte mich abschließend noch bei den Personen und Firmen bedanken, die bereit waren, mich bei der Erstellung dieses Buches zu unterstützen. Für die meisten Unternehmen sollte eine gewisse Anonymität wichtig sein. Daher sind nur sehr wenige Firmen in diesem Buch auch namentlich genannt. Für die nichtgenannten gab es unterschiedlichste Gründe für diese Entscheidung. Dies soll aber natürlich nicht die Bedeutung ihres Beitrages schmälern. Über die Jahre werde ich hoffentlich noch zahlreiche weitere, interessante Praxisbeispiele hinzufügen können, die den Weg zum digitalen Shopfloor Management aufzeigen können.

Jörg Brenner

1 Grundlagen des Shopfloor Managements

1.1 Managementansätze der Produktion in der Praxis

Die Produktion stellt für zahlreiche Unternehmen den zentralen Bereich dar, in dem die Wertschöpfung für den Kunden erstellt wird. Viele wichtige Faktoren, die die Höhe der wertschöpfenden und nicht-wertschöpfenden Aktivitäten in der Produktion bestimmen, sind allerdings schon vor dem Start eines Fertigungsloses vorgegeben. Das Design der Produkte oder Prozesse aus den verschiedenen Engineering-Bereichen bestimmen bereits vorab, wie viel Verschwendung in den Prozessen steckt. Die Planung wiederum gibt der Produktion vor, was wann in welcher Zeit zu produzieren sei. Selbst externe Einflussfaktoren wie die Lieferanten mit der Qualität der Produkte oder der Pünktlichkeit der Lieferungen haben einen nicht unerheblichen Einfluss auf die Arbeit innerhalb eines Produktionsbereiches oder auch Shopfloor genannt. So mancher mag den Shopfloor daher nur als ausführendes Organ ansehen, das die Vorgaben anderer Bereiche umsetzen soll.

Auch wenn viele Aspekte der Bearbeitung eines Auftrages vorbestimmt sein mögen, landet in jedem Unternehmen letztendlich die Verantwortung für die Erfüllung dieses am Shopfloor. Die Produktion wird daran gemessen, ob sie Termine einhält, die Bestände unter Kontrolle hat oder nicht zu viel Personal einsetzt. Teilweise ist die Verschwendung in den Prozessen auch verursacht durch falsche Entscheidungen innerhalb der Produktion. Häufig sind sie, wie schon oben erwähnt, auch das Ergebnisse der Arbeit anderer. Was auch immer der Grund sein mag, es gibt zahlreiche Faktoren, die die Produktion vom verschwendungsfreien Erfüllen der Anforderungen der Kunden abhält. Am Shopfloor liegt allerdings auch das größte Potenzial, Verschwendung zu erkennen und zu beseitigen. Alle Mitarbeiter und Vorgesetzten (oder Shopfloor Manager) müssen nur die richtigen Werkzeuge erhalten, gekoppelt mit dem Wissen, der Motivation und der Möglichkeit. Und genau dies funktioniert in vielen Unternehmen nur eingeschränkt oder gar nicht.

Lean Shop Floor Management stellt ein umfangreiches Konzept dar, das die notwendigen Zielsetzungen und Werkezuge beinhaltet für die Stabilisierung und Verbesserung von Prozessen. Es geht ganzheitlich darum, wie und mit welchen Hilfsmitteln eine Führungskraft, wie ein Meister oder Bereichsleiter, den Ort der Wertschöpfung leitet, um gewisse Ziele zu erreichen. Lean Shopfloor Management unterscheidet sich durch zahlreiche Punkte von anderen Managementstilen, die in der Praxis vorhanden sind. Als Einstieg folgt ein kurzer Überblick zu drei Ausprägungen, die wir häufig in Unternehmen vorfinden und die in vielen Punkten einem Lean Shopfloor Management entgegenlaufen. Durch die Beschreibung der größten Schwächen soll der Leser auch bereits gedanklich auf die Vorteile des Shopfloor Managements hingewiesen werden.

 Mikro-Management

Wird den Mitarbeitern von der Führungskraft im Detail vorgegeben, was wie zu machen ist, dann handelt es sich zumeist um Mikro-Management. Es kann sogar so weit führen, dass Hierarchieebenen übersprungen werden und unmittelbar Anweisungen an die operativen Mitarbeiter vom Management erfolgen. Ein Abteilungsleiter umgeht zum Beispiel den Meister und gibt direkte Anordnungen an einen Maschinenbediener. Die Führungskraft ist zumeist davon überzeugt, dass

- nur er weiß, was zu machen ist.
- die Ebenen unter ihm nicht kompetent genug sind, alleine die richtigen Entscheidungen zu treffen.

Alle Ebenen unterhalb dieser Führungskraft werden zu reinen Ausführungsorganen degradiert, die keine eigenen Ideen einbringen oder Entscheidungen treffen können. Alle notwendigen Informationen sind in einer Hand gebündelt und Transparenz ist nicht wirklich erwünscht.

Praxisbeispiel 1.1 – Der typische Mikromanager

Bei einem großen Zulieferer der Automobilindustrie hatte ein Abteilungsleiter vier Meisterbereiche unter sich. Für alle Ebenen war es klar, dass er alles „im Griff" hatte. Es gab kaum ein Detail aus seinen Bereichen, über das er nicht Bescheid wusste. Kam es zu irgendeiner Störung, gab er ganz klare, detaillierte Anweisungen an seine Meister, was zu machen sei. Häufig kam es sogar vor, dass er noch vor ihnen von einem Problem wusste, sodass er sich direkt an die Teamleiter oder die Maschinenbediener wandte. Auch die Nachtschicht kontaktierte ihn öfters, falls Probleme auftraten. Und auch diese konnte er in vielen Fällen unmittelbar am Telefon durch einfache Anweisungen beheben.

Alle notwendigen Informationen hatte er in seinem Kopf oder konnte relativ zeitnah über sein Tablet abrufen. Das Teilen von Informationen mit seinen Mitarbeitern stellte für ihn keine Notwendigkeit dar, da alle Entscheidungen von ihm
getroffen wurden. Die Meister, Teamleiter und Mitarbeiter führten diese nur aus.
Transparenz war in diesen Bereichen nur ein Fremdwort.

Der Erfolg gab ihm ja auch Recht, da die Ziele der wichtigen Kennzahlen stets erreicht wurden. Da er nun in diesem Bereich so hervorragende Arbeit geleistet
hatte, wurde er in einen anderen versetzt, der seit geraumer Zeit Probleme mit der
Ausbringung hatte. Innerhalb weniger Monate kam es in seinen ursprünglichen
Bereichen fast zum Kollaps. Maschinenstillstände häuften sich, die Ausschuss-
raten schossen in die Höhe und damit konnten keine Stückzahlziele mehr erreicht
werden. Alle im Unternehmen fragten sich nun, was aus diesem ehemaligen Vor-
zeigebereich in so kurzer Zeit passieren konnte! Nach etwa einem Jahr übernahm
die Führungskraft wieder seine alten Bereiche, um das sinkende Boot zu retten.
Erst allmählich wurde realisiert, dass er selbst der eigentliche Kern des Problems
war bzw. sein Mikro-Management. Er hatte eine völlig unselbstständige Mannschaft zurückgelassen, die selbst mit einfachsten Herausforderungen nur sehr
schwer umgehen konnte.

Folgende besondere Schwachpunkte des Mikro-Managements lassen sich daraus
ableiten:

- Keine einzige Ebene unter dem Bereichsleiter konnte eigenständig Probleme
  lösen. Sie hatten weder die Kompetenz noch die Freiheiten dazu, es wurde ihnen
  nie beigebracht. Fällt die eine Problemlösungskompetenz weg, weiß niemand
  mehr, wie Abweichungen und Störungen nachhaltig und systematisch behoben
  werden.

- Informationen wurden nicht geteilt oder transparent gemacht. Selbst für die
  Meister stellten die täglichen Stückzahlen die einzig brauchbare Information
  dar. Dadurch konnten auch auf den unterschiedlichsten Ebenen keine Entscheidungen getroffen werden, weil schlicht die Informationen dazu fehlten. Diese
  lagen gebündelt in einer Hand. Speziell den Meistern mangelte es nach der Um-
  besetzung der Führungsposition an der Erfahrung, aus den vorhandenen Daten
  und Informationen die richtigen Entscheidungen abzuleiten.

- Es konnte keine Verbesserungskultur entstehen. Alle Mitarbeiter stellten nur
  ausführende Organe dar, die keine eigenen Ideen einbringen konnten. Alle Verbesserungsansätze wurden vom Bereichsleiter identifiziert und von seiner
  Mannschaft umgesetzt. Das Wissen der Mitarbeiter um die Prozesse, Anlagen
  etc. wurde in keiner Weise genutzt, um den Bereich als Ganzes voranzubringen.

- Die Motivation der Mitarbeiter beschränkte sich auf die Erfüllung ihrer Arbeit
  der acht Stunden in einer Schicht. Die Mitarbeiter an den Anlagen hatten besonders aus zwei Gründen einen gewissen Frustrationslevel erreicht. Einerseits

realisierten sie, dass ihnen die Tcamlcitcr und Meister nicht wirklich helfen konnten, wenn sie ein Problem hatten. Andererseits konnten sie sich nicht einbringen und ihre Meinung wurde nicht geschätzt. Allerdings sollte die Situation auch für die Meister und Teamleiter nicht sehr motivierend sein. Mit dem alten Bereichsleiter durften sie nicht und ohne ihn konnten sie nicht. Sie standen plötzlich vor Problemen, mit denen sie nicht umzugehen wussten.

 Firefighting

Beim Firefighting wird ein Problem nach dem anderen gelöst, ohne dass die ursprüngliche Ursache beseitigt wird. Dadurch entsteht dasselbe Problem immer wieder. Die Führungskraft löscht ein Feuer, dann das nächste und das nächste, ohne wirklich zu analysieren, warum das Feuer überhaupt entstanden ist. Eine nachhaltige Vermeidung der Feuer wird nicht angestrebt.

Hört sich prinzipiell sehr unlogisch an, ist es auch. Es hat allerdings für die jeweilige Führungskraft nicht zu unterschätzende Vorteile. Aus der Praxis heraus haben sich folgende Erklärungen ergeben, wieso dieser Ansatz für viele Manager eine besondere Attraktivität hat.

- Wer stehe mehr im Rampenlicht? Die Person, die ein Feuer gelöscht hat? Oder die Person, die das Feuer von vornherein verhindert hat? In vielen Unternehmen haben Manager, die für eine rasche Beseitigung von Problemen bekannt sind, ein besonders hohes Ansehen. Sie gelten als die Personen, die eine hervorragende Problemlösungskompetenz haben.

  Bleibt eine Maschine stehen, finden sie schnell eine Lösung, wie sie wieder zum Laufen gebracht wird. Verzögert sich eine Lieferung an den Kunden, schaffen sie noch den Liefertermin. Dies sind sehr transparente Leistungen, die den Status innerhalb des Unternehmens fördern. Wurde allerdings von vornherein verhindert, dass die Maschine stehen bleibt, so kann niemand darüber sprechen. Es ist ja nichts geschehen, was die Aufmerksamkeit aller bindet. Die Firefighter sind also die Helden des Unternehmens. Von den anderen spricht man kaum.

- Für die beiden Ansätze sind auch unterschiedliche Qualifikationen und Systematiken erforderlich. Ein Firefighter kennzeichnet sich zumeist durch ein detailliertes Wissen der betroffenen Prozesse und einer gewissen technischen Kreativität aus. Es ist der perfekte Ansatz für Personen, die gerne an Lösungen tüfteln. Beim Vermeiden der Feuer sind dagegen folgende Punkte von Bedeutung.

  - Fundierte Kenntnisse von Problemlösungsprozessen. Ausgehend vom PDCA-Zyklus (Plan – Do – Check – Act) von Deming (Deming, 1982) werden die klassischen Problemlösungswerkzeuge wie Ishikawa-Diagramm oder 5-Warum verwendet, welche in den folgenden Kapiteln erklärt werden. Alle diese Werkzeuge erfordern ein diszipliniertes und strukturiertes Vorgehen.

- Einbindung des Fachwissens der Betroffenen und Beteiligten. Die Lösungen werden zumeist in solch einem Prozess nicht von einer einzelnen Person erarbeitet. Sie entsteht aus einer Teamleistung mit Mitarbeiter und den dazugehörenden Servicebereichen wie Instandhaltung oder Qualität. Die Führungskraft ist vielleicht gar nicht beteiligt oder fungiert „nur" als Moderator oder Teammitglied.

Praxisbeispiel 1.2 - Der typische Firefighter

Der Leiter eines Montagebereiches in einem Automobilwerk stellte das perfekte Beispiel eines Firefighters dar. Kam es zu einem größeren Problem, das nicht von den Mitarbeitern unmittelbar beseitigt werden konnte, war er zur Stelle. In den meisten Fällen fand er relativ rasch eine Lösung, wie die Montage wieder zum Laufen gebracht werden konnte. Dass gewisse Störungen immer wieder auftraten, wurde nie thematisiert. Sein Fokus lag darauf, dass die Prozesse so schnell als möglich wieder funktionierten.

Einmal trat allerdings ein Problem auf, das sich nicht so leicht beheben ließ. Im Karosseriebau wurden an einem Schweißroboter mehrere Blechteile verschweißt, die im weiteren Verlauf im Motorinnenraum verbaut wurden. Zwei Komponenten, die am betroffenen Prozessschritt verarbeitet wurden, waren Halter mit jeweils einem Langloch. Diese Teile wurden so in die gesamte Konstruktion verschweißt, dass sie übereinandergelegt ein Loch ergeben sollten, in dem in der Montage der Tank für das Scheibenwischerwasser verschraubt werden sollte. (Bild 1.1 linkes Bild). Beim Montieren des Wassertanks kam es allerdings immer wieder zu einem erschwerten Verschrauben, da die Löcher eher ellipsenförmig waren (Bild 1.1 rechtes Bild).

Bild 1.1 Vergleich korrekte Überlappung der Langlöcher (links) vs. inkorrekt

Da das Loch innerhalb des Motorraumes kaum mehr sichtbar war, konnte diese Abweichung auch nicht durch bloßes Hinsehen bemerkt werden. Für die Mitarbeiter stand nur der zusätzliche Aufwand beim Verschrauben im Fokus, da er letztendlich zu ergonomischen Problemen führte. Mehrere Versuche, mit anderen Werkzeugen die Montage auch bei einem ellipsenförmigen Loch zu erleichtern, scheiterten am Platzmangel im Motorraum. Das Symptom konnte nicht beseitigt werden, das Feuer wurde also nicht gelöscht.

Nach einiger Zeit musste der Bereichsleiter eingestehen, dass er mit seinem Ansatz nicht mehr weiter kam. Erst durch die Unterstützung eines Mitarbeiters der internen Lean-Mannschaft, der in einem kleinen Workshop mit Werkern und dem Werkzeugbau die 5-W-Methode anwandte, konnte die Ursache für das erschwerte Verschrauben gefunden werden. Es stellte sich heraus, dass die Vorrichtung zur Aufnahme der Teile am Schweißroboter leicht verzogen war. Lagen die Maße der Löcher der einzelnen Teile an den äußeren Toleranzgrenzen, ergab es dieses ellipsenförmige Loch. Jedes Teil für sich entsprach den Vorgaben, verschweißt stimmte das Ergebnis nicht mehr. Nachdem dies repariert wurde, gab es keine Beanstandungen mehr.

Obwohl ihm dieser Fall die Grenzen seiner Vorgehensweise aufgezeigt hatte, blieb er dem Ansatz des Löschens der Feuer treu. Er war auch im gesamten Werk bekannt dafür, dass er immer passende „Lösungen" fand und Stillstände schnell behoben wurden. Dies trug dazu bei, dass er nach einiger Zeit zum Montageleiter befördert wurde.

Auch hier ergeben sich wieder einige Punkte als Schwächen des Firefightings:

- Es wird nur an Symptomen und nicht an den grundsätzlichen Ursachen einer Abweichung gearbeitet. Damit wird nicht verhindert, dass dasselbe Problem immer wieder auftreten kann. Ressourcen werden jedes Mal verschwendet, wenn dieselbe Störung erneut entsteht.
- Die Mitarbeiter werden nicht in die Problemlösung miteinbezogen. Die Lösungen werden zumeist nur von einer Person definiert. Einerseits wird das Wissen der Mitarbeiter bez. der Prozesse nicht genutzt. Von ihnen könnten in vielen Fällen bessere Lösungen kommen als vom Firefighter. Die umgesetzte Lösung würde auch eher von ihnen akzeptiert werden, wenn sie bei der Definition beteiligt gewesen wären. Andererseits werden sie damit nicht zum selbstständigen Problemlösen erzogen. Es wird immer eine bestimmte Abhängigkeit von den Ideen des Firefighters bestehen.

 Remote Leadership

Durch die fortschreitende Digitalisierung rückt das Konzept von Remote Leadership – oder auch Management bei Fernsteuerung – immer mehr in den Fokus. Prinzipiell geht es darum, dass die Führungskraft und deren Mitarbeiter nicht mehr unmittelbar am selben Ort sein müssen. Die Interaktion findet zum größten Teil über elektronische Medien statt. Wie die meisten Konzepte der Industrie 4.0 oder der digitalen Fabrik ist auch dies nicht unbedingt ein neuer Ansatz. In der einen oder anderen Form ist es häufig nur eine Fortsetzung oder manchmal auch nur eine neue Verpackung für bereits angewandte Konzepte. Vieles wird nur einfacher oder effizienter als in der ursprünglichen Form.

Beim Remote Leadership verlässt sich die Führungskraft auf die Informationen, die sie in digitaler Form zur Verfügung gestellt bekommt. Die Präsenz am Ort der Wertschöpfung reduziert sich auf ein Minimum, ebenso der direkte, persönliche Kontakt mit den Mitarbeitern. Egal wo sich die Führungskraft gerade befindet, kann sie über ein elektronisches Medium ständig alle relevanten Informationen abrufen und dadurch die notwendigen Entscheidungen treffen.

Um aufzuzeigen, dass der Grundgedanke nicht unbedingt neu ist, wird hier ein relativ altes Praxisbeispiel verwendet. Auch damals zeigten sich schon einige Tücken des Remote Managements, die heute noch genauso ihre Bedeutung haben.

Praxisbeispiel 1.3 – Der typische Remote Manager

Beim folgenden Beispiel handelt es sich um einen Produzenten von Stangen und Profilen aus Aluminium, welches aus dem Jahr 2002 stammt. Der Automatisierungsgrad in diesem Unternehmen war weit fortgeschritten und die meisten Anlagen waren an ein BDE (Betriebsdatenerfassung)-System gekoppelt. Wichtige Maschinendaten konnten zeitnah über dieses BDE-System abgerufen werden. Dies beinhaltete auch den aktuellen Status einer Anlage. Zahlreiche Störungsgründe wurden direkt über die Anlage an das BDE übermittelt. Die Mitarbeiter mussten allerdings nach wie vor einzelne Stillstandsgründe wie Material- oder Personalmangel manuell eingeben.

Da der Fortschritt der digitalen Medien in 2002 noch nicht so weit war, konnten diese Informationen nur über stationäre Computer abgerufen werden. Der Produktionsleiter hatte sich dazu in seinem Büro einen „Leitstand" einrichten lassen, der aus mehreren Bildschirmen bestand. So hatte er ständigen Einblick, was zu jedem Zeitpunkt an jeder einzelnen Anlage passierte; produzierte sie gerade oder hatte sie eine der vordefinierten Störungen. Sah er die Notwendigkeit, griff er zum Telefon und löste anstehende Probleme mit der jeweils relevanten Person. Durch die so gegebene Transparenz reduzierte er seine Anwesenheit in der Produktion auf ein absolutes Minimum. Die täglichen Produktionsbesprechungen wurden entsprechend auch in einem eigens dafür ausgestatteten Besprechungsraum durchgeführt.

Er hatte über sein System absolute Transparenz und konnte daraus auch immer die notwendigen Entscheidungen ableiten. Zumindest war er davon überzeugt. Einer der wichtigsten Stillstandsgründe sollte fehlendes Material sein, – ein Problem –, verursacht durch die interne Logistik. Deshalb hatte er ständige Diskussionen mit dem Leiter dieses Bereiches, dass sie zahlreiche Stillstände in der Produktion verursachen würden. Die Zahlen belegten es ja.

Hätte er sich allerdings öfters die Mühe gemacht und wäre in die Produktion gegangen, hätte er ein anderes Bild vorgefunden. Der Code für fehlendes Material wurde von den Mitarbeitern missbraucht, wenn sie eine andere Stillstandsursache damit nicht-transparent machen wollten. Dies reichte von übermäßig langen Rüst-vorgängen (Erreichen der Vorgaben für Rüstvorgänge war Teil der Bonuszahlungen) bis hin zu „nicht-geplanten" Rauchpausen. Die absolute Transparenz der Produktion stellte sich demnach als Trugbild heraus.

Sie werden in den folgenden Kapiteln kritische Anmerkungen und Beispiele zum Thema Digitalisierung lesen. Es sollen aber natürlich auch die zahlreichen Vorteile und Möglichkeiten hervorgehoben werden. Das gerade beschriebene Praxisbeispiel zeigt bereits einige der kritischsten Punkte zu diesem Thema.

- Die Anwesenheit der Führungskraft am Ort der Wertschöpfung wird immer notwendig sein. Das System mag noch so ausgeklügelt und effizient sein, es kann nie zu 100 % die Arbeit vor Ort ersetzen. Das Verständnis, was am Shopfloor tatsächlich passiert, kann auch virtuell – zumindest momentan noch nicht – nicht in all seinen Facetten abgebildet werden. Jeder Produktions- und administrative Bereich ist wie ein lebender Organismus, der seine eigene Dynamik hat.
- Die Menschen stellen beim Shopfloor Management immer noch einen zentralen Faktor dar. Automatisierung und Digitalisierung gehen momentan Hand in Hand. Für rein manuelle Produktionsbetriebe ist das Thema Digitalisierung noch nicht so weit ausgereift wie für hoch-automatisierte. Für viele Unternehmen ist das Thema Digitalisierung daher genauso wenig fortgeschritten wie die Automatisierung selbst. Für die Führungskraft geht es demnach nicht nur um zeitnahe Daten zu Anlagen und Produktionsaufträgen. Führung der Mitarbeiter vor Ort lässt sich nur eingeschränkt über ein Tablet oder Smartphone realisieren.

■ 1.2 Aufgaben und Werkzeuge des Shopfloor Managements

Shopfloor Management, wie es in diesem Buch behandelt wird, ist ein integraler Bestandteil von Lean Management. Die Philosophie, die Ideen und Konzepte, die Lean Management ausmachen, sollen durch das entsprechende Shopfloor Management umgesetzt und gefördert werden. Selbst wenn gewisse Aspekte von Lean Management in ihrem Unternehmen nur in einem eingeschränkten Umfang oder gar keine Anwendung finden, sollte Shopfloor Management konsequent umgesetzt werden. One-Piece-Flow, Kanban oder SMED sind vielleicht nur Begriffe für ihr Unternehmen, die keine praktische Relevanz haben. Die Ziele und Werkzeuge von Shopfloor Management sollte es allerdings in jedem Fall haben. Und es sollte auch in der Produktion nicht halt machen. Sämtliche indirekte Bereiche können von einem funktionierendem Shopfloor Management genauso profitieren. Was sind nun aber die Aufgaben und Werkzeuge? (Bild 1.2)

In den folgenden Seiten des ersten Kapitels wird jeder Punkt aus Bild 1.2 kurz erklärt, um eine erste Übersicht zu erstellen und die Zusammenhänge zu erklären. In den weiteren Kapiteln des Buches werden diese detaillierter ausgeführt und mit Praxisbeispielen verständlich gemacht.

Aufgaben des Shopfloor Managements		
	Operative Zielerreichung (tägliche Ausbringung; reaktive Behebung von Abweichungen)	Strategische Zielerreichung (Verbessserungs-management; aktive Vermeidung von Abweichungen; Erhöhung von Standards)
Werkzeuge des Shopfloor Managements		
Standards	Basis für die Definition der operativen Ziele; Vorgabe der korrekten Durchführung der Prozessschritte	Basis für die Definition von Inhalten und Zielen von Verbesserungen
Kennzahlen	Abweichungen vom Sollzustand feststellen und kommunizieren; Basis zur Einleitung von Gegenmaßnahmen	Potentiale und Wirkung von Verbesserungsmaßnahmen aufzeigen
Visuelles Management & Regelkreise	Hilfsmittel, um Einhaltung von Standards zu erleichtern; Visuelle Darstellung von Abweichung zur Einleitung von Gegenmaßnahmen	Visuelle Darstellung von Kennzahlen, Trends und sonstigen Informationen zur Unterstützung des Verbesserungsprozesses
Mitarbeiterführung	Unterstützung zur Erreichung der operativen Ziele	Coach zum „Sehen Lernen" und Verbesserungsmaßnahmen zu definieren; Unterstützung bei Umsetzungsmaßnahmen. Potentiale der Mitarbeiter ermitteln und einholen
Schnittstellenmanagement	Koordination mit den angrenzenden Bereichen für eine fließende Auftragsbearbeitung	Koordination und Einbindung aller betroffenen direkten und inderekten Bereiche bei Verbesserungsaktivitäten

Bild 1.2 Übersicht Aufgaben und Werkzeuge des Shopfloor Managements

1.2.1 Aufgaben des Shopfloor Managements

Grundsätzlich ist das Shopfloor Management darauf ausgerichtet, die Ziele des Unternehmens, des Bereiches und jedes einzelnen Arbeitsplatzes zu erreichen. Wie der Name Shopfloor schon aussagt, soll dies direkt am unmittelbaren Punkt der Wertschöpfung geschehen. Dies kann in den jeweiligen Produktionsbereichen im Rahmen von Lean Production oder in den Arbeitsplätzen der Büros im Lean Administration sein.

Warum also die Ziele auf den unterschiedlichen Ebenen eines Unternehmens? Folgende übergeordneten Punkte sind in dem gesamten Zusammenhang wichtig für die weiteren Ausführungen:

- Unterscheidung zwischen operativen und strategischen Zielen
- Definition, Ableitung und Zusammenhang der Ziele auf den einzelnen Ebenen des Unternehmens

 Unterscheidung zwischen operativen und strategischen Zielen

Mit den operativen Zielen sind die eigentlichen, wertschöpfenden Aufgaben eines Bereiches gemeint. Jeden Tag muss eine Anzahl von Aufträgen oder eine Menge an Produkten gefertigt werden. Neben den reinen Stückzahl-bezogenen Vorgaben werden zumeist auch Ziele zu Qualität und Terminen definiert. Der Verantwortliche eines Bereiches erhält also die Informationen, was, in welcher Menge und Qualität bis wann gefertigt werden soll. Die Aufgabe des Shopfloor Managers ist es nun, seinen Bereich so zu organisieren und zu managen, damit diese Ziele erreicht werden. Die Gratwanderung bei schlanken Unternehmen liegt oft darin, in welchem Grad diese Aufgaben vom Shopfloor Manager, von den Mitarbeitern oder unterstützenden Einheiten wahrgenommen werden. Hier gehen wir einmal davon aus, dass es sich um klassische Tätigkeiten des Shopfloor Managers handelt, Die Verantwortung obliegt zumindest in der Person des Shopfloor Managers.

- Planung und Vorbereitung eines Auftrages: Der Shopfloor Manager stellt sicher, dass alle notwendigen Maßnahmen ergriffen wurden, damit die Arbeit an einem Auftrag begonnen werden kann.
  - Planung und Einteilung der notwendigen Ressourcen, soweit dies nicht über die Planungsabteilung geschieht
  - Sicherstellung der Verfügbarkeit der notwendigen Mitarbeiter, Anlagen und Materialien
  - Steuerung der einzelnen Aufträge vor Ort
- Begleitung der Ausführung eines Auftrages: Während der Erstellung stellt der Shopfloor Manager sicher, dass der Mitarbeiter den Auftrag nach den Vorgaben durchführen kann.
  - Sicherstellung, dass Standards und Vorgaben eingehalten werden
  - Unterstützung bei der Beseitigung von akuten Störungen und Abweichungen

In Bild 1.3 wird dies noch einmal veranschaulicht. Die Zielsetzung und der Standard für die Menge in diesem Bereich liegen bei zehn Stück je Stunde. Die tatsächliche Ausbringung (Ist) in Graphik 1 schwankt bei einem störungsfreien Betrieb zwischen neun und elf Stück je Stunde. In Stunde 4 kommt es zu einem Stillstand und die Ausbringung sinkt auf null. Aufgabe des Shopfloor Managements ist es nun, kurzfristige Maßnahmen zu ergreifen, um die Produktion wieder zum Laufen zu bringen. In Stunde 10 kommt es erneut zu einem Stillstand. Vielleicht ist es auch wieder derselbe Grund, da die eigentliche Ursache nicht abgestellt werden konnte. Es wird wieder reagiert und die Störung behoben. In diesem Stadium liegt die Priorität auf der kurzfristigen Erreichung der Stückzahlen.

Die drei wichtigsten Kennzahlen, die in diesem Zusammenhang gemessen werden, sind die Produktivität, Qualität und Liefertreue. Beim ersten Ziel liegt der Schwerpunkt mehr auf der Erreichung einer gewissen Stückzahl innerhalb eines bestimmten Zeitraums. Das zweite stellt gegenüber, wie viele Gutteile aus dem Bereich kommen und welche Anzahl nicht den Qualitätsanforderungen entspricht. Für das dritte Ziel liegt der Fokus bei der Einhaltung von terminlichen Vorgaben für die Aufträge.

Die strategischen Ziele hingegen gehen Hand in Hand mit dem Verbesserungsmanagement. Der Aufgabenbereich kann dabei in zwei Kategorien unterteilt werden:

- Abbau und Vermeidung von Störungen und Abweichungen: In den operativen Aufgaben ging es darum, eine akute Störung mit unmittelbaren, kurzfristigen Maßnahmen zu beseitigen. Blieb eine Maschine stehen, so musste sie so schnell als möglich wieder zum Laufen gebracht werden. Hier liegt der Fokus darauf, die grundsätzlichen Ursachen für eine Abweichung zu ermitteln und abzustellen. Was muss gemacht werden, damit dieser eine Stillstandsgrund nicht mehr auftritt? Wie kann ein definierter Standard kontinuierlich eingehalten werden?

  In Bild 1.3 ist dies in Graphik 2 dargestellt. Die Störung tritt wieder in Stunde 4 auf. In manchen Fällen können Maßnahmen direkt vor Ort definiert und die Ursache nachhaltig relativ schnell abgestellt werden. Sehr oft wird die Abstellmaßnahme aber innerhalb des Prozesses des Verbesserungsmanagements eingeleitet. Zielsetzung ist in beiden Fällen, den Prozess zu stabilisieren und Störungen oder Abweichungen auf ein Minimum zu verringern. Der Standardoutput von 10 Stück soll gleichmäßig erreicht werden.

- Erhöhung des Standards: Nachdem die kontinuierliche Einhaltung eines Standards gewährleistet wurde, kann der nächste Schritt angepackt werden, die Erhöhung dieses. Es muss ein zukünftiger Zielzustand definiert werden und daraus Maßnahmen zu seiner Erreichung. Das ist der Kern der zweiten strategischen Aufgabe. Der Lean-Ansatz liegt dabei normalerweise nicht in großen Sprüngen durch neue Techniken oder Technologien. Der definierte Zielzustand soll durch kleine, inkrementelle Schritte erreicht werden.

  In Graphik 3 von Bild 1.3 gehen wir diesen nächsten Schritt. In Stunde 5 wurden Maßnahmen eingeleitet, um den Standard von zehn auf 12 Stück je Stunde zu erhöhen. In den Graphiken 1 und 2 würde danach auch der Standard erhöht werden und die Beseitigungs- und Abstellmaßnahmen beginnen wieder von vorne. Dies reflektiert auch wieder den klassischen PDCA-Zyklus.

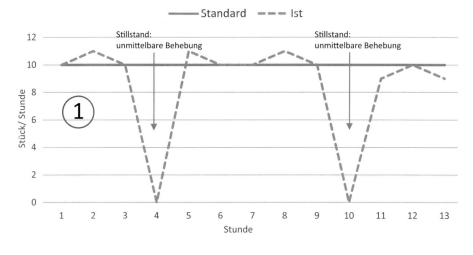

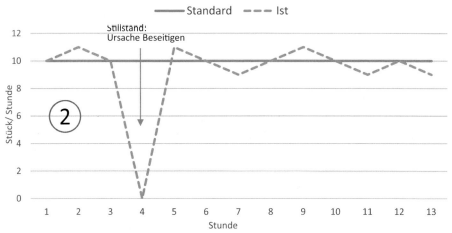

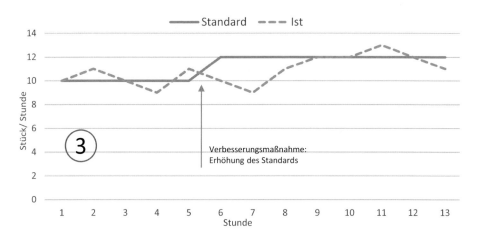

Bild 1.3 Gegenüberstellung der operativen und strategischen Aufgaben

Definition, Ableitung und Zusammenhang der Ziele auf den einzelnen Ebenen des Unternehmens

Auch hier muss zwischen den operativen und strategischen Zielen unterschieden werden. Für die operativen Ziele ist die Definition durch die Kundenanforderungen und die aktuellen Gegebenheiten der Produktion stark vorbestimmt. Je nach Auftragslage und Verfügbarkeiten der Ressourcen können diese schwanken. Diese Zusammenhänge auszuarbeiten ist eine der Kernaufgaben der Produktionsplanung. Die einzelnen Prozessschritte in der Produktion haben trotzdem nach Mengen und Terminen unterschiedliche Zielsetzungen, die eingehalten werden müssen.

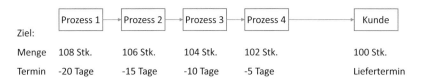

Bild 1.4 Ableitung der operativen Ziele

In Bild 1.4 wird dies vereinfacht anhand einer Produktion mit vier Prozessen dargestellt. Im vorherigen Abschnitt wurde bereits erwähnt, dass zwei der wichtigsten operativen Zielsetzungen die Menge und die Termine sind. Ordert ein Kunde 100 Stück, so erhält in diesem Fall Prozess 1 als Zielmenge 108 Stück. Dies ergibt sich aus der Planung, dass in jedem Prozessschritt zwei Stück an Ausschuss produziert werden. Die Zielvorgabe für die Qualität ergibt demnach für jeden Bereich zwei Stück. Für die Ermittlung des Liefertermins wurde die Rückwärtsterminierung verwendet. Aus einem zugesagten Liefertermin wurde anhand von Durchlaufzeiten bestimmt, wann ein Auftrag begonnen werden muss. Prozess 1 muss demnach 20 Tage vor dem Liefertermin die Produktion abgeschlossen haben, was die Zielsetzung für den Termin ergibt.

Stimmt ein Baustein in diesem System nicht mehr, so wird dieser an die folgenden Schritte weitergereicht. Hat Prozess 1 drei Stück Ausschuss, gibt also nur noch 107 Stück an den nächsten Arbeitsschritt, so wird sich dieser Mangel eventuell bis zum Ende durchziehen. Falls kein anderer Prozess das Ziel von zwei Stück unterschreitet, wird der Kunde letztendlich nur 99 Produkte bekommen. Dasselbe gilt natürlich auch für den Termin. So hat jeder Bereich die Verantwortung, durch Shopfloor Management die Einhaltung dieser operativen Ziele zu gewährleisten.

Für die strategischen Ziele können die Zusammenhänge und die Ableitung von der Unternehmensebene bis zum einzelnen Arbeitsplatz wesentlich komplexer sein. Werden Verbesserungen nicht im Kontext eines gesamten Bereiches oder sogar des ganzen Werkes definiert, so kann es zu einzelnen Insellösungen kommen. Zwei negative Effekte können dadurch auftreten:

- Die Verbesserungsmaßnahmen und der damit verbundene Aufwand führen zu keinem messbaren Ergebnis innerhalb eines gesamten Systems. Dieser Punkt stellt auch eine der größten Kritiken an der ursprünglichen Vorgehensweise bei Lean- oder Kaizen-Projekten dar. Es wurden einzelne Prozessschritte verbessert, ohne dass sich dadurch eine Erhöhung z.B. des Durchsatzes ergab. Diese Problematik ist vereinfacht in Bild 1.5 dargestellt. Der gesamte Ablauf besteht wieder aus vier Prozessschritten. Prozess 3 ist mit einer Kapazität von 80 Stück der Engpass in diesem Fluss. Nur wenn dieser Prozess verbessert und damit die Kapazität erhöht wird, kommen am Ende auch tatsächlich mehr Stück raus. Würde die Kapazität bei Prozess 1 von 100 auf 110 Stück erhöht werden, so hätte dies keinerlei Konsequenzen für das gesamte System, das aus diesen vier Schritten besteht.

Bild 1.5 Fokussierung auf den Engpass bei Kapazitätsverbesserungen

- Die Verbesserungen führen zu einer Suboptimierung (Dettmer 1998) und damit eventuell zu einer Verschlechterung des gesamten Systems. Jede einzelne Komponente in einem System (z.B. jeder einzelne Produktionsschritt, der notwendig ist, um das Produkt herzustellen) versucht, sich selbst zu optimieren. Wenn dies nun auf Kosten des Ergebnisses des gesamten Systems geht, spricht man von Suboptimierung. Verdeutlichen wir dies anhand eines überzogenen Beispiels (Bild 1.6)

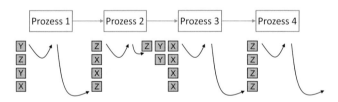

Bild 1.6 Die Suboptimierung

Prozess 1 und 2 bearbeiten die drei Typen von Produkten (X, Y, Z) in der Reihenfolge, in der sie bestellt wurden. Nur der Mitarbeiter des Prozesses 3 möchte seine Anlage so effizient wie möglich nutzen. Daher entscheidet er sich, immer nur vier Aufträge eines Produktes zu bearbeiten, was ihm enorm Rüstzeiten einspart. Prozessschritt 4 kann dadurch natürlich auch nur die Aufträge bearbeiten, die ihm von 3 zugeschoben wurden. Das Ergebnis sind längere Durchlaufzeiten, höhere Zwischenbestände und damit auch höhere Bestände an Fertigwaren.

Um genau diese zwei Effekte zu verhindern, muss eine werks- oder unternehmensweite Zielsetzung erarbeitet werden, was, wie innerhalb des Systems verbessert werden soll. Für ein Werk kann zum Beispiel das Ziel lauten, die Durchlaufzeiten von sechs auf fünf Wochen zu reduzieren. Daraus kann abgeleitet werden, welchen Beitrag jeder einzelne Schritt des Prozessflusses dazu beitragen soll und kann. Als eines der wichtigsten Werkzeuge dazu dient die sogenannte Wertstromanalyse oder Value Stream Map (VSM), welches anhand von Beispielen in den folgenden Kapiteln erklärt wird.

1.2.2 Werkzeuge des Shopfloor Managements

Dem Shopfloor Manager und den Mitarbeitern stehen einige Werkzeuge zur Verfügung, die zum Erreichen der operativen und strategischen Ziele verwendet werden können. Auch hier sollen diese nur in einem ersten Überblick erklärt werden. Eine genauere Beschreibung, unter anderem unterstützt durch zahlreiche Praxisbeispiele, folgt in den weiteren Kapiteln. Die fünf wichtigsten Werkzeuge sind:

- Standards
- Kennzahlen
- Visuelles Management und Regelkreise
- Mitarbeiterführung
- Schnittstellenmanagement

 Standards

Mit Standards werden Prozesse, Zykluszeiten, Testabläufe und vieles mehr in der Produktion beschrieben und festgehalten. Mit einem Standard soll die Basis dafür gelegt werden, dass sich wiederholende Abläufe auch wirklich in derselben Art und Weise wiederholen, wie es ursprünglich definiert wurde, egal von wem diese durchgeführt werden. In Branchen, in denen mit hohen Stückzahlen gearbeitet wird, ist die Verwendung von Standards nicht mehr wegzudenken und es gibt natürlich auch Standards für die Erstellung von Standards. Je mehr man sich allerdings in Richtung eines reinen Projektgeschäftes oder Unternehmens mit Losgrößen im einstelligen Bereich bewegt, umso seltener sind klar definierte Standards zu finden. Zu oft wird noch die Meinung vertreten, dass die Variantenvielfalt zu groß ist, Abläufe zu unterschiedlich oder Prozessflüsse zu komplex sind. In vielen Situationen lassen sich trotzdem Gemeinsamkeiten finden, die als Grundlage für Standards dienen können.

Standards sind die Grundvoraussetzung, dass klare Ziele für die Produktion definiert werden können. Dies trifft sowohl für die operativen als auch strategischen

Ziele zu. In den drei Graphiken in Bild 1.3 wurde ein Standard von 10 Stück pro Stunde für den betroffenen Produktionsabschnitt bestimmt. Dieser Standard bzw. diese Zielsetzung entstand aus der Definition anderer Standards, die die Arbeit jedes einzelnen Mitarbeiters bestimmen:

- Prozessfluss: Ein Prozess wird in seinen einzelnen Schritten beschrieben, damit der gewünschte Output entsteht. Welche Prozessschritte sind in welcher Reihenfolge notwendig, um ein bestimmtes Produkt herzustellen?

- Arbeitsanweisungen: In ihnen wird beschrieben, wie diese Prozessschritte im Detail ausgeführt werden sollen. Was muss wie gemacht werden, damit am Ende die geplante Arbeit der tatsächlichen entspricht und auch das Ergebnis die Kundenforderungen reflektiert?

- Zykluszeit: Für jeden einzelnen Prozessschritt wird ermittelt, wie lange er bei einem standardmäßigen Ablauf dauern darf. Die Zykluszeit beinhaltet auch regelmäßige Tätigkeiten wie Qualitätskontrollen oder Wechsel von Transporteinheiten. Wie viel Zeit nimmt es in Anspruch, einen Teil oder das gesamte Produkt zu fertigen?

- Taktzeit: Bei einem gewissen Kundenbedarf und der Verfügbarkeit der benötigten Ressourcen kann ermittelt werden, wie viel Zeit zur Erstellung eines Produktes zur Verfügung steht. Wie lange darf die Produktion also dauern?

Wurden all diese Standards klar definiert, so kann daraus ermittelt werden, wie eine gewisse Stückzahl innerhalb eines Zeitraums produziert werden kann. Und damit sind wir wieder beim Standard für die Zielvorgabe, der zehn Stück/Stunde aus Bild 1.3 ist (oder beträgt?). Liegt die Zykluszeit zum Beispiel bei sechs Minuten, so können in einer Stunde diese zehn Stück produziert werden (zur Vereinfachung werden hier solche Faktoren wie Effizienz innerhalb eines Arbeitsschrittes außer Acht gelassen). In einer Arbeitsanweisung wurden alle Arbeitsschritte so beschrieben, dass ein Mitarbeiter genau weiß, welche Tätigkeiten wie ausgeführt werden müssen. Daraus konnte ermittelt werden, wie lange es dauert, um einen Zyklus oder die Arbeitsschritte an diesem Arbeitsplatz für ein Produkt abzuschließen. Werden alle Vorgaben eingehalten, sollten am Ende einer Stunde zehn Zyklen abgeschlossen sein.

Bei den strategischen Zielen geht es nun darum, wie diese Standards verbessert werden können. Werden gewisse Schritte im Standardablauf verbessert, ändern sich auch die Inhalte der Arbeitsanweisung und damit die Zykluszeit. So könnte durch einzelne Maßnahmen die Zykluszeit auf fünf Minuten reduziert werden. Statt zehn Stück sollten demnach nun 12 Stück in einer Stunde produziert werden, was der neue Standard für die Zielsetzung ist.

Je weniger dieser Standards vorhanden sind, umso schwieriger ist es auch, Verbesserungen zu definieren und umzusetzen. Die erste große Herausforderung würde darstellen, welche Arbeitsschritte in welcher Ausführung verbessert werden sollen? Falls fünf Mitarbeiter ein und dieselbe Arbeit durchführen und es keine klaren Standards dafür gibt, existieren wahrscheinlich auch fünf verschiedene Arbeitsweisen. Jeder einzelne Mitarbeiter wird seine eigene, „beste" Vorgehensweise für sich gefunden haben.

Über den Detaillierungsgrad der verwendeten Standards kann sicherlich eine Diskussion geführt werden. Über die allgemeine Sinnhaftigkeit und Notwendigkeit allerdings weniger. Wie auch im Umfeld der Fertigung mit kleinsten Stückzahlen oder im Projektgeschäft Standards sinnvoll angewendet werden können, wird in einigen Praxisbeispielen in den folgenden Kapiteln gezeigt.

 Kennzahlen

Wie im vorherigen Abschnitt beschrieben, folgt aus der Definition von Standards ein Soll-Zustand. Es werden daraus die operativen Ziele wie Stückzahlen oder Durchlaufzeiten definiert. Mit Kennzahlen wird der Istzustand gemessen, also die Einhaltung und das tatsächliche Ergebnis der Standards. Kommt es zu Abweichungen zwischen beiden, so soll dies über die entsprechenden Kennzahlen transparent gemacht werden. Solche Abweichungen ergeben sich zumeist aus folgenden Punkten:

- Der Standard wurde nicht eingehalten.
- Der Standard wurde eingehalten, führt allerdings nicht zum gewünschten Ziel.

Es gibt nun Kennzahlen, die eher universell sind und in fast allen Unternehmen zu finden sind. Dies sind häufig die typischen finanziellen oder betriebswirtschaftlichen Kennzahlen. Je näher es allerdings an den Ort der Wertschöpfung geht, je wichtiger sie für das Tagesgeschäft des Shopfloor Managements sind, umso häufiger müssen sie an die jeweilige Situation angepasst werden. Grundsätzlich handelt es sich immer noch um die klassischen, operativen Kennzahlen wie Produktivität, Durchlaufzeit oder OEE. Was zum Beispiel der Input oder Output für die Berechnung der Produktivität beinhaltet, wird sich zwischen Unternehmen aber auch Arbeitsplätzen gravierend unterscheiden können. Für einen Arbeitsplatz kann auch die Rüstzeit von Bedeutung sein, für einen anderen spielt diese keine Rolle. Für den einen ist die Nacharbeit der Hauptfaktor für Abweichungen, für den anderen die Versorgungssicherheit von internen Lieferanten.

Kennzahlen liefern bedeutende Informationen für das Shopfloor Management, dass es Abweichungen gibt und dass gehandelt werden muss. Die richtige Definition der Kennzahlen und der dazu verwendeten Informationen liefern die Basis, dass die richtigen Entscheidungen getroffen werden. Wichtig bei der Definition von Kennzahlen ist, dass sie

- Teil eines gesamtheitlichen Kennzahlensystems sind
- auf die notwendige Ebene heruntergebrochen sind

▪ an das jeweilige Umfeld angepasst sind

▪ so zeitnah als möglich aufgezeichnet und kommuniziert werden

    Visuelles Management und Regelkreise

Visuelle Hilfsmittel sollen Mitarbeiter und Vorgesetzte dabei unterstützen, Standards einzuhalten bzw. deren Abweichung schneller zu erkennen. Aufbauend auf dieser visuellen Unterstützung müssen Regelkreise definiert werden, die sowohl das Einhalten als auch das Verbessern von Standards unterstützen. Der Werkzeugkasten dazu kann auch entsprechend unterteilt werden.

▪ Zur Einhaltung von Standards:

  ▪ Markierungen: Bodenmarkierungen können anzeigen, welches Material wo abgestellt werden soll. Etiketten an Regalen bestimmen, was wo zu finden ist. In Werkzeugkästen kann durch aufgezeichnete Umrisse der Werkzeuge aufgezeigt werden, ob ein bestimmtes Werkzeug fehlt.

  ▪ Visualisierung von Standards: Arbeitsanweisungen oder Erklärungen von Qualitätsmängeln sollen so bildhaft als möglich dargestellt werden. Häufig werden dazu tatsächliche Produkte verwendet, speziell wenn es um die Verdeutlichung von Fehlern geht.

▪ Zur Erkennung von Abweichungen:

  ▪ Signale: Verschiedenste Ausführungen von Lichtern oder Audiosignalen können den Status einer Anlage oder der Ausbringung (Quantität und Qualität) anzeigen. Kommt es zu einer Abweichung oder Änderung dieser, wird dies z. B. durch eine andere Farbe angezeigt.

  ▪ Visualisierung von Kennzahlen und Graphiken: Auf Tafeln direkt an einer Anlage kann der aktuelle Produktionsfortschritt dargestellt werden, damit der Mitarbeiter an seinen Vorgesetzten einfach kommunizieren kann, dass es zu Abweichung gekommen ist. Dies entspricht auch dem Regelkreis der 1. Ebene, wie er detaillierter in Kapitel 4 beschrieben wird.

▪ Zur Verbesserung von Standards:

  ▪ Regelkreise der Ebene 2 und 3: In ihnen werden Maßnahmen definiert und umgesetzt, die zur Stabilisierung und Verbesserung von Standards dienen sollen. Auch diese werden detailliert in Kapitel 4 erläutert.

  ▪ Produktionsrelevante Kennzahlen werden transparent und graphisch an Tafeln ausgehängt, damit alle Mitarbeiter den Status von Verbesserungsmaßnahmen nachverfolgen können.

All diese Punkte werden in einem Konzept des visuellen Managements zusammengefasst, um zuallererst die Einhaltung der Standards zu erleichtern und zu gewährleisten. Bei den operativen Zielen kommt es auch im besten Produktionsumfeld zu Abweichungen. In Graphik 1 in Bild 1.3 wird dies durch zwei Stillstände repräsentiert. Je nach Situation kann dieser Stillstand sofort erkannt werden oder kann für längere Zeit unbemerkt bleiben. Einige wichtige Hilfsmittel dazu wurden in der obigen Aufzählung bereits erwähnt. Damit ist allerdings nur der erste Schritt getan.

Der Stillstand in Stunde 4 in Bild 1.3/Graphik 1 wurde durch fehlendes Material verursacht. Der Grund ist bekannt und damit ergeben sich verschiedene Möglichkeiten, die Anlage wieder zum Laufen zu bringen:

- Das fehlende Material wird so schnell als möglich an die Anlage gebracht
- Die Anlage wird auf einen anderen Auftrag umgerüstet, für den das Material verfügbar ist

In beiden Fällen wurde das Symptom behoben und die Anlage produziert wieder. Dies ist das klassische Vorgehen des Firefightings aus dem vorherigen Abschnitt. Zur Erreichung der operativen Ziele reicht zumeist einmal diese Information und Vorgehensweise aus.

Selbst wenn eine Störung erkannt wurde, heißt es noch lange nicht, dass diese auch zeitnah beseitigt wird. Die letztendlichen Verluste sind bedingt durch die Störung selbst und wie bzw. wie schnell auf diese reagiert wird. Allen Beteiligten muss klar sein, wer in welcher Situation was zu tun hat. Ist definiert, was ein Anlagenbediener selber machen kann und darf? Für welche Art von Störung muss der Teamleiter benachrichtig werden? Wann muss die Instandhaltung miteinbezogen werden? Gibt es einen Eskalationsprozess, nach dem je nach Verlustgrad unterschiedliche Hierarchieebenen informiert werden müssen? Oder kurz gesagt, welche Standards wurden für den Umgang mit Abweichungen definiert? Die Effektivität dieser standardisierten Prozesse beeinflusst den Umfang der Verluste durch eine Abweichung. Und diese Verluste müssen durch entsprechende Kennzahlen gemessen werden. Auch diese Kennzahlen müssen wieder transparent dargestellt werden, damit alle Mitarbeiter sehen, ob ihre Aktionen und Reaktionen bei einem Stillstand auch in erfolgreiche Maßnahmen und Ergebnisse münden.

Innerhalb der strategischen Zielsetzung soll nachhaltig vermieden werden, dass zum Beispiel fehlendes Material in Zukunft wieder zu einem Stillstand führen kann. Visuelle Hilfsmittel, Kennzahlen und Regelkreise werden auch in diesem Zusammenhang eingesetzt, um dies zu erreichen. Dazu werden die aus der Produktion gewonnenen Informationen und Daten gesammelt, in Kennzahlen zusammengefasst und visuell dargestellt. Dies für sich baut keine Abweichungen ab. Sie dienen jedoch als Grundlage für den Prozess der Definition und Implementation von nachhaltigen Verbesserungen, die mit den bereits erwähnten Regelkreisen in drei Ebenen gesteuert werden.

Mitarbeiterführung

Das kulturelle Umfeld, die Unternehmensphilosophie und der persönliche Stil der Führungskraft beeinflussen, wie die Führung am Ort der Wertschöpfung gelebt wird. Nur in sehr wenigen Unternehmen wird die Mitarbeiterführung als ein integraler Bestandteil eines durchdachten Gesamtkonzeptes gesehen. Häufig wird es von den individuellen Führungskräften bestimmt, welchen Stil oder Ansatz sie verwenden. Entweder wird der Führungsansatz verwendet, wie er an der Spitze vorgelebt wird. Oder jede Führungskraft entwickelt und verwendet ihre eigene Art der Mitarbeiterführung.

Im Kontext des hier beschriebenen Shopfloor Managements soll Mitarbeiterführung als Komponente eines gesamtheitlichen Systems definiert werden. Es soll nicht dem Zufall überlassen werden, wie es eine einzelne Führungskraft vor Ort handhaben will. Mitarbeiterführung im Zusammenhang mit Lean Shopfloor Management zeichnet sich durch folgende Kernpunkte aus:

- Die Mitarbeiter werden als Quelle von Verbesserungen gesehen. Sie kennen zumeist die Prozesse am besten und speziell ihre Schwachstellen. Häufig haben sie bereits hervorragende Ideen in ihrem Kopf, die es zu nutzen gilt. Der Shopfloor Manager muss das passende Umfeld schaffen, dass diese Ideen auch genutzt werden können.

- Entscheidungen sollen so nahe am Punkt der Wertschöpfung getroffen werden als möglich. Es sollte klar definiert sein, was die Mitarbeiter selber entscheiden können und wofür sie die Unterstützung des Vorgesetzten benötigen. Dies setzt ein gewisses Vertrauen zwischen den einzelnen Hierarchieebenen und auch die entsprechende Qualifikation und Motivation der Mitarbeiter voraus.

- Der Vorgesetzte dient als Coach für die Entwicklung der Mitarbeiter. Eine der Hauptaufgaben ist es, die Potenziale der Mitarbeiter zu erkennen und zu fördern. Dies beinhaltet, sie nach ihren Stärken gemäß einzusetzen und aktiv die Schwächen abzubauen.

- Der Shopfloor Manager stellt die notwendigen Ressourcen zur Verfügung, damit die Mitarbeiter die operativen und strategischen Ziele erreichen können. Kommt es zu Abweichungen, so unterstützt der Shopfloor Manager sie so weit als nötig mit den entsprechenden Ressourcen, um wieder nach den Vorgaben arbeiten zu können.

- Zielvereinbarungen werden gemeinsam erarbeitet.
    - Einerseits geht es um die strategischen Ziele eines Bereiches, wie sie in Bild 1.2 zusammengefasst wurden. Die werksweiten Zieldefinitionen (z. B. Reduzierung der Durchlaufzeit durch das gesamte Werk von x auf y Wochen) müssen auf die bereichs- und arbeitsplatzrelevanten Ziele heruntergebrochen

werden. Wie kann Arbeitsplatz xyz zu dem Ziel der Durchlaufzeitreduzierung beitragen? Im Lean Shopfloor Management wird dies gemeinsam mit dem Vorgesetzten und allen Mitarbeitern durchgeführt.

- Andererseits handelt es sich um die persönlichen Ziele jedes einzelnen Mitarbeiters, also um die Entwicklung dieser in ihrer Arbeit. Welche Stärken sollten wie gefördert werden? Welche Schwächen sollten wie und bis wann abgebaut werden? Dies geht über ein jährliches Mitarbeitergespräch hinaus und sollte einen kontinuierlichen Prozess darstellen.

- Feedback wird kontinuierlich erteilt. Die bereits erwähnten jährlichen Mitarbeitergespräche gehören immer mehr der Vergangenheit an. Zeitnahes, unmittelbares Feedback rückt immer mehr in den Fokus. Für die kontinuierliche Weiterentwicklung der Mitarbeiter ist es auch notwendig, dass sie Feedback mit geringer Zeitverzögerung erhalten.

Im Grundsatz geht es darum, dass der Shopfloor Manager ein Umfeld schafft, in dem die Mitarbeiter zielgerichtet arbeiten können und die geforderten Ergebnisse erreichen oder übertreffen. Zusätzlich sollen sie sich in ihrer Arbeit selbst entfalten und weiterentwickeln können. Je selbstständiger und eigenverantwortlicher sie agieren können, umso besser.

Der Einfluss, den das kulturelle Umfeld dabei spielt, muss in diesem Buch außer Acht gelassen werden. Die hier beschriebenen Ideen und Konzepte können leider nicht unter den bestimmten Anforderungen einer Kultur diskutiert werden. Dies würde den Rahmen dieses Buches sprengen. Manche lassen sich in bestimmten Ländern vielleicht gar nicht anwenden.

 Schnittstellenmanagement

Beim letzten Werkzeug geht es darum, wie mit den angrenzenden Bereichen gearbeitet wird. Der Shopfloor Manager muss über den Tellerrand seines eigenen Umfeldes blicken und sich mit seinen internen oder externen Kunden bzw. Lieferanten abstimmen. Einerseits erhält ein Bereich Input in Form von Informationen, Material und Werkzeugen. Diese werden innerhalb des eigenen Abschnitts des Wertstromes zu einem Output verarbeitet. Mit Bild 1.4 wurde bereits darauf eingegangen, dass die Ziele, und damit der Input und Output, der einzelnen Bereiche aufeinander abgestimmt sein müssen.

Blicken wird zuerst in die Richtung des Kunden und des Outputs. Es muss klar definiert sein, welche Anforderungen diese in Bezug auf Menge, Qualität und Zeit der Ergebnisse der eigenen Prozessschritte haben. Zwei Aspekte sind in diesem Kontext von besonderer Bedeutung:

- Kommt es zu Abweichungen der operativen Ziele, so muss mit dem Kunden, egal ob intern oder extern, kommuniziert und eine entsprechende Lösung gefunden werden. Wie können die Konsequenzen von Abweichungen beim Kunden so gering als möglich gehalten werden?

- Die Mitarbeiter im Bereich sollten ein klares Verständnis davon haben, wie ihre Arbeit die operativen Ziele und damit den Kunden unmittelbar beeinflussen. Wissen die Mitarbeiter, wie ihr Output beim Kunden verwendet wird? Verstehen alle die Folgen, die Verspätung, zu geringe Stückzahlen oder mangelnde Qualität haben? Je mehr auch alle Mitarbeiter zu diesen Themen Bescheid wissen, umso besser können sie die Auswirkungen von Abweichungen einschätzen. Auch für sie soll gelten, über den Tellerrand zu blicken.

Die gleichen Aussagen können nun in Richtung der Lieferanten getroffen werden. Wieder soll durch eine Koordination der Schnittstellen gewährleistet werden, dass der Input den Vorgaben entspricht. Kommt es auch hier zu Abweichungen, sind dieselbe Zusammenarbeit und dasselbe Verständnis gefordert wie zum Kunden hin.

Bei den strategischen Zielen geht es um die Abstimmung von Verbesserungsmaßnahmen, die Auswirkungen auf mehrere Bereiche haben können.

- Das Thema Suboptimierung wurde bereits erwähnt. Durch eine Koordination der Maßnahmen muss verhindert werden, dass die Verbesserung in einem Bereich zu einer Verschlechterung in einem anderen oder sogar im gesamten System führt.
- Die Ursachen für eine Verschwendung oder Abweichungen lassen sich eventuell nicht nur durch Maßnahmen im eigenen Bereich beseitigen. Der Ursprung mag wo völlig anders liegen, die Auswirkungen treten aber erst viel später im Prozessfluss auf. Im Shopfloor Management müssen Möglichkeiten vorgesehen werden, dass unterschiedlichste Unternehmensbereiche zusammenarbeiten, um solche Themen gemeinsam bearbeiten zu können.

Je komplexer der Prozessfluss durch ein Unternehmen ist und je mehr verschiedene Bereiche daran beteiligt sind, umso wichtiger wird die Rolle des Schnittstellenmanagements. Alle Beteiligten müssen daran arbeiten, dass Barrieren zwischen den Bereichen abgebaut werden. Anzustreben ist ein verbessertes und gemeinsames Verständnis zu Zielen und der Auswirkungen von Abweichungen als Konsequenz der eigenen Handlung auf die Kunden und auch Lieferanten.

1.2.3 Anwendung von Digitalisierung im Shopfloor Management

Die Digitalisierung im Rahmen von Industrie 4.0 findet auch ihre unmittelbare Auswirkung und Anwendung auf das Shopfloor Management. Es handelt sich in diesem Kontext jedoch nicht um ein eigenständiges Werkzeug oder Konzept, sondern stellt letztendlich eine andere Ausführung der oben beschriebenen Werkzeuge dar. In den meisten Punkten des vorherigen Abschnittes lassen sich in einem gewissen Umfang schon heute digitale Varianten anwenden, die die grundsätzliche Zielsetzung oder Aufgabe nicht ändern. Mit Hilfe der Digitalisierung soll es schneller und hoffentlich effizienter und effektiver gestaltet werden. Die Grundlagen der Ziele und Werkzeuge ändern sich nicht, nur die konkrete Aus- und Durchführung im täglichen Leben. Und wie dies in der Produktion aussehen kann, soll durch Praxisbeispiele in den folgenden Kapiteln aufgezeigt werden. Zuerst aber wieder ein kurzer Überblick zum Thema.

Alle Ebenen in der Produktion sehen sich einem immer komplexer werdenden Umfeld ausgesetzt. Die Variantenvielfalt wird größer und damit sinken die Losgrößen und steigen die Rüstvorgänge. Anlagen beinhalten immer mehr Elektronik und erfordern eine höhere Qualifikation der Mitarbeiter. Schnelle Reaktionszeiten auf Abweichungen und Änderungen werden von allen Beteiligten gefordert. Flexibilität ist in allen Aspekten der Produktion mehr gefragt denn je. Dies sind nur einige Aspekte der Herausforderungen, die das Shopfloor Management und alle Mitarbeiter bewältigen müssen.

Um flexibel agieren und schnelle, fundierte Entscheidungen treffen zu können, sind zeitnahe und aufbereitete Daten und Informationen essenziell. Und dabei kommt die Digitalisierung ins Spiel. In Tabelle 1.1 soll mit einigen kurzen Beispielen aufgezeigt werden, wie sich das digitale Umfeld auf die Arbeit am Shopfloor auswirkt.

Tabelle 1.1 Beispiele zu Veränderungen der Werkzeuge des Shopfloor Managements

Shopfloor Management Werkzeug	analog	digital
Standards	Arbeitsanweisungen sind in Papierform an den Anlagen angebracht; je nach Variantenvielfalt muss der Mitarbeiter zahlreiche Seiten durchblättern, bis die aktuell benötigte Anweisung gefunden wurde	Gelangt der Fertigungsauftrag an die Anlage, wird über einen RFID (Radio Frequency Identification)-Chip automatisch die entsprechende Arbeitsanweisung aufgerufen. Der Mitarbeiter kann diese dann über einen Monitor bei Bedarf durchsehen.
	Bei Änderungen des Standards müssen die alten Arbeitseinweisungen eingesammelt und durch die neuen ersetzt werden. Dies geschieht zumeist mit einer gewissen Zeitverzögerung, sodass die Aktualität an den Anlagen nicht immer gewährleistet ist.	Standards werden sofort bei Änderungen im System aktualisiert. Dem Mitarbeiter stehen immer nur die aktuellsten Versionen zur Verfügung.
Kennzahlen	Die Durchlaufzeit (DLZ) stellt für viele Fertigungsbetriebe eine wichtige Kennzahl dar. Mitarbeiter schreiben die Start- und Endzeit ihres Arbeitsschrittes auf den Fertigungsauftrag. Anschließend müssen diese manuell	Der Mitarbeiter startet seinen Auftrag durch ein einfaches Anklicken eines Feldes auf einem Touchscreen an der Anlage. Der Abschluss wird ebenfalls auf diese Weise bestätigt. Dadurch wird im System automatisch die DLZ

Tabelle 1.1 Beispiele zu Veränderungen der Werkzeuge des Shopfloor Managements (Fortsetzung)

Shopfloor Management Werkzeug	analog	digital
	ausgewertet werden, um die DLZ des Auftrages zu ermitteln.	ausgewertet und ist damit auf allen stationären und mobilen Monitoren verfügbar.
Visuelles Management & Regelkreise	Der Mitarbeiter schreibt die stündlichen Ausbringungsmengen und die Störgründe auf eine Produktionstafel. Am Ende der Schicht überträgt der Teamleiter diese in eine Datenbank. Von dort überträgt der Meister am nächsten Morgen die ausgewerteten Daten aller Schichten in eine Graphik auf einem Bereichsboard.	Dieselben Zahlen werden von der Anlage direkt in ein System übertragen und zeitnah ausgewertet. Ständig aktualisierte Graphen sind über einen Bildschirm jederzeit einsehbar.
	Eine Qualifikationsmatrix ist in einem Bereich ausgehängt. Über diese haben Meister jeder Schicht Einblick über den aktuellen Qualifikationsstand ihrer Mitarbeiter. Basierend darauf können sie Mitarbeiter flexibel einsetzen, wenn es zum Beispiel krankheitsbedingt zu Ausfällen kommt. Die Matrix wird nur einmal im Monat vom Personalwesen aktualisiert, was zu falschen Entscheidungen führen kann, wenn durchgeführte Schulungen noch nicht berücksichtigt wurden.	Dieselbe Matrix wird über einen Bildschirm angezeigt. Wird eine Änderung in der Personalabteilung durchgeführt, so scheint diese zeitnah auch auf dieser Darstellung auf.
	In einem Kanban-System ist der Signalgeber ein leerer Stellplatz (statt einer Karte). Für jeden Artikel ist eine unterschiedliche Anzahl an Stellplätzen vorgesehen, die alle durch Markierungen am Regal gekennzeichnet sind. Bei Bedarfsänderungen ändert sich die Anzahl der Stellplätze, die dann manuell angepasst werden muss.	Die manuellen Etiketten an den Regalen wurden durch elektronische Anzeigen ähnlich wie im Supermarkt ersetzt. Bei einer Neuberechnung der benötigten Anzahl an Plätzen, wird diese Information unmittelbar an die Anzeigen übertragen und diese aktualisieren sich selbstständig.
Mitarbeiterführung	Bei Schichtbeginn werden die Mitarbeiter vom Meister nach Bedarf auf die einzelnen Arbeitsplätze verteilt. Da an diesem Tag nicht alle Stationen voll besetzt werden müssen, hat er für einen Mitarbeiter kurzfristig keine Einsatzmöglichkeit. Eine Stunde vergeht, bis der Meister nach einigen Anrufen bei seinen Kollegen in einem anderen Bereich eine wertschöpfende Tätigkeit für diese Person gefunden hat.	Durch die Anmeldung der Mitarbeiter bei Schichtbeginn wird dem Meister über sein Tablet sofort angezeigt, welche Kapazitäten ihm zur Verfügung stehen. Diese werden automatisch mit den Aufträgen der Schicht abgeglichen, weshalb er weiß, dass er eine Person Überhang hat. Zusätzlich wird ihm angezeigt, dass in einem anderen Bereich zu wenige Leute anwesend sind. Nach einer kurzen Abklärung der notwendigen Qualifikationen mit dem Meister des anderen

Shopfloor Management Werkzeug	analog	digital
		Bereiches, kann der Mitarbeiter innerhalb von wenigen Minuten seine Arbeit beginnen.
	In einem Prozessfluss mit zahlreichen Schritten und einer Durchlaufzeit von mehreren Tagen kam es regelmäßig vor, dass Teile von Aufträgen im Fluss unkontrolliert abgestellt wurden und nur mit erheblichem Aufwand wieder gefunden wurden. Die Ursachen dafür konnten nie festgestellt werden, so konnte auch der Suchaufwand nicht beseitigt werden.	Alle Aufträge wurden mit Beacons versehen. Dadurch konnte die Bewegung jedes einzelnen Ladungsträgers genau nachverfolgt werden. Aus einer Auswertung der Daten ergab sich, dass sich Mitarbeiter nicht an Standards zur Materialbewegung hielten. Basierend auf diesen Erkenntnissen wurden zusätzliche Schulungen zu diesem Thema durchgeführt.
Schnittstellenmanagement	Eine Montagelinie war mit zahlreichen internen Lieferanten für Komponenten durch ein 2-Behälter Kanban-System verbunden. Bei einem Lieferanten kam es zu einer gravierenden Störung, die nicht durch den Sicherheitsbestand abgedeckt werden konnte. Es folgte ein Stillstand der Linie und erst dann begann das Umrüsten auf eine andere Variante.	Durch eine digitale Verknüpfung der Montagelinie und der internen Lieferanten kommt es zu einem zeitnahen Abgleich zwischen Bestand und Lieferung. Wird der Sicherheitsbestand erreicht und es gibt Probleme beim Lieferanten, erfolgt eine Warnmeldung an die Verantwortlichen der beiden Bereiche. Sie müssen dann entscheiden, wie damit umgegangen werden soll. Die Situation wird geklärt, bevor es zu einem tatsächlichen Stillstand der Montagelinie kommt.
	Eine Anlage soll gerüstet werden. Bei der Vorbereitung dazu wird festgestellt, dass eine Vorrichtung nicht auffindbar ist. Nach einigem Herumfragen stellt sich heraus, dass sie im Werkzeugbau liegt und seit einigen Wochen auf eine Reparatur wartet. Da der Rüstvorgang nicht entsprechend der Vorgaben vorbereitet werden konnte, wurde der Produktionsplan entsprechend angepasst.	Jede Vorrichtung ist mit einer elektronischen Etikette erfasst und wird bei jeder Bewegung im System aktualisiert. Mit dem Start der Vorbereitung eines Rüstvorgangs werden automatisch der aktuelle Zustand und der Standort der Vorrichtung angezeigt. Bei Nichtverfügbarkeit dieser muss der Meister entscheiden, ob er gemeinsam mit dem Werkzeugbau eine Lösung findet oder einen anderen Auftrag vorzieht. Die Information zum aktuellen Zustand der Vorrichtung stand sofort zur Verfügung und der Klärungsaufwand zum Status der Vorrichtung konnte komplett eliminiert werden.

Es sind bereits zahlreiche Bücher zum Thema Digitalisierung in der Produktion oder zum Schlagwort Industrie 4.0 in den vergangenen Jahren veröffentlicht worden. Den meisten ist gemein, dass sie beschreiben, wie es sein könnte, was der Stand von Forschungsprojekten ist oder dass es zahlreiche Einschränkungen bei der tatsächlichen Anwendung gibt. Irgendwie wiederholt sich dabei die Geschichte:

- Viele Unternehmen haben in den vergangenen Jahrzehnten erhofft, dass sie ihre Probleme durch neue Systeme eliminieren können. Liefertreue und Durchlaufzeiten sind nicht akzeptabel, also muss ein neues System zur Produktionsplanung und -steuerung eingeführt werden. Es wurde ignoriert, dass es an den Prozessen im Unternehmen lag und nicht primär an den verwendeten Systemen.

- Erinnern Sie sich noch an den 01. Jänner 2000, Zeitpunkt 00:01. Alle Flugzeuge fielen vom Himmel und das Bankensystem brach zusammen. Es gab gewisse Interessensgruppen, die diese Panik schürten. Auch heute gibt es Unternehmen, Wissenschaftler oder Verbände, die der Deutschen und Europäischen Industrie eine schwarze Zukunft vorhersagen, wenn sie nicht digital werden. Dass Handlungsbedarf besteht und viele Vorteile durch den gezielten und sinnvollen Einsatz von digitalen Konzepten und Werkzeugen entstehen, soll hier sicher nicht in Frage gestellt werden. Manche Argumente in der gesamten Diskussion zum Thema Digitalisierung sollen aber doch kritisch hinterfragt werden.

- Bereits in den 70-er Jahren wurde produktionsseitig mit CIM (Computer Integrated Manufacturing) der erste Versuch gestartet, Fabriken vernetzt, vollautomatisiert und von Computer gesteuert zu bauen. 1983 eröffnete VW mit seiner „Halle 54" solch eine auf allen Komponenten von CIM basierende Fertigung. Die Ergebnisse sollten sich als eher bescheiden herausstellen. Doch auch damals wurde die Einführung von CIM als eine Überlebensfrage für die deutsche Industrie tituliert. Die Bundesregierung gab Unsummen für Forschungsprojekte aus und zahlreiche Universitäten beschäftigten sich intensiv mit diesem Thema.

Aus heutiger Perspektive steht für viele als Hauptgrund des Scheiterns vom CIM die noch nicht ausgereifte Technik dar. Die Frage ist allerdings, ob viele Unternehmen damals wie auch heute mit ihren Strukturen, Organisation und Strategien bereit sind für solch eine Transformation? Wie viel Wandel hin zu einem digitalen Unternehmen ist in jedem konkreten Einzelfall notwendig oder überhaupt sinnvoll? Sollte mit CIM damals oder mit Industrie 4.0 heute nur Ineffizienzen in den Prozessen überwunden werden? (Syska; Lièvre 2016) Selbst Elon Musk musste im April 2018 eingestehen, dass viele Produktionsprobleme beim Tesla Model 3 auf zu viel Automatisierung und einer Unterbewertung der Menschen zurückzuführen seien (Zeit Online, 17.04.2018).

Es gibt viele sinnvolle, wertvolle und mit den Worten von Lean wertschöpfende Möglichkeiten, die die Digitalisierung bietet. Viele Unternehmen sind noch in der Findungsphase, was es für sie bedeutet und wie sie es wertschöpfend einsetzen können. Es geht ja nicht um die Digitalisierung per se, sondern darum, wie sie die Unternehmen unterstützen kann. Viele Produktionsbetriebe sind noch so weit weg von dieser Findungsphase, da sie ihre Prozesse noch nicht einmal analog richtig definiert und umgesetzt haben. Bringen sie also zuerst Ihre Prozesse in Ordnung und überlegen Sie dann, wie diese digital unterstützt werden können.

Selbst die Unternehmen, die viel Erfahrung mit Prozessmanagement oder Lean Management haben, gehen die Einführung der Digitalisierung in kleinen Schritten an. Es handelt sich um eine Evolution und nicht eine Revolution. Dabei wird sehr oft auch auf selbstentwickelte Lösungen zurückgegriffen. Als Gründe wird zumeist angeführt:

- Der Return on Invest lässt sich nur schwer rechtfertigen. Wie können die finanziellen Vorteile für die Investitionen in die Digitalisierung bewertet werden?

- Die internen IT-Ressourcen dafür stehen nicht zur Verfügung. Entweder ist ein Unternehmen zu klein und hat nicht die entsprechenden IT-Kapazitäten, um (selbst mit externer Unterstützung) sich mit diesem Thema ernsthaft auseinanderzusetzen. Oder diese Kapazitäten sind mit anderen Projekten – zumeist eine SAP-Einführung – beschäftigt.

Nach all diesen eher pessimistischen Worten zum Thema Digitalisierung soll noch einmal explizit hervorgehoben werden, dass es auch viele Vorteile und Einsatzmöglichkeiten gibt. In den folgenden Kapiteln soll aufgezeigt werden, wie unterschiedlichste Unternehmen einzelne Komponenten von Shopfloor Management und Digitalisierung miteinander verbunden haben und wertschöpfende Ergebnisse erzielt haben. Deshalb konzentrieren wir uns in diesem Buch auch auf tatsächlich in der Industrie umgesetzte und in der Praxis bereits bewährte Werkzeuge. Mit manchen Beispielen soll auch aufgezeigt werden, wo die Grenzen und auch Nachteile liegen können.

2 Standards als Werkzeug des Shopfloor Managements

Grundlage eines funktionierenden Shopfloor Managements sind Standards. Gibt es keine klare Beschreibung, was wie gemacht werden soll, ist es für die Ausführenden und auch die Vorgesetzten schwierig, ihre Arbeit effizient und effektiv zu gestalten. Folgende Herausforderungen ergeben sich, wenn es keine Standards gibt:

- Zielsetzungen lassen sich nur sehr schwer definieren. Wenn ich nicht weiß, wie ich ein Produkt genau fertige, kann ich auch nicht bestimmen, wie lange es dauert. Damit weiß ich auch nicht, wie viel Stück ich in einem gewissen Zeitraum fertigen sollte. Wie kann ich dann feststellen, ob es Abweichungen bzw. Verluste in der Produktion gegeben hat? Lassen sich diese identifizieren, können sie jedoch kaum quantifiziert werden. Für den Vorgesetzten gibt es keine Basis, auf die ein Shopfloor Management aufgebaut werden kann, da nicht klar ist was gut oder schlecht gelaufen ist.

- Der Ausführende muss sich bei jedem Auftrag neu überlegen, wie er diesen durchführen soll. Es werden sich mit der Zeit gewisse Vorgehensweisen etablieren und Routinen festigen. Sind diese allerdings die beste Methode, um eine gewisse Arbeit zu verrichten? Macht sie jeder Mitarbeiter gleich oder gibt es Abweichungen? Die meisten Mitarbeiter werden sich wahrscheinlich mit der Zeit ihre eigenen, inoffiziellen Standards entwickeln.

- Die Schulung von neuen Mitarbeitern wird sich als schwierig herausstellen. Zumeist werden die Methoden übernommen, wie sie vom unmittelbaren Kollegen oder Vorgesetzten erklärt und vorgezeigt wurden. Es wird eine reine on-the-job Einschulung geben und begleitende Unterlagen und Beschreibungen fehlen komplett. Eventuell kann es sogar zu widersprüchlichen Aussagen von verschiedenen Kollegen kommen, die für den neuen Mitarbeiter nur verwirrend sein können.

Falls es sich bei einem Unternehmen um einen Serienfertiger handelt, so ist das Thema der Definition und Verwendung von Standards Teil des Tagesgeschäfts. Im Umfeld der Einzelfertigung oder des Projektgeschäftes sieht dies schon etwas anders aus. Die Erstellung jedes Standards stellt natürlich einen gewissen Aufwand dar. Es wird sich immer die Frage ergeben, wann macht dieser Aufwand Sinn und wann nicht. Um auf diese Frage eingehen zu können, werden zuerst die wichtigsten Inhalte erklärt. Darauf folgen einige Fallstudien aus der Praxis, die sich damit auseinandersetzen.

■ 2.1 Inhalte von Standards

Im ersten Kapitel wurde bereits eine kurze Übersicht zu den wichtigsten Standards gegeben. Diese sollen nun detaillierter erklärt und um einige zusätzliche erweitert werden. Die wichtigsten Standards im Produktionsumfeld sind:

- Prozessfluss und Arbeitsanweisungen
- Zykluszeit
- Taktzeit
- Materialfluss und Zwischenbestände

■ 2.2 Prozessfluss & Arbeitsanweisungen

 Prozessfluss

Im Kontext des Shopfloor Managements stellt der Prozessfluss die erste Ebene des Standards dar. Mit diesem wird definiert, welche Prozessschritte in welcher Reihenfolge notwendig sind, um einen gewünschten Output zu erzielen.

 Prozesse

Ein Prozess ist eine Verkettung von Aktivitäten, um ein definiertes Ziel zu erreichen. Es kann unterschieden werden, ob Informationen oder Materialien Gegenstand des Prozesses sind. Durch die Definition eines Prozesses wird bestimmt, wie die einzelnen Aktivitäten und deren Inhalte gestaltet werden. Die Kernfragen dafür sind:

- Was wird wann gemacht (Reihenfolge)?
- Welche Kontroll- und Genehmigungspunkte gibt es?
- Sind alle Aktivitäten auf die Erreichung des Ziels ausgerichtet?

Je höher das Volumen eines Outputs, umso einfacher wird es, dazu einen Standard zu definieren. Es gibt viele Möglichkeiten, einen sich wiederholenden Arbeitsschritt zu beobachten und danach auf viele Fälle anzuwenden. Wie sieht es aber aus, wenn im Extremfall ein Produkt nur ein einziges Mal hergestellt wird? Wir gehen einmal davon aus, dass es sich nicht um eine Bastelstube handelt, bei der es den Mitarbeitern überlassen wird, einen Prozess der Fertigung zu definieren. Selbst in den Fällen einer Einzelfertigung werden Arbeitspläne erstellt, die den Prozessfluss wiedergeben. Jemand hat sich also Gedanken darüber gemacht, welche Schritte für die Erstellung eines Outputs notwendig sind. Ob sie realistisch und in der Praxis so umsetzbar sind, ist eine andere Frage. In den meisten Fällen gibt es die erste Ebene eines Standards oder einer Vorgabe. Wie die nächsten Ebenen ausgestaltet werden, ist eine andere Frage.

Häufig spiegelt sich dieser Prozessfluss im Fertigungsauftrag wider und begleitet einen Auftrag durch die Fertigung. Dieser kann damit drei begleitende Aufgaben übernehmen:

- Als eine Art Checkliste, in der ein abgeschlossener Prozessschritt abgehakt bzw. zurückgemeldet wird
- Als Vorgabe der wichtigsten Prozessparameter. So können die Fertigungspapiere notwendige Parameter wie Temperaturen oder Vorschübe beinhalten
- Als Begleitdokument, in dem wichtige Prozessdaten wie Stückzahlen, Ausschussquoten, Messergebnisse etc. protokolliert werden können

 Arbeitsanweisungen

Die Arbeitsanweisungen stellen eine detaillierte Beschreibung der einzelnen Prozessschritte dar. Was im Prozessfluss noch grob zum Beispiel mit „Montage der Einzelkomponenten" steht, muss hier genau erklärt werden. Wie und in welcher Reihenfolge sollen die einzelnen Montageschritte genau durchgeführt werden. Welche Hilfsmittel oder Anlagen sollen dazu verwendet werden? Was muss wie und in welcher Form getestet und kontrolliert werden? Je höher die zu produzierenden Stückzahlen, umso eher lässt sich eine sehr detaillierte Beschreibung erstellen und rechtfertigen.

Die Frage stellt sich, in welchem Detaillierungsgrad soll eine Arbeitsanweisung in welchen Situationen geschrieben werden? Gehen wird dazu vom fast Extremfall der Einzelfertigung aus. Das „fast" bezieht sich darauf, dass es auch in der Einzelfertigung sich wiederholende Komponenten innerhalb eines Prozessschrittes geben wird. Wir klammern also einmal den wirklichen Extremfall aus, dass sie jeden Tag etwas komplett anderes produzieren. Wie kann in diesem „fast" Extremfall der Prozessschritt „Montage der Einzelkomponenten" in einzelne, in sich logische

Komponenten unterteilt werden? Mögliche Unterteilungen könnten die Vorbereitung der Montagetätigkeit, häufig auftretende Montageinhalte oder Verwendung von vereinzelten Standardkomponenten sein.

Diese unterschiedlichen Einzelteile von Arbeitsschritten können wie in einem Baukastensystem verwendet werden, um eine Arbeitsanweisung zu erstellen. Es muss sich nur einmal der Gedanke gemacht werden, wo Gemeinsamkeiten in gewissen Abläufen liegen. Und das ist die große Herausforderung, mit der bei diesem Thema zu kämpfen ist. Die meisten Menschen konzentrieren sich auf oder sind zu sehr abgelenkt von den Ausnahmen. Zu oft kommt in der Diskussion zu Standards und Arbeitsanweisungen das Argument, dass die einzelnen Produkte zu unterschiedlich dazu seien. Bei einer genaueren Betrachtung ergeben sich in vielen Fällen mehr Gemeinsamkeiten als Unterschiede, die als Basis für das Erstellen von Arbeitsanweisungen verwendet werden können.

Praxisbeispiel 2.1 – Arbeitsanweisungen für Montagetätigkeiten im Projektgeschäft

Ausgangssituation:

Ein Produzent von Komponenten der Innenausstattung für den Eisenbahnbau stellt diese im Projektgeschäft her. In einem Bereich wurden Verbindungsteile für Waggons montiert. Diese konnten in Straßenbahnen oder auch Hochgeschwindigkeitszügen Verwendung finden. Jedes Jahr wurden Dutzende komplett unterschiedliche Varianten dieses Produktes in Losgrößen von zwei bis zehn Stück je Fertigungsauftrag im Monat montiert. Die Arbeitsinhalte und der zeitliche Umfang konnten je nach Variante sehr unterschiedlich sein und verteilten sich auf drei Montagebereiche.

Die Arbeitsvorbereitung stellte in den Fertigungsaufträgen nur einen groben Prozessfluss dar. Zur Kapazitätsplanung und Bestimmung von Lieferzeiten wurden von einem erfahrenen Mitarbeiter vage Bearbeitungszeiten vorgegeben. Diese orientierten sich an den tatsächlich zurückgemeldeten Zeiten von vergleichbaren oder fast identischen Produkten. In jedem einzelnen Bereich mussten die Mitarbeiter nach Abschluss ihrer Arbeit an einem Fertigungsauftrag ihre Gesamtzeit für die Bearbeitung eintragen. Diese Gesamtzeit wurde am Ende in der Arbeitsvorbereitung registriert und eventuelle Abweichungen festgestellt. Diese Information wurde hauptsächlich zur Kontrolle verwendet, ob ihre Schätzungen zur Planung mehr oder weniger akkurat waren.

Die Führungskräfte hatten keine Möglichkeit zu bewerten, ob und wie viel Verbesserungspotenzial in den Prozessen lag. Kam es zu größeren Abweichungen zwischen den groben Vorgaben und den tatsächlich zurückgemeldeten Zeiten, so wurde dies von den Mitarbeitern zumeist mit Problemen mit den Teilen erklärt. Der vermeintliche Hauptverursacher sollte dabei ein interner Lieferant sein, der sich in einer anderen Halle befand und mit dem das Kunden-/Lieferantenverhältnis eher angespannt war. Zusammengefasst konnte gesagt werden, dass es keinerlei Transparenz gab, was in diesem Bereich passierte. Wie und in welcher Reihenfolge die einzelnen Arbeitsinhalte durchgeführt wurden, hing von den jeweiligen Mitarbeitern ab. Neue Kollegen wurden zur Schulung einem erfahrenen Mitarbeiter zur Seite gestellt. So lernten sie alle die Art und Weise der Montage, wie sie von der jeweiligen Person durchgeführt wurde. Ob diese nun der beste Weg war oder ob es effizientere Ansätze gab, konnte niemand sagen. Da die Führungskräfte auch keinen richtigen Einblick in die Vorgänge hatten, reduzierte sich ihre Anwesenheit auf ein absolutes Minimum. Die Werksleitung wollte diese Situation ändern.

Anwendung:

Zuerst wurden über mehrere Wochen die einzelnen Arbeitsschritte mit den Zykluszeiten für unterschiedlichste Varianten aufgenommen. Insgesamt konnten so 17 verschiedene Produkte beobachtet werden. Aus diesen Aufnahmen wurde versucht, Gemeinsamkeiten zwischen den einzelnen Prozessen zu identifizieren. Das Ergebnis ist in Bild 2.1 zusammengefasst.

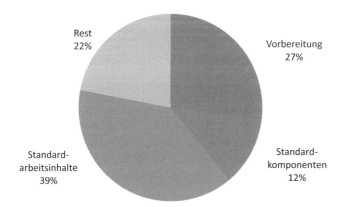

Bild 2.1 Ergebnis der Auswertung der Beobachtungen

- Vorbereitung der Montagetätigkeit (27 % der gesamten Zeiten): Für jeden Auftrag mussten die Arbeitsplätze umgebaut und das entsprechende Material be- und entsorgt werden. Bis auf einen großen Unterschied verliefen alle Abläufe gleich. Für den aufwendigen Vorgang mussten bestimmte Teile aus dem Lager geholt werden, für den einfacheren nicht. Diese zwei Rüstvorgänge wurden für alle Bereiche als Prozess definiert, standardisiert und mit Zeiten hinterlegt.
- Verwendung von Standardkomponenten (12 %): Es konnten mehrere Komponenten identifiziert werden, die an diesen Arbeitsplätzen vormontiert wurden und sich in zahlreichen Varianten wieder fanden. Für diese Komponenten konnten detailliertere Arbeitsanweisungen und Vorgaben erstellt werden. Als Zusatz-

nutzen stellte sich heraus, dass einige dieser häufig verwendeten Komponenten auch auf andere Produkte übertragen werden konnten. Einige Spezialanfertigungen konnten mit diesen ersetzt werden. Diese Erkenntnis wurde auch in die Entwicklung neuer Varianten übernommen.

- Definition von Standardarbeitsinhalten (39 %): Viele Arbeitsschritte wiederholten sich im Prinzip bei fast allen Varianten. Es gab Abweichungen in den Details einzelner Schritte und auch bei der Anzahl der auszuführenden Vorgänge. So gab es einzelne Komponenten, die in fast allen Ausführungen der Produkte montiert werden mussten. In einer Variante konnte diese zehnmal verbaut werden, in einer anderen 20-mal. Für die eine waren fünf Schrauben je Komponente notwendig, in der anderen zehn. Gemeinsam hatten sie alle den Arbeitsschritt „Verschrauben der Komponente X". Dieser konnte generisch in einer Arbeitsanweisung beschrieben werden, die vom Prinzip für die meisten Varianten anwendbar sein sollte. Daraus ließ sich im Weiteren eine Tabelle erstellen, aus der sich für jedes Produkt je nach Arbeitsumfang Bearbeitungszeiten bestimmen ließen.

- Letztendlich blieben noch die Arbeitsschritte über, die einzigartig für jede einzelne Variante sein sollten (22 %). Viele davon kamen in der einen oder anderen Form bei den meisten Produkten vor. Inhalte und Zeiten variierten aber sehr stark. Sie wurden als Textbausteine definiert, die der Mitarbeiter der Arbeitsvorbereitung in der Planung verwenden konnte. Die Einzelzeiten für jeden Arbeitsschritt musste er je nach Variante schätzen.

Für die Arbeitsvorbereitung erhöhte sich damit der Aufwand natürlich erheblich. Speziell in der Einführungsphase sollte dieser hoch sein, da für jeden Artikel die Arbeitsinhalte und Zeiten ermittelt werden mussten. Nach dieser Phase reduzierte sich diese Arbeit auf neue Projekte. Die Tätigkeiten unterteilten sich in zwei Abschnitte:

- Für einen Artikel mussten die einzelnen, vorher beschriebenen Blöcke der Arbeitsinhalte zu einer Arbeitsanweisung zusammengestückelt werden. Diese wurden in einer Datenbank hinterlegt, auf die die Mitarbeiter der Montage Zugriff hatten. In jedem Montagebereich wurde ein Bildschirm aufgestellt, über den die Arbeitsanweisungen aufgerufen werden konnten. Dazu musste über einen Scanner nur der Barcode auf dem Arbeitsauftrag eingelesen werden und eine Auflistung aller notwendigen Dokumente erschien. Mit einem Antippen der Datei Arbeitsanweisung wurde diese angezeigt.

- Statt einer groben Zeit von zum Beispiel zehn Stunden für die Bearbeitung eines Loses in einem Bereich mussten nun zwischen 11 und 17 einzelne Zeiten bestimmt werden. Durch das Baukastensystem der vorbestimmten Komponenten hielt sich der Aufwand allerdings im Rahmen.

Alleine durch die Beschäftigung mit diesem Thema wurde ein Verbesserungspotenzial von ca. 40 % aufgedeckt. Dieses Potenzial konnte hauptsächlich damit

bestimmt werden, indem aus den verschiedenen Vorgehensweisen beim Vorberei-
ten und Montieren mit den Mitarbeitern ein optimaler Ansatz definiert wurde. Um
diese Verbesserungsmöglichkeiten allerdings vollständig zu realisieren, fehlte
eine weitere Komponente des Shopfloor Managements, die Transparenz. Dazu
mehr in der Fortsetzung dieses Fallbeispiels im Kapitel 4.

Praxisbeispiel 2.2 – Arbeitsanweisungen für Materialvorbereitung in der Kleinserienfertigung

Ausgangssituation:

In diesem Unternehmen wurden Baugruppen für die Elektroindustrie in Auftrags-
größen von einem bis maximal 20 Stück montiert. Eine Baugruppe konnte aus bis
zu 50 verschiedenen Einzelteilen bestehen. Insgesamt gab es über 3000 verschiedene Komponenten, die in einem Regallager neben dem Montagebereich vorrätig
waren. Pro Schicht stellten jeweils drei Mitarbeiter das Material für die Montage
zusammen. Die Dauer dieser Vorbereitungtätigkeit konnte je nach Person sehr
stark schwanken, da es keine einheitliche Vorgehensweise gab. Für die Planung
wurde ein durchschnittlicher Wert von 15 Minuten verwendet, der aber nur in sel-
tenen Fällen eingehalten wurde. Es kam immer wieder zu Wartezeiten in der
Montage, da das Material nicht rechtzeitig vorbereitet wurde. In Bild 2.2 sind zwei
Spaghetti-Diagramme dargestellt, die die unterschiedliche Arbeitsweise von zwei
Mitarbeitern verdeutlichen soll.

 Spaghetti-Diagramm

Ein sehr simples Werkzeug für die Aufnahme von Mitarbeitertätigkeiten, ist
das Spaghetti-Diagramm (Bild 2.2). Es wird häufig in Kombination mit einer
Zykluszeitaufnahme erstellt, um die Laufwege des Mitarbeiters visuell darzustellen. Dadurch sollen Aussagen getroffen werden, wie weit ein Mitarbeiter
innerhalb eines bestimmten Zeitraumes laufen muss, bzw. welche Punkte er
am häufigsten ansteuert. Der besondere Vorteil liegt jedoch in der aussage-
kräftigen, visuellen Darstellung. Das Spaghetti-Diagramm kann in derselben
Art und Weise natürlich auch für den Transport von Material, Werkzeugen etc.
verwendet werden.

Um eine komplette Aufstellung der benötigten Teile zur Verfügung zu stellen,
wurde die Stückliste der Baugruppe in eine Pickliste übertragen. Diese Pickliste
war nach keinen besonderen Kriterien sortiert, sondern spiegelte nur die Stückliste wider. Mitarbeiter 1 hatte noch wenig Erfahrung in dieser Tätigkeit und ori-
entierte sich genau an der vorgegebenen Reihenfolge. Dazu stellte er seinen Pickwagen zentral ab (Punkt 1 in Bild 2.2) und ging von dort aus an die jeweilige Stelle
am Regal. Jede Bewegung wird durch einen Strich im Spaghetti-Diagramm dargestellt. Der gesamte Vorgang dauerte 34 Minuten.

Mitarbeiter 2 hatte sich über die Jahre sein eigenes System entwickelt. Er wusste relativ gut Bescheid, wo sich die einzelnen Komponenten befanden. Zur Vorbereitung des Pickvorgangs markierte er jedes Teil in der Liste. Dazu verwendete er einen Farbencode, den er sich selber definiert hatte. Unterschiedliche Bereiche im Lager erhielten dabei eine andere Farbe. Alle Teile, die sich in Bereich A befanden, markierte er zum Beispiel grün. Diese Vorbereitungstätigkeit benötige etwa 5 Minuten. Entsprechend seiner Unterteilung strukturierte er jeden Pickvorgang. Zuerst wurden die Kleinteile aus den Regalen im rechten Teil des Layouts eingesammelt, hier konnte er nicht mit dem Pickwagen zwischen den Regalen fahren. Anschließend wurden die größeren Komponenten in seiner vorgegebenen Reihenfolge direkt aus den Regalen im linken Abschnitt auf den Wagen gelegt. Das Beispiel im rechten Layout zeigt den Verlauf eines Pickvorganges, der vergleichbar sein sollte mit dem von Mitarbeiter 1. Dieser dauerte allerdings nur 10 Minuten. Insgesamt brauchte Mitarbeiter 2 demnach nur die Hälfte der Zeit für einen ähnlichen Vorgang.

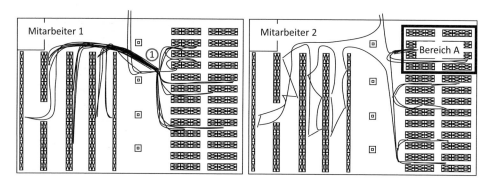

Bild 2.2 Gegenüberstellung der Spaghetti-Diagramme von Mitarbeiter 1 und 2

Anwendung:

Die Mitarbeiter aus diesem Bereich realisierten nach der Aufnahme einiger Spaghetti-Diagramme, dass eine Vereinheitlichung des Ablaufes sinnvoll sein sollte. Diese sollte auch zu Schulungszwecken für neue Mitarbeiter in einer Arbeitsanweisung niedergeschrieben werden. Gemeinsam mit der Arbeitsvorbereitung wurde diese Arbeitsanweisung verfasst und beinhaltete folgende Kernelemente:

- Die Pickliste wurde mit dem Lagerhaltungssystem verknüpft und der genaue Standort in den Regalen in diese eingefügt. Die einzelnen Teile in dieser Liste wurden anschließend entsprechend einer optimalen Pickroute sortiert.

- Entsprechend des Umfangs eines Pickvorganges wurden einzelne Zeitstufen bestimmt, wie lange ein Pickvorgang dauern sollte. Insgesamt gab es drei Stufen, 10, 20 und 30 Minuten. Drei Ziele sollten damit verfolgt werden:

  - Die Planung der Vorbereitung des Materials sollte genauer werden, um Wartezeiten in der Montage zu vermeiden.

- Eine genauere Kapazitätsplanung für diesen Bereich wurde dadurch möglich. Es gab klar definierte Standards, aus denen sich ergab, wie lange jeder Pickvorgang etwa dauern sollte. Damit konnte der Kapazitätsbedarf errechnet werden.
- Abweichungen sollten transparent gemacht werden. Aus der relativ klaren Vorgabe eines Standards konnten Abweichungen anhand der benötigten Zeit festgestellt werden. Kam es zu größeren Zeitüberschreitungen, mussten Vorschläge zur Beseitigung der Ursachen erarbeitet werden.
- Alle Mitarbeiter wurden entsprechend dieser neuen Arbeitsanweisung geschult. Dieser Pickvorgang wurde auch in die Qualifikationsmatrix des Bereichs übernommen, um sicherzustellen, dass alle Mitarbeiter darin unterwiesen wurden.

Fazit aus den Praxisbeispielen

- Arbeitsanweisungen sind in mehr Situationen sinnvoll und anwendbar, als zumeist angenommen wird. Selbst in einem Umfeld mit sehr geringen Stückzahlen gibt es Aktivitäten, die in einem Standard beschrieben werden sollten. Die Herausforderung liegt darin, diese zu identifizieren und ihre Gemeinsamkeiten zu beschreiben.
- Unterschiedliche Arbeitsweisen sind häufig die Quelle von Verschwendung. Gibt es keine klar definierten Arbeitsanweisungen, ist die Gefahr groß, dass Mitarbeiter ihre persönlichen Abläufe entwickeln. In jedem dieser Abläufe lässt sich sicher die eine oder andere Komponente für einen optimalen Prozess finden. Andere wiederum stellen Abweichungen zu diesem dar und sind damit Verschwendung.

■ 2.3 Zykluszeit

Nachdem die einzelnen Arbeitsschritte genau definiert wurden, muss ermittelt werden, wie lange diese dauern. Im Kontext der Schlanken Produktion wird dazu der Begriff der Zykluszeit verwendet. Im deutschen Sprachgebrauch wird dieser – zumindest aus der Perspektive von Lean – häufig mit der Taktzeit verwechselt. Dieser Begriff wird bei REFA und Lean unterschiedlich verwendet (siehe nächsten Abschnitt zur Verwendung im Lean-Sprachgebrauch).

Zykluszeit

Die Zykluszeit ist jene Zeit, die tatsächlich benötigt wird, um einen Bearbeitungszyklus zu durchlaufen. Der gesamte Zyklus und damit die gesamte Zykluszeit beinhalten alle Tätigkeiten, die standardmäßig zur Erstellung des Outputs not-

> wendig sind. Die Betonung liegt hier auf standardmäßig. Alle Aktivitäten, die nicht im Standard definiert sind, gehören nicht zur Zykluszeit. Regelmäßige Nebentätigkeiten (z. B. Messungen alle 10 Stück; Wechsel eines Behälters alle 100 Teile) als Teil des Standardablaufs müssen anteilsmäßig ebenfalls in der Zykluszeit mit berücksichtigt werden.

Für den Shopfloor Manager ist es essenziell zu wissen, wie lange ein bestimmter Arbeitsvorgang dauern sollte. Es spielt im Endeffekt keine Rolle, ob sie es Zykluszeit, Vorgabezeit oder irgendwie anders benennen. Auch kann der Detaillierungsgrad je nach Umfeld unterschiedlich sein. Bei einem Produzenten in der Medizintechnik wurde an einer Anlage in einem Jahr ein Volumen von 20 Mio. Stück desselben Produktes gefertigt. Eine genaue Bestimmung der Zykluszeit drei Stellen hinter dem Komma machte hier Sinn.

Für einen Produzenten von Geräten der Bergbauindustrie, die einige dutzend Stück im Jahr mit tagelangen Bearbeitungszeiten an einem Arbeitsplatz fertigen, stellt sich eine andere Situation dar. Es gab keine sekundengenauen Zykluszeiten. Es wurden dennoch Arbeitsinhalte definiert, die standardmäßig für alle Varianten zutreffen und solche, die sehr spezifisch waren. Für die Standardkomponenten wurden minutengenaue Zeiten bestimmt, für die anderen wurden Erfahrungswerte verwendet. Von niemandem wurde angezweifelt, dass Zeiten als Vorgaben und Richtlinien notwendig waren. Ohne diese hätte es keine Möglichkeiten gegeben, Abweichungen vom vorgegebenen Prozess und Verschwendung zu identifizieren. Und damit würde die Basis fehlen, besser zu werden.

Praxisbeispiel 2.3 – Zykluszeiten in der Serienfertigung mit manuellen Arbeitsplätzen

Ausgangssituation:

In einer Fertigungszelle wurden Baugruppen für die Elektroindustrie montiert. Die Zelle bestand aus fünf manuellen Arbeitsplätzen (1 – 5 in Bild 2.3) und einer vollautomatischen Anlage (6 in Bild 2.3). Insgesamt wurden 21 verschiedene Varianten gefertigt. Die Losgrößen für die Top-Produkte lagen zwischen 500 und 1000 Stück.

Der letzte Arbeitsschritt stellte den Taktgeber der Zelle dar, hatte also die längste Zykluszeit. Diese Zeiten konnten je Variante stark unterschiedlich sein und schwankten zwischen 76 und 126 Sekunden. Die Arbeitsinhalte an den manuellen Arbeitsplätzen variierten zwischen den verschiedenen Ausführungen jedoch kaum. Es musste demnach ein Ansatz gefunden werden, wie der verantwortliche Meister die Kapazität an den manuellen Arbeitsplätzen an die Geschwindigkeit des letzten Prozessschrittes anpassen konnte. Wie konnte er durch seine Einsatzplanung der Mitarbeiter Verschwendung durch Wartezeiten in der Zelle reduzieren?

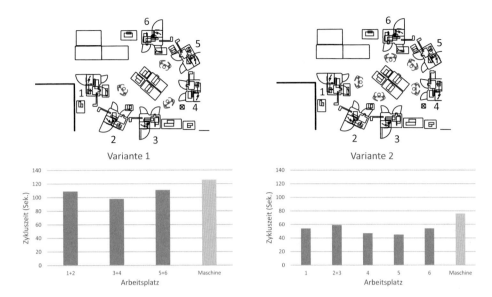

Bild 2.3 Besetzung der Arbeitsplätze und Zykluszeiten für zwei Varianten

Anwendung:

Für jede einzelne Variante und jeden Arbeitsplatz wurden die entsprechenden Zykluszeiten aufgenommen. Die Ergebnisse für die beiden Extremfälle (kürzeste und längste Zeit an der Maschine) sind in den Zykluszeitdiagrammen in Bild 2.3 dargestellt. Der jeweils rechte Balken stellt die Zykluszeit für die Maschine dar. Dieser Wert bestimmt den Output der Zelle, also das operative Ziel. Mit den Zeiten der manuellen Arbeitsplätze konnte bestimmt werden, wie viele Mitarbeiter für jede Variante benötigt wurden. Einerseits mussten die Zeiten für jeden einzelnen Mitarbeiter unter denen der Anlage liegen, um nicht den Output negativ zu beeinflussen. Andererseits sollte sie auch nicht zu gering sein, um unnötige Wartezeiten zu vermeiden.

In Variante 1 mit der längsten Zykluszeit an der Maschine konnten die manuellen Tätigkeiten mit drei Mitarbeitern bewältigt werden. Der zweite Mitarbeiter in der Zelle arbeitete an den Arbeitsplätzen 3 und 4 und hatte mit einer gesamten Zykluszeit von 98 Sekunden die geringste Auslastung. Ein Teil wurde von ihm zuerst an Arbeitsplatz 3 bearbeitet und dann an 4. Für Variante 2 hingegen benötigte man wesentlich weniger Zeit an der Maschine, wodurch auch den manuellen Arbeitsplätzen weniger Zeit zur Verfügung blieb. Ein Bearbeiten eines Teiles von einem Mitarbeiter an zwei Arbeitsplätzen sollte nur noch bei 2 und 3 möglich sein. Insgesamt wurden in dieser Konstellation fünf Mitarbeiter benötigt.

Dem Meister wurde damit ein Werkzeug in die Hand gegeben, mit dem er flexibel seine Mitarbeiter auf verschiedene Bereiche je nach Anforderungen des Produktmix aufteilen konnte. Ohne die genaue Kenntnis der einzelnen Zykluszeiten wäre das nur schwer möglich gewesen.

Praxisbeispiel 2.4 – Verwendung von Durchschnittsmengen vs. Laufzeiten zur Planung

Ausgangssituation:

Ein Produzent von Profilstangen aus Stahl verwendete zur Planung der Ziehanlagen durchschnittliche Tonnagen. Es wurde einmal festgelegt, wie viele Tonnen die Ziehmaschine innerhalb eines bestimmten Zeitraums produzieren soll (oder: können muss). Wurden im Betrachtungszeitraum von z. B. zwei Monaten 1150 kg pro Schicht produziert, so wurde dieser Wert zur Planung der Aufträge verwendet. Für jede Schicht wurden so viele Aufträge verplant, bis die Menge von 1150 kg erreicht wurde. Nicht berücksichtigt wurde dabei der Produktmix. Dass verschiedene Produkte unterschiedliche Bearbeitungszeiten hatten, spielte für die Planung keine Rolle.

Für eine Grobplanung und eine längerfristige Kapazitätsbetrachtung kann dieser Ansatz durchaus verwendet werden. Für die Steuerung und das Shopfloor Management ergaben sich dadurch allerdings zwei Herausforderungen, wie dieser Fall zeigte:

- Zusatzaufwand wurde beim Wechsel zwischen zwei Aufträgen verursacht. Wurde zum Beispiel für ein Fertigungslos eine Laufzeit von 12 Stunden geplant, so startet standardmäßig zwei Stunden vor Ablauf die Vorbereitung für den nächsten Auftrag. Der Werkzeugbau und das Lager orientieren sich am Produktionsplan, um Werkzeuge und Material rechtzeitig der Produktion zur Verfügung zu stellen. Die zwei Stunden sollten neben den Vorbereitungstätigkeiten auch eventuelle Schwankungen in der Laufzeit eines Auftrages abdecken.

  Sollte die Zykluszeit für dieses spezielle Produkt gravierend unter dem verwendeten Durchschnittswert liegen, so könnte der Auftrag bereits nach z. B. acht Stunden abgeschlossen sein. Entweder stellte der Vorarbeiter rechtzeitig fest, dass das Los früher als geplant fertig sein würde und informierte Werkzeugbau und Lager. Oder, was öfters vorkam, es wurde erst festgestellt, nachdem der Auftrag beendet wurde. Das benötigte Material und die Werkzeuge für den Folgeauftrag standen in dieser Situation natürlich nicht zur Verfügung. Vorarbeiter und/oder Meister mussten eingreifen, um diese Situation zu bereinigen. Wertvolle Zeit der Shopfloor Manager und Kapazitäten der Anlagen wurden damit verschwendet.

- Die Reihenfolge von Aufträgen musste kontinuierlich geändert werden, da die Terminplanung mangelhaft war. Die Planung als Teil des Supply Chain Managements in diesem Unternehmen musste die Fertigungstermine in der Produktion mit den Zeitfenstern für die Logistikunternehmen koordinieren. Lieferungen in manche Regionen hatten ganz bestimmte Abholzeiten durch die Spediteure. So wurden zahlreiche Aufträge so eingeplant, dass sie mit einem Vorlauf von wenigen Stunden in der Produktion abgeschlossen sein sollten. Die Situation konnte mit dem obigen Punkt verglichen werden, nur dass es hier hauptsächlich die Aufträge betraf, die wesentlich länger als geplant liefen.

Einen Tag vor der geplanten Abholung durch den Spediteur kontrollierte der verantwortliche Mitarbeiter im Supply Chain Management, ob alle notwendigen Aufträge im Versandbereich zur Verfügung standen oder der Abschluss in der Produktion kurz bevorstand. Fehlte einer, so musste er die entsprechenden Maßnahmen mit dem Meister des Produktionsbereiches koordinieren. Häufig musste dieser dann vor Ort die Reihenfolge der geplanten Aufträge ändern, um eines der fehlenden Lose für den nächsten Tag noch rechtzeitig fertigen zu können. Zusätzlich musste diese Änderung direkt mit Werkzeugbau und Lager abgestimmt werden.

Zusammenfassend kann gesagt werden, dass die Shopfloor Manager einen erheblichen Zusatzaufwand hatten, um die Zeitunterschiede zwischen Planung und Realität auszugleichen. Eine Aufnahme ihrer Tätigkeiten über mehrere Tage ergab, dass sie ca. 10 – 15 % ihrer Zeit mit dieser Koordination verbrachten. Die Verluste an den Anlagen durch Warten und Änderungen der Auftragsreihenfolge beliefen sich auf 6 %.

Anwendung:

Dass von der Planung mit Durchschnittswerten abgegangen werden musste, leuchtet allen Betroffenen ein. Es stellte sich auch sehr schnell heraus, dass es kein besonders großer Aufwand sein sollte, zu detaillierten Zeiten je Auftrag oder Artikel zu kommen. Einer der wichtigsten Einstellparameter an den Anlagen war die Ziehgeschwindigkeit. Aus der Länge einer Stange und der Anzahl der Stangen für einen Auftrag konnte damit die Laufzeit berechnet werden. In diesem Zusammenhang wurde zusätzlich beschlossen, von der Planung basierend auf Tonnen auf Stückzahlen zu wechseln. Dadurch resultierte natürlich eine entsprechende Änderung des operativen Zieles der Ausbringung.

Durch den Wechsel von Durchschnittswerten zu tatsächlichen Laufzeiten konnte auch ein richtiges Verbesserungsmanagement eingeführt werden. Dieses funktionierte aus mehreren Gründen zuvor nur sehr eingeschränkt:

- Die Durchschnittswerte basierten auf tatsächlich produzierten Tonnagen innerhalb eines gewissen Zeitraums. Sie beinhaltet demnach alle Verluste, die während dieses Zeitraums angefallen waren. Niemand konnte mit Zahlen belegen, wie gut oder schlecht die oben erwähnten 1150 kg je Schicht im Verhältnis zur tatsächlichen Kapazität lagen. Wie viel Verschwendung beinhaltete dieser Wert?

- Es konnte damit auch nicht transparent gemacht werden, wann welche Verluste in der Produktion auftraten und wie sich diese zusammensetzten. Größere Stillstände durch technische Störungen wurden von der Instandhaltung aufgezeichnet und systematisch bearbeitet. Organisatorische Verluste, wie die bereits oben erwähnten, wurden hingegen nie registriert und damit auch nicht thematisiert.

Erst durch genaue Vorgaben wurde die Basis gelegt, dass Verschwendung gemessen werden konnte. Und damit wurde eine Grundvoraussetzung geschaffen, dass nicht-wertschöpfende Aktivitäten gezielt abgestellt werden konnten.

Praxisbeispiel 2.5 – Bearbeitungszeiten im Projektgeschäft

Ausgangssituation:

In diesem Praxisbeispiel geht es um ein Unternehmen, das im Projektgeschäft die Hardware für Lagerhäuser großer Logistikunternehmen fertigt. Die Aufträge bzw. Projekte liefen zumeist über ein bis zwei Jahre, in denen einzelne Komponenten regel- oder auch unregelmäßig immer wieder abgerufen wurden. In einem Montagewerk wurden zahlreiche Einzelkomponenten zu einem Gesamtsystem montiert. Diese Teile kamen von unterschiedlichsten Lieferanten, von denen wir uns in dieser Fallstudie einen etwas genauer ansehen. Dieser Zulieferer war ein Tochterunternehmen des Montagewerks und lieferte zu 100 % an dieses.

Die Losgrößen bei diesem Lieferanten lagen zwischen zwei und maximal 50 Stück je Einzelorder. Die einzelnen Prozessschritte durch die Produktion sind vereinfacht in Bild 2.4 dargestellt. Aus Platinen wurden Einzelteile auf drei Laserschneidern geschnitten. Diese wurden anschließend an insgesamt 18 Biegemaschinen gebogen. Diese Prozessschritte stellten für die Standardisierung den einfachen Abschnitt dar. Bis zu 20 verschiedene Einzelteile, die aus dem Biegen kamen, mussten anschließend zu einer Baugruppe zusammengeschweißt werden. Den Abschluss bildete die Lackierung und direkt aus dieser die Verpackung. Dieser Fluss traf für ca. 60 % des gesamten Volumens zu. Manche Produkte benötigten nur Schneiden und Biegen. Andere gingen nach diesen zwei Vorgängen noch zur Lackierung und wurden nicht geschweißt.

Die große Herausforderung stellt, wie schon erwähnt, der Schweißbereich dar. Die Schweißvorgänge selber waren in Reihenfolge der Vorgänge, Parameter etc. genau beschrieben. Für keinen einzelnen Auftrag wurden allerdings Zykluszeiten der einzelnen Arbeitsschritte bestimmt. Der gesamte Schweißbereich wurde als Blackbox gesehen. Material ging hinein und es wurde mit einer durchschnittlichen Durchlaufzeit von vier Tagen gerechnet, unabhängig von der Komplexität und dem Umfang der Arbeiten. Diese vier Tage wurden einmal aus Erfahrungswerten definiert und nie wirklich in Frage gestellt.

Bild 2.4 Prozessfluss

Aus dieser Intransparenz, was wie lange im Schweißen tatsächlich dauert, entstanden mehrere Probleme:

- Die Liefertreue aus der Schweißerei lag bei unter 50 %. Jeder zweite Auftrag benötigte mehr als die geplanten vier Tage zur Bearbeitung. Begründet wurde dies durch eine Vielzahl an Faktoren, die teilweise in Kapitel 6 behandelt werden.

- Zwischen dem Biegen und dem Schweißen schwankten die Bestände sehr stark. Vor dem Schweißen gab es einen Pufferbereich, in dem die einzelnen Komponenten aus dem Biegen für eine Baugruppe zusammengestellt wurden (Bild 2.5). Durch die mangelnde Transparenz der Tätigkeiten im Schweißen stellte sich eine genaue Abstimmung des Materialflusses zwischen diesen beiden Bereichen als schwierig heraus. Material kam häufig früher aus dem Biegen als es weiterverarbeitet werden konnte. Suchen von Komponenten und das Herumschieben von Paletten gehörte zur Tagesordnung.

Bild 2.5 Pufferbereich vor dem Schweißen

- Die Kapazitätsplanung für das Schweißen basierte auf Erfahrungswerten und Durchschnitten. An vielen Tagen im Jahr wurden mehr Aufträge für das Schweißen geplant, als an den manuellen Arbeitsplätzen bearbeitet hätten werden können. Es gab andererseits auch zahlreiche Tage, an denen Mitarbeiter frühzeitig nach Hause geschickt wurden, da nicht genug Aufträge eingeplant wurden. Der verantwortliche Meister konnte nur nach dem reagieren, was ihm in den Puffer vom Biegen gestellt wurde.

Aus dem Schweißbereich selbst kam die Forderung nach einer besseren Planung der Aufträge und damit der anfallenden Arbeit. Die starken Schwankungen der Kapazitätsanforderungen, auf die sie nur reagieren konnten, sollten ausgeglichen werden.

Anwendung:

Auf der einen Seite schwankten die Bearbeitungszeiten zwischen den einzelnen Baugruppen in der Schweißerei sehr stark. Sie konnten bei ca. 10 Minuten für kleine Teile bis zu einer Schicht bei großen Baugruppen liegen. Auf der anderen Seite rechtfertigten die eher geringen Stückzahlen keine detaillierten Zeitaufnahmen. Über den gesamten Verlauf eines Projektes wurden zumeist weniger als 100 Stück gefertigt. Nur bei den bereits erwähnten kleinen Teilen konnte es in die tausende gehen. Die Zykluszeiten mussten allerdings auch nicht auf die Sekunde genau sein. Eine effizientere Methode als einzelne Zeitaufnahmen für jede Baugruppe mussten gefunden werden.

Technik, Arbeitsplanung und der Leiter der Schweißabteilung definierten gemeinsam eine Methode, wie mit relativ geringem Aufwand eine akzeptable Bearbeitungszeit je Baugruppe ermittelt werden konnte. Parameter wie Anzahl und Länge von Schweißnähten, Material etc. wurden dabei berücksichtigt. Zur Vorbereitung eines jeden neuen Auftrags musste die Technik die Bearbeitungszeit ermitteln und in die Stammdaten aufnehmen. Diese Daten wurden automatisch in die Planung übernommen. Diese detaillierteren Zahlen wurden für folgende Punkte verwendet:

- Durch die neuen Zahlen wurde es offensichtlich, dass die Schweißabteilung zumeist der Engpass im Fluss war. Der Schwerpunkt der Planung wurde durch diese Erkenntnis vom Biegen auf das Schweißen verschoben. Damit wurde eine Grundlage geschaffen, auch den Pufferbereich vor dem Schweißen besser managen zu können.

- Die Kapazitäten im Schweißen konnten nun erstmals richtig geplant werden. Damit konnte vermieden werden, dass zu viele Aufträge mit langen Bearbeitungszeiten zugleich gestartet wurden und es zu einem Stau kam. Gab es Tage mit zu wenig Arbeit, so konnte der Abteilungsleiter frühzeitig reagieren. Die neue Transparenz gab ihm erstmals die Möglichkeit, den Einsatz seiner Mitarbeiter richtig zu planen und nicht immer nur zu reagieren.

- Die Durchlaufzeiten wurden angepasst. Es wurde nicht mehr einheitlich mit einem Durchschnittswert von vier Tagen gerechnet, sondern eine realistische Zeit je nach Umfang der Arbeit berücksichtig. Die Liefertreue ging damit bereits nach kurzer Zeit stark in die Höhe.

Fazit aus den Praxisbeispielen

- Die Notwendigkeit für die Bestimmung von Zyklus- oder Bearbeitungszeiten ergibt sich für Fertigungen mit hohen genauso wie mit geringen Stückzahlen. Ohne diese ist es schwierig, die notwendigen Kapazitäten oder Durchlaufzeiten zu planen.

- Der große Unterschied liegt im Detaillierungsgrad der Zeiten. Für hohe Stückzahlen machen detaillierte Zykluszeitaufnahmen Sinn. Je geringer das Volumen wird, umso mehr muss eine Abwägung zwischen Aufwand der Zeitermittlung und der Genauigkeit der Zeiten gefunden werden.

- Auch für das Funktionieren eines Verbesserungsmanagements ist das Bestimmen eines Sollwertes unabdingbar. Gibt es diesen nicht, so wird es schwierig, eine Abweichung zum Ist zu bestimmen. Und diese Abweichungen gilt es ja zu beseitigen.

■ 2.4 Taktzeit

Die Taktzeit ist wohl eines der wichtigsten Konzepte der Schlanken Produktion (Ohno 1988). Obwohl der Grundgedanke der Taktzeit recht simpel ist, ist die Anwendung in der Praxis bei Weitem nicht so einfach. Im Prinzip geht es darum, wie viel Zeit einem Prozessschritt zur Verfügung steht, um den Bedarf der Kunden zu erfüllen.

Taktzeit

Die Taktzeit definiert sich wie folgt:

Taktzeit = Nettoarbeitszeit/Kundenbedarf

Mit dieser Zeit wird ausgedrückt, wie viele Sekunden oder Minuten pro Vorgang zur Verfügung stehen, damit der Kundenbedarf erfüllt werden kann.

Als Standard ist die Taktzeit von Bedeutung, da sie der Zykluszeit gegenübergestellt wird. Die grundsätzliche Anwendung soll anhand eines einfachen Beispiels erklärt werden. Der Prozess in Bild 2.6 besteht aus 5 Schritten. Die längste Zykluszeit hat Schritt 3 mit 29 Sekunden. Die Taktzeit liegt bei 27 Sekunden. Im Zusammenhang mit Standards lassen sich daraus folgende Erkenntnisse ableiten:

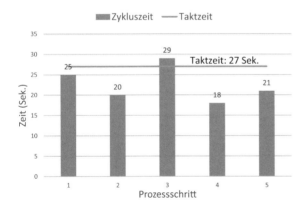

Bild 2.6 Taktzeit-/Zykluszeitdiagramm

Eine Zykluszeit liegt über der Taktzeit. Das geforderte Volumen kann demnach nicht produziert werden. Es muss primär an den Standards für Arbeitsplatz 3 gearbeitet werden, um die Kundennachfrage erfüllen zu können.

Die zweite Erkenntnis ergibt sich aus der Summe der einzelnen Zykluszeiten verglichen mit der Taktzeit. Die Summe der Zykluszeiten beträgt 113 Sekunden. Wird diese durch die Taktzeit von 27 Sekunden dividiert, ergibt sich die Zahl 4,2. Diese stellt die theoretische Anzahl an Mitarbeitern dar, die für diesen Prozessfluss notwendig wären, wenn es rein manuelle Arbeitsplätze wären. Damit ergibt sich bei dem zugrunde liegenden Volumen eine Standardanzahl an notwendigen Kapazitäten von 5.

Würde dieser Wert unter vier fallen, so gäbe es das theoretische Potenzial, die Anzahl der Mitarbeiter zu reduzieren. Immer natürlich vorausgesetzt, dass sich Arbeitsinhalte so verschieben lassen, dass sie von vier Personen durchgeführt werden können.

Mit der aktuellen Definition der Standardprozessschritte in Bild 2.6 ergibt sich eine unterschiedliche Belastung der Mitarbeiter. Während in Prozessschritt 3 der Mitarbeiter in jedem Zyklus 29 Sekunden arbeiten muss, kommt Mitarbeiter 4 nur auf 18 Sekunden. Eine standardmäßige Wartezeit resultiert daraus für diesen Arbeitsplatz. Während Mitarbeiter 3 das Tagespensum auch bei bestem Einsatz nicht schaffen kann, kann es Mitarbeiter 4 eher ruhig angehen. Möglichkeiten sollten gefunden werden, damit eine sogenannte Austaktung erfolgen kann, eine Umverteilung der Arbeitsinhalte und eine gleichmäßige Auslastung der Arbeitsplätze.

Die Hauptaufgabe der Taktzeit ergibt sich demnach aus der Gegenüberstellung mit der Zykluszeit.

- Kann mit der gegebenen Zykluszeit das geforderte Volumen produziert werden?
- Wie viele Kapazitäten ergeben sich bei einem bestimmten Kundenbedarf?
- Sind alle Prozessschritte halbwegs gleichmäßig belastet?

Aus diesen Erkenntnissen können unterschiedliche Standardszenarien entwickelt werden. So können sich je nach Kundenbedarf das Layout, die Anzahl der Mitarbeiter und die Verteilung der Arbeitsinhalte ändern.

Praxisbeispiel 2.6 – Taktzeit zur Fokussierung von Verbesserungsmaßnahmen

Ausgangssituation:

Ein Zulieferer der Automobilindustrie stellte Komponenten für den Motor her. Die Fertigung bestand prinzipiell aus drei Schritten. Diese sind für eine Produktgruppe in Bild 2.7 anhand eines Taktzeit-/Zykluszeitdiagramms dargestellt. Zuerst wurden Blechteile aus Platinen gestanzt (Schritt 1 in Bild 2.7), die anschließend verschweißt wurden (Schritt 2). Diese Schweißteile stellten das Grundgerüst dar, auf denen verschiedene Einzelteile montiert wurden (Schritte 3 bis 8).

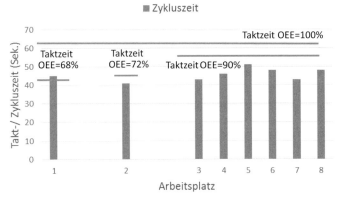

Bild 2.7 Taktzeit-/Zykluszeitdiagramm Ausgangssituation

 OEE - Overall Equipment Effectiveness

Der OEE oder auch die Gesamtanlageneffektivität ist wohl eine der wichtigsten Kennzahlen für Produktionsbetriebe. Prinzipiell soll damit ausgesagt werden, wie gut ein bestimmter Zeitraum genutzt wird, um gute Teile zu produzieren. Dieser Zeitraum kann in einem Extremfall 24 Stunden bzw. auch 365 Tage betragen, im anderen Extrem sich nur auf die tatsächliche Arbeitszeit beziehen. Welche Basis verwendet wird, hängt einerseits vom Anwendungsfall bzw. andererseits auch etwas von der Unternehmensphilosophie ab.

Nachdem die Basis definiert worden ist, werden die Verluste an einer Anlage in drei Komponenten zerlegt – Verfügbarkeit (bewusste Stillstände), Effizienz (unbewusste Verluste) und Qualität (Ausschuss und teilweise Nacharbeit) – und von der Basis abgezogen. Durch die Zeit, die man für die Fertigung der guten Teile gebraucht hat, ergibt sich letztendlich der OEE. Durch die drei Faktoren soll ein Fokus auf die wichtigsten Verlustquellen gefunden werden, um gezielt Verbesserungen durchzuführen.

Für diese bestimmte Produktgruppe stellte der erste Prozessschritt den Engpass dar. Die Taktzeit bei 100 % OEE über alle Arbeitsplätze würde bei 62 Sekunden liegen. Dieser Wert musste um den tatsächlichen OEE jedes Schrittes reduziert werden, um eine realistische Planung zu ermöglichen. Beim Stanzen gab es zahlreiche Verluste, weswegen der OEE nur bei 68 % lag. Werden die 62 Sekunden mit den 68 % bewertet, ergibt sich eine Taktzeit von knapp über 42 Sekunden. Die Zykluszeit lag allerdings bei 45 Sekunden. An diesem Arbeitsplatz mussten demnach immer Überstunden geleistet werden, um das geforderte Volumen zu erreichen.

Das Schweißen hatte mit einem OEE von 72 % keinen viel besseren Wert als das Stanzen. Da die Zykluszeit geringer war, ergab sich kein Problem mit der Kapazität. Schritte 3 bis 8 wurden als rein manuelle Arbeitsplätze einheitlich mit einem OEE von 90 % bewertet.

Für das kommende Jahr wurde mit cincr Volumensteigerung von 10 % gerechnet, wodurch die Situation für diese Produktgruppe mit Hilfe des Taktzeit-/Zykluszeitdiagramms neu bewertet werden musste.

Anwendung:

Bild 2.8 spiegelt die Auswirkungen einer Erhöhung des Volumens um 10 % im Taktzeit-/Zykluszeitdiagramm wider. Der Engpass im Stanzen würde dadurch natürlich noch gravierender ausfallen. Zusätzliche Überstunden würden anfallen, falls an diesem Arbeitsplatz keine Maßnahmen ergriffen würden. Zusätzlich würden Schritt 2 und 5 zu einem potenziellen Engpass werden. Diese stellten nach dem Stanzen einen weiteren Fokus für Verbesserungen dar.

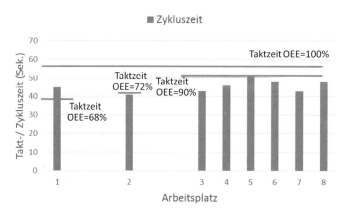

Bild 2.8 Taktzeit-/Zykluszeitdiagramm mit 10 % Steigerung des Bedarfs

Im ersten Schritt wurden Maßnahmen definiert, um den OEE der Stanze zu erhöhen. Als Zielwert wurden 80 % festgelegt. Diese Zahl resultierte aus dem Verhältnis der Taktzeit (56,4 Sekunden bei 100 % OEE) und der Zykluszeit des Arbeitsschrittes Stanzen von 45 Sekunden. Durch mehrere Verbesserungen konnte der OEE nachhaltig auf 78 % gesteigert werden, einige Überstunden mussten demnach immer noch geleistet werden. (Bild 2.9). Beim Schweißen wurden ebenfalls einige Verbesserungspotenziale gefunden, wodurch der OEE auf 76 % erhöht werden konnte. Die Auslastung knapp an der verfügbaren Grenze dieser Anlage konnte damit etwas entspannt werden.

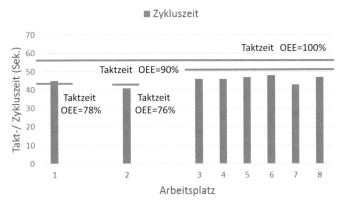

Bild 2.9 Taktzeit-/Zykluszeitdiagramm nach Maßnahmen zur Kapazitätssteigerung

An den manuellen Arbeitsplätzen mussten mehrere Einzelmaßnahmen gefunden werden, um speziell Station 5 zu entlasten. Durch eine kleine Investition konnte die Zykluszeit um zwei Sekunden reduziert werden. Die restlichen Sekunden konnten durch die Verteilung einzelner Aktivitäten auf andere Stationen erreicht werden. Damit konnte die Linie auch besser ausgetaktet werden.

Durch die Verwendung des Taktzeit-/Zykluszeitdiagramms konnte über den gesamten Fluss ein klarer Fokus für notwendige Maßnahmen bestimmt werden. Zuerst wurde aufgezeigt, ab welchen Steigerungen des Volumens Verbesserungen unausweichlich wurden. Daraus ergab sich im nächsten Schritt, wo in welchen Umfang die Kapazität gesteigert werden musste.

Praxisbeispiel 2.7 – Taktzeit als Grundlage einer flexiblen Ressourcenplanung

Ausgangssituation:

Der Produktionsbereich bestand aus drei Anlagen. An den zwei Nietanlagen (1 und 2 in Bild 2.10) wurden mehrere Blechteile miteinander vernietet. An Arbeitsplatz 3 wurden andere Produktvarianten mit einem Schweißroboter zusammengeschweißt. Alle drei Maschinen wurden über ein Förderband mit Teilen versorgt. An den Nietanlagen legten zwei Mitarbeiter die Teile in die Vorrichtungen am Förderband, am Schweißroboter waren es drei. Am Ausgang jeder Maschine stand jeweils ein weiterer Mitarbeiter, um die Teile auf ein Gestell, welches zum nächsten Arbeitsgang Lackierung gebracht wurde, zu hängen.

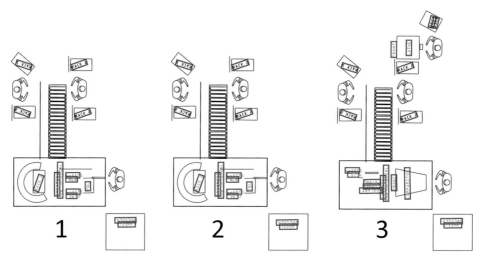

Bild 2.10 Layout Ausgangssituation

Die Berechnung der Taktzeit in Bild 2.11 bezieht sich auf die beiden Nietanlagen, die gemeinsam einen Jahresbedarf von 5 860 000 Einheiten produzieren mussten. Da im 3-Schichtbetrieb gearbeitet wurde und das gesamte Volumen auf beide Anlagen verteilt war, standen demnach insgesamt sechs Schichten zur Berechnung für die gesamte Nettoarbeitszeit zur Verfügung. Die Taktzeit bei dieser Berechnung ergibt 5,95 Sekunden. Diese Zeit wurde anschließend noch mit einem OEE von 82 % gewichtet, weshalb tatsächlich nur 4,88 Sekunden zur Fertigung eines Teiles zur Verfügung standen. Dieselbe Berechnung bei drei Schichten für den Schweißroboter ergab eine Taktzeit von 6,14 Sekunden.

Nettoarbeitszeit/Schicht		Anzahl Schichten			Nettoarbeitszeit/Tag (Sek.)	
440	Min./ Schicht	X	**6**	X	**60** Sek.	=
					158.400	Sek./Tag

Jährlicher Bedarf		Anzahl Arbeitstage		Täglicher Bedarf	
5.860.000	Stück /	**220**	Tage =	**26.636**	Stk./Tag

				Taktzeit	
Tägliche Nettoarbeitszeit	—	**158.400**	—	**5,95**	Sek./Stück
Täglicher Bedarf		**26.636**		**0,10**	Min./Stück

			Gewichtete Taktzeit	
Effektivität der Anlage	**82%**		**4,88**	Sek./Stück

Bild 2.11 Berechnung der Taktzeit

Der Taktzeit musste nun die Zykluszeit gegenübergestellt werden (Bild 2.12). Nachdem die Zykluszeiten für alle manuellen Arbeitsplätze und die Anlagen aufgenommen worden waren, konnte das Taktzeit-/Zykluszeitdiagramm erstellt werden. Sofort fiel auf, dass Mitarbeiter 2 und 5 an den Nietanlagen und Mitarbeiter 7 und 8 am Schweißroboter wesentlich geringere Zykluszeiten hatten als ihre Kollegen, die Arbeitsplätze also nicht ausreichend ausgetaktet waren.

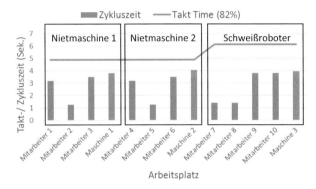

Bild 2.12 Ergebnis der Zykluszeitaufnahmen

Die aufgenommenen Zykluszeiten und die berechnete Taktzeit konnten auch benutzt werden, um eine theoretische Anzahl an Mitarbeitern zu ermitteln. Die Summe der drei manuellen Arbeitsplätze an einer Nietanlage ergab zum Beispiel knapp acht Sek. Dieser Wert wurde durch die Taktzeit von 4,88 Sek. dividiert. Rechnerisch würden 1,64 Mitarbeiter, also zwei Mitarbeiter, ausreichen, um das geforderte Volumen zu produzieren.

Die Mitarbeiterzykluszeiten wurden dann der Anlagenzykluszeit gegenübergestellt, was zu einer anderen Aussage führte. Die 8 Sekunden der Summe der Mitarbeiterzykluszeiten wurde bei dieser Betrachtung durch die 3,8 Sekunden Zykluszeit der Nietanlage dividiert. Rechnerisch wären es demnach 2,1 Personen oder tatsächlich 3. Da die Denkweise war, dass die Anlage nicht durch die Mitarbeiter zum Stopp gebracht werden dürfte, kam es zu dieser zusätzlichen Person, die lange Wartezeiten hatte. Zwei Personen könnten die notwendigen Tätigkeiten nicht innerhalb der 3,8 Sekunden des Maschinenzyklus abschließen.

Die Situation war vergleichbar am Schweißroboter. Die Summe der Zykluszeiten lag bei 10,4 Sekunden, was bei einer Taktzeit von 6,14 Sekunden sogar nur 1,7 Mitarbeiter ergab. Tatsächlich befanden sich jedoch vier Personen an der Anlage.

Anwendung:

Es mag auf den ersten Blick ein etwas seltsamer Ansatz sein, wenn man die Produktivität erhöht, indem die Zykluszeit einer Anlage reduziert wird. Genau dies wurde im vorliegenden Fallbeispiel gemacht. Nach einigen Gesprächen mit den

Verantwortlichen des Bereiches kam relativ schnell die Einsicht, dass eine Reduzierung der Geschwindigkeit der Anlagen durchaus sinnvoll wäre. Die Anzahl der
Mitarbeiter an den Nietanlagen konnte um jeweils eine Person (Bild 2.13) und am
Schweißroboter sogar um zwei verringert werden.

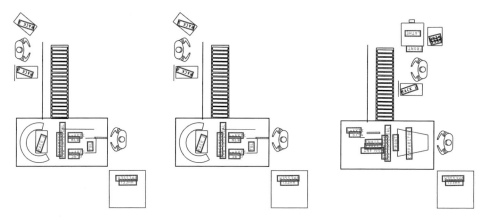

Bild 2.13 Layout mit neuer Anzahl Mitarbeiter

Als Hauptargument gegen diese Reduzierung und Neubesetzung der Arbeitsplätze
wurde eine Schwankung im täglichen Bedarf angegeben. Bei Bedarfsspitzen konnte
das geforderte Volumen mit der reduzierten Geschwindigkeit nicht mehr erreicht
werden. Aus diesem Argument folgte, dass für unterschiedliche Bedarfssituationen –
also Taktzeiten – Szenarien definiert werden mussten, wie die Geschwindigkeit und
die Besetzung der Arbeitsplätze sein sollte (Bild 2.14). Bis zu dem Volumen der
ursprünglichen Berechnung der Taktzeit konnte mit zwei Mitarbeitern gearbeitet
werden (linke Graphik). Ein maximaler Bedarf von 32 400 Stk./Tag konnte mit drei
Personen bewältigt werden (rechte Graphik). Die Geschwindigkeit der Anlage
musste dabei wieder auf die ursprünglichen 3,8 Sekunden erhöht werden. Die Zykluszeit der Nietmaschine kommt in beiden Szenarien knapp an die Taktzeit. In der
Ausgangssituation war alles auf den Spitzenbedarf der 32 400 Stück ausgelegt.

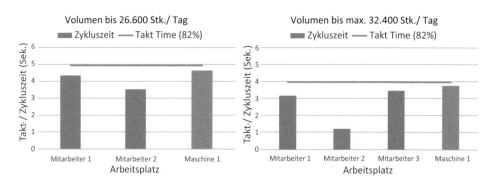

Bild 2.14 Taktzeit-/Zykluszeitdiagramm für zwei Stückzahlen

Dieser flexible Ansatz der Besetzung von Arbeitsplätzen abhängig vom Bedarf wurde schon früher in mehreren Anläufen versucht. Es scheiterte immer wieder an einer zu starren Zuordnung von Mitarbeitern an einzelne Arbeitsplätze und die Auslegung auf die Spitzen des Bedarfs. Durch die Verwendung von Taktzeit-/Zykluszeitdiagrammen und der Entwicklung von unterschiedlichen Szenarien je nach Bedarf, standen die notwendigen Daten zur Flexibilisierung zur Verfügung. Ein Trainingsprogramm wurde entwickelt, um einen Pool an Mitarbeitern ausbilden zu können, die flexibel an unterschiedlichen Anlagen eingesetzt werden konnten. Die Vorgesetzten in der Produktion hatten damit die Informationen und Ressourcen, um alle Arbeitsplätze entsprechend des Bedarfs zu besetzen.

 Fazit aus den Praxisbeispielen

- Die Taktzeit ist ein Konzept, das in einem Produktionsumfeld mit hohen Stückzahlen und planbarem Bedarf entstanden ist. Je höher die Schwankungen der Stückzahlen und unterschiedlicher die Zykluszeiten der einzelnen Varianten sind, umso herausfordernder wird die praktische Anwendung. Zur Applikation in einem komplexeren Umfeld sei auf die detaillierten Ausführungen in „Lean Production: Praktische Umsetzung zur Erhöhung der Wertschöpfung" (Brenner, 2016) verwiesen.
- Über das Verhältnis von Taktzeit und Zykluszeit lassen sich zahlreiche Stellschrauben in der Produktion hervorheben, mit denen das Shopfloor Management die Produktivität und Ausbringungen beeinflussen kann. Das Taktzeit-/Zykluszeitdiagramm kann als Entscheidungshilfe gesehen werden, wo im Prozessfluss mit gezielten Maßnahmen der größte Effekt für das gesamte System erzielt werden kann.

■ 2.5 Materialfluss und Zwischenbestände

Ein Materialflusskonzept in einer Fabrik beinhaltet alle Abläufe von der Annahme des Rohmaterials bis hin zum Versand der fertigen Produkte. Im Kontext von Shopfloor Management wollen wir uns nur auf den Abschnitt konzentrieren, der die Arbeit der Mitarbeiter am Punkt der Wertschöpfung unmittelbar betrifft und den sie auch in einem gewissen Umfang selber mitgestalten können. Dies sind der Materialfluss und die Zwischenbestände. Im Abschnitt zum Schnittstellenmanagement wird dies auf die angrenzenden Bereiche ausgeweitet und auch die interne Logistik miteinbezogen.

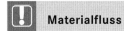 **Materialfluss**

Eine häufige Quelle für die Verschwendungsarten Bewegen und Warten ist, dass Material gesucht werden muss. Rohmaterial aus dem Lager wird für den nächsten Auftrag von dem Logistikmitarbeiter abgestellt, sodass der Anlagenbediener es suchen muss. Oder der abgeschlossene Auftrag wird vom Mitarbeiter dort abgestellt, wo er gerade Platz findet. Die beiden häufigsten Ursachen dafür sind:

- Das Layout wurde nicht entsprechend des Materialflusses erstellt.
  - Ältere Produktionsstätten sind oft natürlich gewachsen und es bestanden zahlreiche Restriktionen, wie neue Anlagen oder Produktionsbereiche integriert werden könnten. Vielleicht machte sich aber auch niemand wirklich Gedanken darüber, wie der Materialfluss optimal gestaltet werden könnte.
  - Bei Verlagerungen von einzelnen Produktionsbereichen kommt die Gestaltung eines optimalen Layouts oft zu kurz. Es musste vielleicht schnell gehen und niemand beschäftigte sich mit einer Optimierung des Materialflusses. Oder die Maschinen wurden so aufgestellt, wie es der Platz vor Ort am einfachsten zuließ.
- Es wurde nicht klar definiert, wo Material abgestellt werden soll. Der Materialfluss wurde nicht so standardisiert, dass es allen Beteiligten klar ist, wo was hinfließen beziehungsweise abgestellt werden sollte. Eine genaue Beschreibung speziell der Punkte, wo entsprechendes Material abgestellt werden soll, ist von Bedeutung. Eine visuelle Unterstützung durch Bodenmarkierungen, Beschilderungen etc. spielt hier eine besondere Rolle und wird im nächsten Kapitel genauer beschrieben.

Praxisbeispiel 2.8 – Materialfluss nach einer Produktionsverlagerung

Ausgangssituation:

Ein Produzent von Rohren und Rohrverbindungen für die Industrieanwendung verlagerte die Produktion einer Produktgruppe von einem Werk in ein anderes der Unternehmensgruppe. Die Fertigung der ursprünglichen Fabrik war sehr stark nach Funktion gegliedert. Die meisten Prozessschritte befanden sich zumeist in separaten Abteilungen. Am „neuen" Standort wurde ein Bereich frei gemacht, in dem die gesamte Fertigung für diese Produktgruppe untergebracht werden sollte. Es wurde zumindest versucht, die Anlagen und Arbeitsplätze in einem Fluss aufzustellen. Die Strukturierung und Standardisierung des Materialflusses wurde eher halbherzig durchgeführt.

Bild 2.15 zeigt das Layout und den Materialfluss für ein bestimmtes Produkt. Verglichen wird zusätzlich der Materialfluss, wie er aus Sicht der Planung sein sollte und wie er sich für einen ganz speziellen Auftrag tatsächlich darstellte. Im ersten

Arbeitsschritt wurden Rohrstücke umgeformt (je nach Produkt an die Anlage U1, U2 oder U3). Nächster Prozessschritt war das Biegen, das wieder abhängig von der Variante an einer oder mehreren der Biegemaschinen (B1 bis B7) durchgeführt werden konnte. Das Material sollte vom Anlagenbediener von U1 direkt an die Anlage B1 gebracht werden. Zwischen dem Biegen und der Montage (M1 – M8) befand sich ein Puffer, in dem der Auftrag abgestellt werden sollte. Aus diesem sollten sich die Montagemitarbeiter ihren entsprechenden Fertigungsauftrag abholen. In diesem Fall würde der Auftrag zuerst an Montagearbeitsplatz M2 gehen, anschließend sollten die Teile in Waschmaschine W1 gewaschen und an Montage M4 fertiggestellt werden. Zwischen der Montage und Verpackung befand sich wieder ein Puffer, in dem die Montage die fertigen Aufträge abstellen sollte. Dieser Fluss wird durch die durchgängige Linie in Bild 2.15 repräsentiert. Einige wenige Produkte mussten noch geschweißt werden, was an den Arbeitsplätzen Sch1 und 2 durchgeführt wurde.

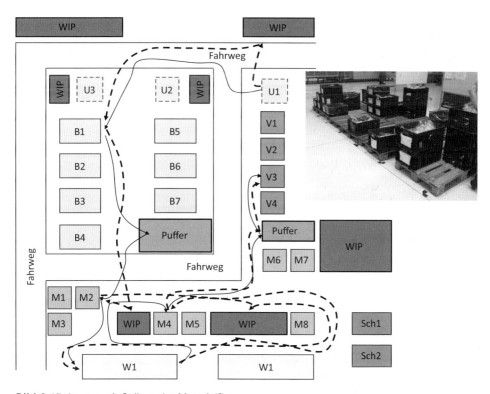

Bild 2.15 Layout mit Soll- vs. Ist-Materialfluss

Da die einzelnen Prozessschritte nicht so aufeinander abgestimmt waren, dass der oben beschriebene Fluss eingehalten werden konnte, mussten die Mitarbeiter improvisieren. In der Realität wurden leere Plätze innerhalb des Layouts von den

Mitarbeitern als Abstellplätze genutzt (WIP in Bild 2.15 mit Beispielfoto). Je nach Situation stellten die Maschinenbediener ihre abgeschlossenen Aufträge an einem dieser Plätze ab. In dem konkreten Beispiel in Bild 2.15 wurde das Material nicht von U1 direkt zu B1 gebracht, sondern wurde am WIP-Platz direkt bei U1 geparkt. Der gesamte Fluss ist durch die gestrichelte Linie dargestellt.

Aus dieser Situation resultierte, dass der Überblick über den genauen Standort eines jeden einzelnen Auftrags verloren ging. Jeder Schichtleiter verbrachte einen erheblichen Anteil seiner Zeit damit, Aufträge zu suchen. Neben dieser nicht-wertschöpfenden Tätigkeit der unmittelbaren Shopfloor Manager ergaben sich weitere Verluste:

- Maschinenstillstände, da an der Anlage auf das Material für den nächsten Auftrag gewartet werden musste.
- Negative Auswirkung auf die Liefertreue, da in zahlreichen Fällen mit dem folgenden Auftrag fortgefahren wurde, wenn die Suche nach dem Material zu lange dauerte.
- Neuerliche Produktion eines Auftrages, wenn die Suche zu lange dauerte und der Termin kritisch war. Vielleicht schwer zu glauben, aber es wurden tatsächlich vereinzelt Aufträge neuerlich in die Produktion gegeben, weil das Material nicht mehr gefunden werden konnte.

Nicht-wertschöpfende Tätigkeiten mussten durch diese Problematik von allen Mitarbeitern und Vorgesetzten ausgeführt werden. Die operativen Ziele wie Ausbringung und Liefertreue konnte nicht erreicht werden, da unter anderem der Materialfluss durch diesen Fertigungsbereich nicht richtig funktionierte.

Anwendung:

Bei der Suche nach möglichen Lösungen kam es zu einer grundsätzlichen Diskussion zwischen zwei kontroversen Positionen:

Technik-orientiert: Die Frage wurde hier gestellt, wie die Aufträge ohne großen Aufwand lokalisiert werden könnten. Zahlreiche technische Möglichkeiten wurden diskutiert, wie dies in der Praxis aussehen könnte. Jeder einzelne Behälter oder Auftrag könnte z. B. mit einem Chip versehen werden. Auf diesem wären alle Auftragsdaten gespeichert und würde sich leicht über GPS auffinden lassen. Der Schichtleiter könnte dann über eine entsprechende App sofort feststellen, wo sich ein Auftrag in der Produktion befindet. Symptom beseitigt.

Lean-orientiert: Es gab auch Stimmen, die die Ursache für das Suchen beseitigen wollten. Warum musste gesucht werden? Warum stellten die Mitarbeiter das Material dort ab, wo sie es abstellten? Wie könnte die Notwendigkeit, einen Auftrag zu suchen, eliminiert werden? Ursache beseitigt.

Eines der Hauptargumente für die erste Position war, dass Mitarbeiter Fehler machen können und damit Material immer wieder falsch abstellen würden. Prozesse können nicht in allen Situationen so stabil definiert werden, um dieses Phänomen komplett zu vermeiden. Diesen Punkt stellte auch niemand in Zweifel. Der wichtigste Diskussionspunkt war allerdings, ob ein fehlerhaftes Konzept durch die Anwendung von digitalen Medien funktionstauglich gemacht werden sollte? Die Befürchtung wurde letztendlich von allen geteilt, dass fehlerhafte Prozesse geduldet oder sogar befürwortet würden. Anstatt sich zu überlegen, wie etwas richtig gemacht werden soll, würde es akzeptiert, dass mit technischen Hilfsmitteln die Symptome beseitigt oder abgeschwächt würden. Das Management wollte hier auch das Zeichen setzen, dass eine stärkere Kultur der kontinuierlichen Verbesserung notwendig wäre.

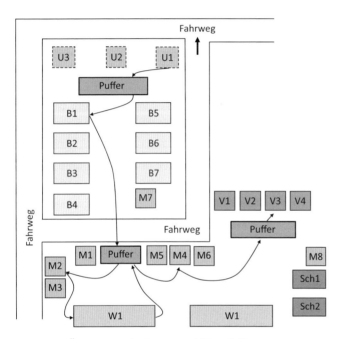

Bild 2.16 Änderungen im Layout und Materialfluss

Die Entscheidung wurde demnach getroffen, dass die Ursache beseitigt werden sollte. Wie könnte der Materialfluss gestaltet werden, sodass das Material am richtigen Platz abgestellt werden würde? Bild 2.16 zeigt das Ergebnis dieser Änderungen. Die wichtigsten Punkte betrafen folgende Bereiche:

- Die drei Umformanlagen wurden umgestellt und der Puffer zwischen Umformen und Biegen aufgebaut. Die drei Maschinen wurden so ausgerichtet, dass die Mitarbeiter einen fertigen Auftrag unmittelbar in das Regal des Puffers legen konnten. Für jede einzelne Biegeanlage gab es eigene Reihen im Regal. Die Anlagenbediener vom Biegen konnten auf der anderen Seite des Regals ihren nächsten Auftrag direkt entnehmen. Um dies umsetzen zu können, musste auch der Fahrweg neu definiert werden.

- Das Layout der Montagearbeitsplätze wurde neu definiert.
  - Zuerst wurde M7 direkt an B7 gekoppelt, da alle Produkte von B7 immer unmittelbar an Montage 7 weiterverarbeitet wurden.
  - Die Puffer zwischen Biegen und Montage wurden neu strukturiert und verschoben. Auch dieses Regal wurde nach den einzelnen Kunden in der Montage unterteilt.
  - Die Montagearbeitsplätze wurden besser in den Fluss integriert. Die Montagetische, die zum Beispiel zum größten Teil die Waschmaschine 1 belieferten, wurden auch entsprechend in diesen Fluss gestellt.
- Die Verpackungstische wurden neu ausgerichtet. Als Verbindung mit den Lieferanten im Fluss wurde eine kleine Pufferzone eingerichtet, in dem die zu verpackenden Aufträge abgestellt wurden. Eine fixe Zuordnung an einen Verpackungsplatz war nicht notwendig. Es musste nur sichergestellt werden, dass das FIFO-Prinzip (first-in-first-out) eingehalten wurde.

Die neue Gestaltung des Materialflusses beinhaltet auch eine Festlegung der maximalen Bestände in den Puffern. War ein Puffer demnach voll, musste der liefernde Prozessschritt die Produktion stoppen. Mehr zu diesem Thema im nächsten Abschnitt.

Aufgabe der Schichtleiter sollte nun sein, die Einhaltung des neuen Standards zu überwachen. Sie mussten sicherstellen, dass die Mitarbeiter das Material auch immer in den richtigen Puffer und Abschnitt im Regal stellten. Mit der Umstellung des Layouts wurden alle Behälter aus dem Bereich entfernt, die nicht unmittelbar im Fluss sein sollten. Wurde also ein Behälter falsch abgestellt, fiel dies sofort auf. Es dauerte einige Zeit, bis es für alle Mitarbeiter zur Routine wurde, einen Auftrag an den definierten Punkt zu bringen. Die Einhaltung des neuen Standards zeigte allerdings relativ schnell auch in den operativen Ergebnissen des Bereiches seine Wirkung. Produktivität und Liefertreue konnten nachhaltig verbessert werden.

 Zwischenbestände

Nachdem wir uns im vorherigen Abschnitt das Wo und Wohin von Material angesehen haben, geht es nun um die Stopps. Wie kann eine Standardisierung der Zwischenbestände oder WIP (Work-In-Process) aussehen, beziehungsweise wo und wann macht sie Sinn? Mit einem Standard für die Höhe des WIP sollen zwei Dinge verhindert werden.

- Ein unkontrolliertes Ansteigen der Zwischenbestände: Für die Mitarbeiter und Vorgesetzten in der Produktion kann zu hohes WIP zu zahlreichen nicht-wertschöpfenden Tätigkeiten führen. Typisch ist zum Beispiel das Suchen eines be-

stimmten Auftrages in einem See von Material und dem damit verbundenen Umschichten von Behältern.

Je höher die Zwischenbestände sind, umso länger wird damit auch die Durchlaufzeit, was eine wichtige operative Kennzahl sein kann. In diesem Zusammenhang wollen wir einmal die grundsätzlichen Kosten von Beständen wie zum Beispiel gebundenes Kapital außer Acht lassen.

- Dem Abreißen des Materialflusses, wenn keine Zwischenbestände vorhanden
  sind. Wenn die Paretos zu den Ursachen für Sillstände an Anlagen analysiert
  werden, findet sich häufig der Grund „kein Material" oder „Materialmangel".
  Eine Anlage kommt also zum Stehen, bis wieder Teile zur Verfügung stehen. In
  manchen Fällen wird der Stillstand einfach hingenommen. In anderen macht
  sich der Mitarbeiter oder Shopfloor Manager daran, diesen Missstand zu beheben und Material zu beschaffen. Das sind alles Aktivitäten, die nicht sehr
  wertschöpfend sind.

Die Definition der Höhe der Zwischenbestände ist der erste Schritt. Es muss zusätzlich klar geregelt werden, wie dieser WIP kontrolliert wird. Mit welchen Hilfsmitteln kann das Über- oder Unterschreiten des definierten Bestandes überwacht
werden?

Praxisbeispiel 2.9 – Zwischenbestände in einer Serienfertigung

Ausgangssituation:

Setzen wir zur Bestimmung der Zwischenbestände Praxisbeispiel 2.8 fort. Wie
wurde zum Bespiel die Größe des Puffers zwischen dem Umformen und Biegen
bestimmt? Beim Biegen kam es häufig zu Stillständen, da der Materialfluss vom
Umformen abriss. Ein Grund wurde bereits in Praxisbeispiel 2.8 aufgezeigt. Die
Teile wurden falsch abgestellt und konnten nicht mehr gefunden werden.

Die Abstimmung der beiden Prozessschritte funktionierte allerdings auch nicht
einwandfrei. Es wurden Artikel am Umformen produziert, die zu diesem Zeitpunkt
nicht unbedingt beim Biegen gebraucht wurden. Dazu gab es zahlreiche Ursachen.
Zumeist lief es aber darauf hinaus, dass es im Biegen zu kurzfristigen Änderungen
kam. Da im Umformen ein Auftrag vier bis sechs Schichten vor dem Biegen bearbeitet wurde, konnte auf diese Änderungen nicht immer rechtzeitig reagiert werden.

Anwendung:

In dieser Situation stellte das Biegen den Engpass dar und im Umformen gab es
ausreichend Kapazitäten. Insgesamt waren alle Voraussetzungen für ein Ziehprinzip zwischen den beiden Prozessschritten gegeben.

Ziehende vs. Drückende Fertigung (Pull vs. Push)

Für eine ziehende Fertigung wird auch oft der englische Begriff Pull verwendet. Im Gegensatz dazu steht die drückende Fertigung oder das Push.

Innerhalb der Produktion bedeutet das Push, dass an einer Anlage etwas produziert wird, obwohl im nächsten Arbeitsschritt das Material eventuell gar nicht weiterverarbeitet werden kann. Es besteht keine Kommunikation zwischen den einzelnen Arbeitsschritten, wann was gebraucht wird, da der bestimmende Faktor eine Abarbeitungsliste ist. Der liefernde Arbeitsplatz produziert stur nach dieser Liste.

Die ziehende Fertigung wird allerdings durch einen tatsächlichen Verbrauch ausgelöst. Prinzipiell geht es darum, dass etwas verbraucht wurde und dies nachproduziert wird. Ein Arbeitsschritt produziert erst wieder, wenn der darauffolgende Arbeitsplatz einen Verbrauch hatte. Wenn dies über mehrere Schritte gemacht wird, so kann es mit einer Kette verglichen werden. Schließt der letzte Prozess einen Auftrag ab, so zieht er vom vorhergehenden nach, der dann auch wieder zieht, usw., bis auch der letzte Arbeitsplatz wieder nachliefern muss. Es findet also eine Kommunikation zwischen den Arbeitsschritten statt: „Produziere wieder etwas, da ich einen Verbrauch hatte!" (Ohno 1988)

Der Puffer zwischen dem Umformen und dem Biegen konnte zur Kommunikation genutzt werden, wann wieder etwas produziert werden sollte. (Bild 2.17) Das Was wurde nach wie vor über den Produktionsplan bestimmt. Es wurde also eine Trennung zwischen dem Wann und dem Was durchgeführt. Für ein Funktionieren des Wann musste auch die Bestandshöhe bestimmt werden. Es sollte eine Untergrenze geben, ab der das Umformen für eine Anlage wieder produzieren musste. Und es sollte eine Obergrenze geben, ab wann die Nachlieferung gestoppt werden musste. Dazwischen konnte je nach Fall vor Ort entschieden werden, ob produziert werden könnte.

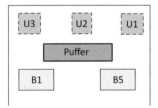

Bild 2.17 Vereinfachtes Detail-Layout zwischen Umformen und Biegen

Zuerst zur Berechnung der Bestandshöhe. Da vom Prinzip her ein Pull-System eingeführt werden sollte, konnte auch die Berechnungsformel für ein Kanban verwendet werden.

Kanban (Baudin 2004)

Das japanische Wort Kanban bedeutet ursprünglich Karte. Im übertragenen Sinne und in diesem Zusammenhang steht diese Karte für ein Signal, welches angeben soll, dass etwas produziert oder geliefert werden soll. Dabei wird dieses Signal oft mit zusätzlichen Informationen ergänzt wie Stückzahlen, Lieferant und Kunde, Teilnummer oder Containergröße. Die ursprünglichste Form des Kanban ist eine Karte, jedoch haben sich durch die unterschiedlichsten Anwendungsbereiche der ziehenden Fertigung verschiedene Signale entwickelt wie Stellplätze in Regalen oder am Boden, Andons oder sogar Fähnchen. Das Ziel ist, verbrauchs- und selbstgesteuert genau dann zu produzieren, wenn gerade etwas verbraucht wurde.

Die Dimensionierung des Kanban, also die Berechnung der Anzahl der Karten und damit der maximalen Bestände, ist ein sehr kontroverses Thema. Die einfachste und praktikabelste Methode dazu ist:

Anzahl Karten (Kanban) =
(Bedarf x Lieferzeit + Sicherheitsbestand)/Behältergröße

Es werden sehr oft westlich komplexere und umfangreichere Berechnungsmethoden angewandt. Im Endeffekt wird damit eine Genauigkeit vorgetäuscht, die es dabei so nicht gibt und zumeist nicht sinnvoll ist.

Im Praxisbeispiel 2.8 wurde bereits erwähnt, dass für jeden Kunden (Biegemaschine) ein Abschnitt im Regal vorgesehen wurde. Es mussten demnach die Bestände für acht Maschinen bestimmt werden. Ein Behälter stand für ein Kanban. Anhand einer Biegemaschine soll die Berechnung erklärt werden:

- Bedarf: Der durchschnittliche Bedarf lag bei 200 Stück/Schicht, der auch regelmäßig innerhalb einer Bandbreite von +/- 15 % lag. Gäbe es stärkere Schwankungen beim Bedarf, würde dies normalerweise im Sicherheitsbestand berücksichtigt werden. Je stabiler die Nachfrage, umso eher macht Kanban Sinn. Bei starken Schwankungen sollte von der Anwendung von Kanban zumeist abgesehen werden, da die Bestände zu hoch würden.

- Lieferzeit: Eine Umformanlage konnte diese Menge von 200 Stück innerhalb einer Stunde fertigen. Das würde allerdings voraussetzen, dass an dieser Maschine sofort zu produzieren begonnen werden würde. Für die tatsächliche Lieferzeit musste auch berücksichtig werden, dass es zwischen Verbrauch und Start der Produktion eine Zeitverzögerung geben würde. Um dem Umformen ausreichend Zeit zu geben, wurde eine Lieferzeit von einer Schicht bestimmt.

- Sicherheitsbestand: Für die Mitarbeiter sollte das Ziehprinzip eine völlig neue Arbeitsweise sein. Das genaue Einhalten der Regeln dafür sollte noch für alle Mitarbeiter und Vorgesetzten eine Herausforderung sein. Deshalb wurde ein relativ hoher Sicherheitsbestand von einer Schicht definiert.

■ Behältergröße: Im Schnitt befanden sich 50 Stück in einem Behälter.

Mit diesen Werten konnte die Anzahl an Behältern für diese Anlage berechnet werden:

Anzahl Behälter =

(Bedarf 200 Stück/Schicht × (Lieferzeit 1 Schicht + Sicherheitsbestand 1 Schicht))/Behältergröße 50 Stück = (200 × (1 + 1)/50 = 8

Im Regal mussten aus dieser Berechnung acht Plätze für Material für die Biegemaschine B 5 vorgesehen werden, was zwei Regalreihen entsprach. Zusätzlich wurde jeder Anlage eine Reihe für leere Kisten zugeordnet (unterste Reihe in Regal in Bild 2.18), dies würde dem Bedarf von einer Schicht entsprechen. Wäre die Reihe für Leergut voll, müssten noch vier volle Behälter im Umlauf als Sicherheitsbestand (eine Schicht aus der Formel oben) sein.

Neben einer klaren Standardisierung der Zwischenbestände entstand durch dieses Konzept für das Shopfloor Management ein weiterer, sehr bedeutender Vorteil. Da der Grundgedanke ein selbststeuerndes System war, reduzierte es den Steuerungsaufwand vor Ort drastisch und brachte Stabilität in die Materialversorgung. Das manuelle Eingreifen in was wann produziert werden sollte und dem ständigen Hinterherjagen von Material und Aufträgen konnte dadurch auf ein Minimum reduziert werden. Daher ein paar kurze Worte wie die Steuerung selber funktionierte.

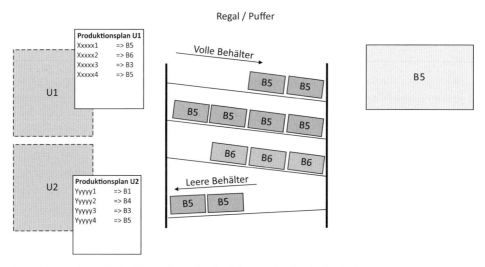

Bild 2.18 Schematische Darstellung der Funktionsweise des Ziehprinzips

Die Funktionsweise soll wieder anhand des Beispiels Biegemaschine B5 und dem Bild 2.18 erklärt werden. Da der Engpass die Biegemaschinen waren, wurden auch nur diese geplant. Diese acht individuellen Pläne für die einzelnen Biegemaschinen mussten auf die Umformanlagen heruntergebrochen werden. U1 und U2 fertigten für B1 bis B6, wobei zahlreiche Artikel immer nur an einer Umform- bzw. einer Biegeanlage verarbeitet werden konnten. U3 und B7 bildeten eine Ausnahme, da sie einem Produkt zugeordnet waren. Aus diesen acht Plänen der Biegemaschinen entstanden demnach zwei Pläne, einer für U1 und einer für U2. Diese Pläne bzw. deren Abarbeitung bestimmte die Reihenfolge durch die Produktion. Ab diesem Punkt sollte mit einem strikten FIFO gearbeitet werden. An den Umformanlagen wurde demnach das Was bestimmt, die Biegemaschinen lösten das Wann aus.

Für U1 sollten laut Produktionsplan in Bild 2.18 zuerst Rohre für B5 umgeformt werden. Da sich leere Behälter im Regal befanden, wurde angezeigt, dass für diese Anlage produziert werden durfte. Folgende Fälle konnten dabei auftreten:

- Der Auftrag bestand aus unter 100 Stück (zwei Kisten). Umformen konnte den Auftrag bearbeiten, da ausreichend Leergut vorhanden war. Zur visuellen Unterstützung wurden alle Behälter durch Markierungen eindeutig der jeweiligen Biegemaschine zugeordnet. Für B5 gab es acht Kisten mit der Beschriftung B5.

- Der Auftrag bestand aus über 100 Stück. In diesem Fall könnte der Auftrag nicht gestartet werden, da nicht ausreichend Leergut zur Verfügung stand. Der Mitarbeiter würde mit dem nächsten Auftrag auf seiner Liste fortfahren. Nach dessen Abschluss müsste er kontrollieren, ob inzwischen eine weitere, leere Kiste von B5 in das Regal gelegt wurde. Die Vergangenheitswerte hatten gezeigt, dass Fertigungsaufträge von mehr als 150 Stück nie vorkamen.

- U1 und U2 sollten parallel jeweils einen Auftrag für B5 produzieren, dafür gab es wiederum nicht genug leere Behälter. In diesem Fall würde der Shopfloor Manager anhand des Lieferdatums entscheiden, welcher Auftrag Priorität hatte.

Um dieses System zum Funktionieren zu bringen, mussten zwei Voraussetzungen erfüllt werden. (a) Es musste klare Arbeitsanweisungen geben, was wann gemacht werden musste. (b) Die Mitarbeiter mussten sich diszipliniert daran halten. Eine selbststeuernde, ziehende Fertigung hat sehr viele Vorteile für alle Beteiligten. Es muss sich allerdings jeder an die festgelegten Spielregeln halten, also diszipliniert arbeiten. Je weniger Erfahrung die Mitarbeiter mit solch einem Konzept haben, umso mehr Zeit muss das Shopfloor Management in der Anlaufphase investieren. Alle Beteiligten müssen gründlich geschult werden. Und bei Abweichungen vom Standard muss herausgefunden werden, was die Ursachen sind. Wie schon öfters erwähnt, eine grundlegende Aufgabe für das Shopfloor Management vor Ort ist, sicherzustellen, dass sich alle Mitarbeiter diszipliniert an die Standards halten. Die hier investierte Zeit wird sich mittel- und langfristig immer auszahlen. Ganz konkret wurden von den Schichtleitern und dem Bereichsleiter nach einigen Monaten folgende Verbesserungen für sich selber bestätigt:

- Der Steuerungsaufwand ging auf ein Minimum zurück. Der größte Anteil wurde in der Vergangenheit durch das Ändern von Prioritäten verursacht. Diese entfielen fast komplett.

- Die Mitarbeiter forderten weniger Unterstützung ein. Da alle Abläufe wesentlich klarer strukturiert und standardisiert waren, gab es weniger Unklarheiten und Nachfragen. Abweichungen vom Standard kamen immer seltener vor und bei den kleineren konnten die Mitarbeiter selber entscheiden, was zu tun sei.

- Das Suchen von Material und Aufträgen entfiel. Durch die klare Strukturierung des Materialflusses und der Zwischenbestände konnten die Aufträge zumeist dort gefunden werden, wo sie sein sollten. Dazu beigetragen hatte die Reduzierung der Bestände und damit der Durchlaufzeit.

- Der Druck der Werksleitung ging zurück, da sich die Kennzahlen des Bereiches verbesserten. Die Ausbringung konnte erhöht werden, da der Stillstandsgrund „kein Material" fast zur Gänze eliminiert werden konnte. Dies hatte auch einen positiven Effekt auf die Liefertreue.

- Zusammengefasst wurde angemerkt, dass wesentlich ruhiger gearbeitet werden konnte. Es musste nicht mehr hektisch nach Aufträgen gesucht werden. Das ständige Improvisieren, um einen Auftrag doch noch rechtzeitig abschließen zu können, entfiel ebenfalls.

Damit wurde ein wichtiger Schritt zur Stabilisierung der Prozesse geleistet. Die nächste Aufgabe für das Shopfloor Management stellte eine schrittweise Erhöhung des Ziels der Ausbringung dar. Der OEE war eine Katastrophe und hatte viel Potenzial zur Verbesserung.

Fazit aus den Praxisbeispielen

- Standards in Bezug auf Materialfluss und Zwischenbestände lassen sich zumeist nur in einem Gesamtkonzept sinnvoll realisieren. Shopfloor Manager müssen daher ihren gesamten Bereich und häufig die Schnittstellen zu ihren internen oder externen Kunden und Lieferanten dazu berücksichtigen.

- Eine Vielzahl an Verschwendungsarten kann damit eliminiert werden. Suchen von Material, Mehrfachbewegung von Behältern, Platzverschwendung bis hin zu erneutem Produzieren von Teilen sind dazu typische Beispiele. Der Aufwand für den Shopfloor Manager zur Definition und Umsetzung dieser Konzepte kann anfangs sehr hoch sein. In den meisten Fällen ist es aber Zeit, die sinnvoll investiert ist.

- Es gibt eine Vielzahl an Restriktionen, warum ein verschwendungsfreies Materialflusskonzept nicht umgesetzt werden kann. Technische Lösungen, speziell gefördert durch die Möglichkeiten der Digitalisierung, bieten oft einen einfachen Weg. Ein Unternehmen muss für sich selber entscheiden, ob es Symptome oder Ursachen beseitigen möchte.

3 Kennzahlen

Im vorherigen Kapitel wurde die Bedeutung von Standards erklärt. Aufbauend auf den Standards muss nun gemessen werden, ob sie einerseits das gewünschte Ergebnis liefern und/oder ob sich alle an diese halten. Damit ist die zentrale Aufgabe von Kennzahlen für das Shopfloor Management umrissen. Durch einen bestimmten Standard sollen zum Beispiel eine definierte Produktivität oder eine Durchlaufzeit erreicht werden. Diese stellen Werte dar, die dem Shopfloor Management als Ziele vorgegeben sind. Durch die entsprechenden Kennzahlen soll deren Erreichen oder mögliche Abweichungen transparent gemacht werden.

 Transparenz

Kennzahlen können eine Transparenz schaffen, die für ein funktionierendes Shopfloor Management notwendig ist. Je nachdem wie sie aufgebaut sind und die Zielsetzung kommuniziert wurde, steht und fällt die Akzeptanz der Mitarbeiter. Was bedeutet Transparenz in diesem Zusammenhang und wie wird sie unterschiedlich interpretiert? Was wird transparent gemacht?

Nichteinhaltung von Standards: Nicht jeder Schichtleiter oder Meister kennt alle Arbeitsplätze im Detail und kann beurteilen, ob sich Mitarbeiter an die Standards halten. Daher benötigt er Hilfsmittel, die Abweichungen in der Arbeitsweise transparent machen. Manche Mitarbeiter können sich dadurch kontrolliert fühlen. Dem Shopfloor Manager sollte damit geholfen werden, Schulungsbedarfe zu erkennen. Disziplinarprobleme können natürlich auch erkannt werden, wenn bestimmte Mitarbeiter sich immer wieder willentlich nicht an Standards halten.

Ein Nichteinhalten von Standards sollte zu einem Dialog zwischen Mitarbeiter und Shopfloor Manager führen, warum diese nicht eingehalten wurden. Daraus kann sich eventuell auch ergeben, dass dieser Standard Potenzial zur Verbesserung hat. Damit könnte ein weiterer Schritt zur kontinuierlichen Verbesserung dieses Ablaufes angestoßen werden.

Zielerreichung und -abweichung: Anhand von Zielvorgaben, Kennzahlen und Graphen soll aufgezeigt werden, ob die operativen oder strategischen Ziele erreicht werden. Produktionstafeln mit stündlichen Zielvorgaben zeigen auf, ob das operative Ziel der Ausbringung erreicht werden kann oder nicht. Mit Hilfe von Kennzahlen und damit verbundenen Graphen lässt sich vergleichen, ob strategische Ziele wie die Reduzierung der Durchlaufzeit ermöglicht werden oder nicht. Auch dies kann wieder als Kontrollinstrument interpretiert werden. Mit regelmäßigen Aufzeichnungen zu Stückzahlen sollen die Mitarbeiter kontrolliert werden, ob sie auch wirklich ihre „Leistung" erbringen. Im Lean Shopfloor Management stellen sie allerdings ein Kommunikationsmittel dar:

- Der Shopfloor Manager erhält kontinuierliches Feedback, ob die entsprechenden Ziele erreicht werden oder nicht. Bei einer Abweichung müssen die Gründe ermittelt und entsprechende Maßnahmen ergriffen werden.

- Für die Mitarbeiter stellt es eine Möglichkeit dar, zu kommunizieren, dass sie gesetzte Ziele nicht erreichen können. Es kommt zu Abweichungen, weil etwas im Prozess nicht so funktioniert, wie es sollte. Gibt es keine Abweichung, zumindest keine negative, ist es die Bestätigung, dass das Richtige gemacht wird. Das soll natürlich nicht heißen, dass es auch hier kein Verbesserungspotenzial geben könnte.

Die Wirksamkeit von gesetzten Maßnahmen: Es können reaktive Maßnahmen gesetzt werden, um ein akutes Problem zu beseitigen. Oder es können proaktive Maßnahmen definiert werden, um die Ursache für eine Abweichung endgültig abzustellen. In beiden Fällen muss nachverfolgt und transparent gemacht werden, ob die Maßnahmen zum gewünschten Erfolg führen. Dies stellt für alle Ebenen in der Produktion ein bedeutendes Feedback dar, das transparent gemacht werden sollte. Getreu nach dem Motto „Tue etwas Gutes und berichte davon". Auch dies kann wieder so interpretiert werden, dass Mitarbeiter kontrolliert werden.

Wie schon eingangs erwähnt, können diese Punkte sehr unterschiedlich ausgelegt werden. Sehr viel hängt auch von der jeweiligen Unternehmenskultur ab. In sehr hierarchischen Unternehmen, in denen die Mitarbeiter nur ihre Arbeit „vollbringen" sollen, wird Transparenz eher als Kontrollinstrument angesehen. Die Vorgesetzten werden auch kaum Interesse zeigen, dass ihre Mitarbeiter mehr wissen als unbedingt notwendig. Je mehr sie als Experten für ihre Arbeitsplätze und Potenziale für Verbesserungen gesehen werden, umso größer ist auch die Wahrscheinlichkeit, dass Transparenz akzeptiert wird.

 Kennzahlen

Es gibt wohl kaum einen Produktionsbereich, in dem sich nicht die eine oder andere Kennzahl finden lässt. Nur sehr selten existiert allerdings ein wirklich durchdachtes Kennzahlensystem, das auf die Strategie des Unternehmens aufbaut. Typische Schwachstellen im Umgang mit Kennzahlen in Produktionsbetrieben sind:

- Zu viele Kennzahlen: Produktivität oder Ausbringungsmenge sind in den meisten Fertigungen die wichtigsten Kennzahlen. Daneben wird allerdings eine Vielzahl an Themen als Ziele vorgegeben, die gemessen und erreicht werden sollen. Einerseits kann dadurch der Fokus verloren gehen, was wirklich wichtig ist. Andererseits kann sich ein bürokratischer Aufwand ergeben, der nicht mehr im Verhältnis zum Mehrwert dieses Kennzahlendschungels steht.

- Kennzahlen sind zu komplex: Kennzahlen können so komplex aufgebaut sein, dass nur noch ein kleiner Kreis im Unternehmen sie wirklich versteht. Beschränkt sich deren Anwendung auf diesen Kreis, mögen sie vielleicht auch ihren Zweck erfüllen. Problematisch wird es, wenn sie im Unternehmen ausgerollt werden.

Bei einem Zulieferer der Medizintechnik sollte eine Produktivitätskennzahl verwendet werden, die einen Vergleich von allen, weltweiten Standorten ermöglichen sollte. Sie wurde so aufgebaut, dass durch verschiedene Faktoren die Unterschiede in der Produkt- und Fertigungsstruktur berücksichtig werden könnten. Auf der Werksleiterebene kann solch eine Zahl durchaus Sinn machen. Sie gehörten neben Controlling und dem Produktionsleiter auch zu den Wenigen, die die Zusammensetzung und Aussagekraft wirklich verstanden. Es wurde allerdings auch versucht, diese Zahl als Kennzahl auf der Teamebene in der Produktion zu verwenden. Einerseits verstand am Ort der Wertschöpfung kaum jemand diese Kennzahl. Andererseits, und dies ist vielleicht der wichtigere Punkt, konnten die Mitarbeiter nicht wirklich nachvollziehen, welchen Einfluss sie auf diese Zahlen hatten.

- Kennzahlen sind nicht bis auf die operative Ebene heruntergebrochen: Zumeist spiegeln Kennzahlen in der Produktion die Leistung einer ganze Abteilung oder eines Bereiches wider. Für die einzelnen Mitarbeiter ist es oft schwierig, sich in diesen selbst wiederzufinden. Was kann die einzelne Person machen, um eine gewisse Kennzahl zu beeinflussen? Diese Frage wird zu oft vernachlässigt. Zu leicht kommt dann das Argument: „Wenn ich mich anstrenge, bringt das sowieso nichts. Solange die anderen nicht das oder das machen, wird es nicht besser." Kennzahlen dürfen also nicht auf der Bereichsebene enden. Es sollten operative Kennzahlen auf der Team- oder Arbeitsplatzebene gefunden werden, mit denen sich die Mitarbeiter identifizieren können.

- Kennzahlen sind nicht aufeinander abgestimmt: Sind Kennzahlen innerhalb eines Bereiches und speziell zwischen Bereichen nicht aufeinander abgestimmt, kann es zu zwei Effekten führen:
  - Suboptimierung: Ein Bereich fokussiert sich unter anderem auf die Kennzahl Rüstzeiten. Um diese zu reduzieren, werden einzelne Auftragslose zu größeren Fertigungslosen zusammengefasst. Zwar wurden damit die Rüstzeiten in die-

sem Bereich reduziert, über den gesamten Wertstrom wurden die Durchlauf-zeiten drastisch erhöht. Dieser negative Effekt verschlechterte die Leistung des gesamten Systems.

- Konflikte: Kennzahlen für einen Bereich können im Widerspruch zu denen von anderen stehen. Bei der Planung einer neuen Fertigungslinie eines Zulieferers der Automobilbranche hatten der Einkauf und die Werksleitung Kennzahlen und Ziele, die zu einem Konflikt führten. Für den Einkauf stand an erster Stelle der Stückpreis der Zukaufteile. Ein besserer Preis wurde in vielen Fällen unter anderem mit hohen Losgrößen ermöglicht. Die Werksleitung hatte hingegen die Verantwortung für die Höhe der Bestände innerhalb der Fabrik. Sie ver-suchten demnach die Bestände so gering als nötig zu halten. Im gesamten Ver-lauf der Planungstätigkeiten kam es bei diesem Thema zwischen den beiden Seiten zu erheblichen Konflikten.

- Kennzahlen führen zu Fehlverhalten: Nicht ausreichend durchdachte Kenn-zahlen können sogar Verhalten und Tätigkeiten fördern, die in der Art nicht ge-wünscht sind. In einem Unternehmen hatten alle Werke und Bereiche als Kenn-zahl die Anzahl der definierten Verbesserungsmaßnahmen. Ein Werk in diesem Konzern stach besonders hervor, in dem es sehr aktiv war beim Definieren von Maßnahmen. Mit dieser Kennzahl standen sie an der Spitze im Vergleich zu den anderen Standorten. Allerdings wurden wöchentlich so viele neue Maßnahmen definiert, dass niemand mehr die Zeit fand, diese auch bearbeiten zu können. Die Liste wurde immer länger und umgesetzt wurde letztendlich gar nichts mehr.

- Kennzahlen können ein falsches oder manipuliertes Bild der Realität liefern: Bei Kennzahlen ist es wie bei Statistiken, sie lassen sich je nach verwendeten Daten und Datenquellen unterschiedlich manipulieren und interpretieren. Eine wich-tige, operative Kennzahl, die sehr häufig ein falsches Bild liefert, ist der OEE. Für die Berechnung der Komponente Effizienz werden zumeist die Zykluszeiten ver-wendet. In vielen Unternehmen wird für ein bestimmtes Produkt die Zykluszeit einmal festgelegt. Werden Verbesserungen in den Prozessen umgesetzt, so kann sich diese Zeit ändern. Entweder wird diese Veränderung gar nicht oder viel-leicht nur einmal im Jahr in der Kalkulation des OEE berücksichtigt. Es wird also mit einer real falschen Zykluszeit gerechnet. Wie dies zustande kommt und wel-che Auswirkungen es hat, wird in einer Fallstudie detailliert behandelt.

Wie die Ausführungen oben zeigen, kann die richtige Definition von Kennzahlen eine Herausforderung sein. Es wird aber wohl in jedem Unternehmen einige all-gemeine Werte geben, die in allen Produktionsbereichen relevant sind. Dann gibt es viele andere, die an den spezifischen Arbeitsplatz oder die jeweilige Situation angepasst sind. Produktivität kann zum Beispiel eine Kennzahl sein, die in allen Abteilungen gemessen wird. Wie sie sich zusammensetzt, mag von Bereich zu Be-reich variieren. Nacharbeitsrate mag wiederum eine Kennzahl sein, die temporär für eine Gruppe von Arbeitsplätzen verwendet wird, da es mit diesem Thema ein akutes Problem gibt. Kennzahlen müssen also nicht starr verwendet werden, sondern können sich mit der Zeit verändern und entwickeln. Dies gilt auch für den nächsten Punkt in diesem Zusammenhang, Ziele in Verbindung mit Kennzahlen.

Die Definition der richtigen Kennzahlen stellt die erste Herausforderung dar. Jede Kennzahl sollte allerdings auch mit einem entsprechenden Zielwert verbunden sein. Einen aktuellen Wert zu etwas zu kennen, ist nur ein Aspekt. Es ist erst klar, ob dieser Wert gut oder schlecht ist, wenn er einem Zielwert gegenüber gestellt wird. Die Definition der Ziele sollte genauso durchdacht sein wie die der Kennzahlen. Dazu gibt es eine einfache Formel – „SMART":

- S – Specific oder spezifisch: Sie sollten eindeutig und klar definiert sein.
- M – Measurable oder messbar: klare Messkriterien müssen bestehen.
- A – Achievable oder erreichbar: Sie müssen mit den verfügbaren Mitteln auch realistisch erreichbar sein.
- R – Relevant oder relevant: Für den betroffenen Personenkreis müssen die Ziele eine Relevanz haben.
- T – Timely oder terminiert: Die Ziele sollten innerhalb eines realistischen Zeitrahmens erreichbar sein.

Wurden die Kennzahlen und Ziele bestimmt, stellt sich die Frage, wie mit ihnen gearbeitet wird. Wie können die wichtigsten Kennzahlen verwendet werden, um zu einem gewünschten Zielzustand in der Produktion zu kommen. In den folgenden Fallbeispielen werden dazu unterschiedliche Möglichkeiten aufgezeigt. Visualisierung spielt im Zusammenhang mit Kennzahlen und Transparenz eine bedeutende Rolle. Diese wird in den folgenden Beispielen nur angerissen und im nächsten Kapitel vertieft.

■ 3.1 Liefertreue & Durchlaufzeiten

Liefertreue

Mit der Liefertreue wird gemessen, welcher Anteil an Aufträgen zu einem zugesagten Termin geliefert wurde. Diese kann für interne wie auch externe Kunden gemessen werden. Konnte ein Termin nicht eingehalten werden, hat dies zumeist zwei grundsätzliche Ursachen. Entweder sind die Parameter (Standards), mit denen geplant wurde, nicht korrekt. Oder die Prozesse sind nicht stabil, die Standards können also nicht kontinuierlich eingehalten werden. Bei beiden Punkten muss das Shopfloor Management involviert sein, um sie zu beheben. Alle anderen Begründungen für Abweichungen in den Lieferterminen, wie z. B. kurzfristige Änderungen durch den Kunden, sind häufig nur Auswirkungen dieser Ursachen.

Für eine eindeutige Definition zum Ziel Liefertreue sollten zwei Fragestellungen geklärt sein:

Was ist der Messpunkt? Das Zeitfenster für die Lieferung eines Ergebnisses kann je nach Umfeld sehr stark schwanken. Soll eine Ware abgeliefert werden, kann der Zeitpunkt mit Montag 10 Uhr, nur Montag oder in Woche 7 bestimmt sein. Wird der Auftrag am Montag um 12 Uhr abgeschlossen, sind Sie im ersten Fall nicht termintreu, in den beiden anderen schon. Manche Fertigungsbereiche haben sehr eng definierte Terminvorgaben (z. B. Montag 10 Uhr). Für sie ist es natürlich eine größere Herausforderung, eine hohe Termintreue zu erzielen. Andere Firmen können mit Lieferterminen innerhalb einer Woche arbeiten (z. B. KW 7).

Was ist termintreu? Bei Verspätungen stellt sich kaum die Frage, ob ein Termin erreicht wurde oder nicht. Wie sieht es allerdings mit verfrühten Abgaben und Lieferungen aus? Kann der oben erwähnte Auftrag auch am Montag um 9 Uhr abgeschlossen werden? Oder gilt dies auch als nicht termintreu? In einer Diskussion muss nur allen Beteiligten klar sein, was im entsprechenden Umfeld üblich ist.

Praxisbeispiel 3.1 – Liefertreue und Durchlaufzeit – Aufbau eines Kennzahlensystems

Ausgangssituation:

Bei einem Auftragsfertiger der Hightech-Industrie gab es einen Logistikbereich, der für die Versorgung aller Produktionshallen verantwortlich war. Der Standort bestand aus insgesamt sieben verschiedenen Gebäuden, in denen produziert wurde. In einem zentralen Wareneingangslager wurden die Zukaufteile von den Spediteuren übernommen und zumeist eingelagert. Eine der Hauptaufgaben dieser Abteilung stellt die Kommissionierung dar. Für jeden Fertigungsauftrag wurde das benötigte Material zusammengestellt und als eine Einheit an einen Warenübergabepunkt in der Produktion geliefert. Nur bei sehr speziellen Materialien gab es nach der Annahme im Wareneingang in der Logistik eine Direktlieferung in die Produktion.

Die einzig wirklich relevante Kennzahl zu diesem Zeitpunkt stellte die Liefertreue des Logistikbereiches gegenüber der Produktion dar. Da dieser Wert bei unter 80 % lag, kam ständige Kritik von der Produktion, dass es zu Verzögerungen der Aufträge kam. Dies hatte natürlich auch negative Auswirkungen auf die Liefertreue der Fertigung.

Mit der bestehenden Definition der Kennzahl Liefertreue selbst gab es einige Probleme:

Einerseits gab es kein einheitliches Verständnis, was Liefertreue und die Kennzahl überhaupt bedeuteten. Der Ist-Wert zur Liefertreue wurde vom Controlling erhoben und war ein Durchschnittswert über alle Bereiche. Selbst zwischen den Produktionsbereichen gab es unterschiedliche Ansichten, wie diese Zahl zustande kam bzw. wie Liefertreue gemessen werden sollte. Als Hauptgrund dafür wurden unterschiedliche Rückmeldepunkte in den einzelnen Produktionsbereichen identifiziert.

Andererseits stellte es für den Logistikbereich einen zu abstrakten Wert dar. Sie konnten damit nicht ermitteln, wo sie genau im Prozess die meisten Herausforderungen hatten und die Verspätungen verursachten. Es wurden immer wieder nur Vermutungen angestellt, wo es Schwachstellen geben könnte. Gemessen wurde es nie und zielgerichtete Abstellmaßnahmen gestalteten sich schwierig.

Es musste demnach ein Kennzahlensystem aufgebaut werden, das zwei Anforderungen erfüllte:

- Die Anforderungen der Kunden (Produktion) mussten besser berücksichtigt werden.
- Schwachstellen im Prozess mussten aufgedeckt und nachhaltig beseitigt werden.

Anwendung:

Da in dieser Firma gerade eine Balanced Score Card (BSC) auf Unternehmensebene erstellt wurde, sollte diese Systematik auch hier verwendet werden. Mit Hilfe einer Abteilungs-BSC würden die notwendigen Kennzahlen und Ziele definiert werden.

Balanced Score Card (BSC)

Eine BSC stellt einen ganzheitlichen Ansatz dar, um eine Kennzahlenstruktur abgeleitet aus der Unternehmensstrategie zu erstellen.

Tabelle 3.1 Grundsätzlicher Aufbau BSC

	Ergebniskennzahl	Leistungstreiber
Finanzperspektive		
Kundenperspektive		
Prozessperspektive		
Lernperspektive		

Die BSC besteht aus vier Ebenen. Ausgehend von der Strategie eines Unternehmens werden zuerst die Kennzahlen und Ziele aus der Finanzperspektive definiert. Aus diesen wird abgeleitet, welche kundenspezifischen Faktoren auf die Finanzkennzahlen den größten Einfluss haben. Danach wird der Ursachen-Wirkungszusammenhang zwischen den internen Prozessen und den Kunden hergestellt. Letztendlich wird der Zusammenhang zwischen Prozessen und der Lernperspektive hergestellt. All diese Zusammenhänge werden in einem Ursache-Wirkungs-Diagramm dargestellt.

Auf jeder Ebene wird zwischen zwei Kennzahlen unterschieden. Mit den Ergebniskennzahlen soll gemessen werden, was auf jeder Ebene erreicht

> werden soll. Sie sind zumeist zwischen Unternehmen austauschbar. Die
> Leistungstreiber ermöglichen das Erreichen der Ergebnisse und sind eher an
> das jeweilige Unternehmen und die Umgebung angepasst.
>
> Mit der BSC soll ein Kennzahlensystem aufgebaut werden, das einen klaren
> Zusammenhang zwischen dem finanziellen Erfolg des Unternehmens und
> den Aktivitäten am Ort der Wertschöpfung darstellt. Die Shopfloor Manager
> und die Mitarbeiter in der Produktion sollten sich demnach in den unteren
> zwei Ebenen wiederfinden können.

Im ersten Schritt musste gemeinsam mit den Kunden genau definiert werden, welche Anforderungen sie stellten. Daraus ergab sich, dass vier Punkte wichtig sein sollten (Bild 3.1). Diese wurden noch detaillierter beschrieben, wie anhand der Liefertreue erklärt werden soll:

- Auftragseingang in Logistik bis 11:30 => Bereitstellung bis spätestens nächster Tag 06:00 (bis dahin war es nicht eindeutig geregelt, bis zu welchem Zeitpunkt ein Auftrag in der Logistik eingegangen sein muss, damit das Material noch am nächsten Tag zu Beginn der ersten Schicht zur Verfügung stehen würde)
- Definition des Messpunktes in jedem Produktionsbereich, bis zu dem die Logistik volle Kontrolle hatte (wie schon weiter oben erwähnt, wurde hier unterschiedlich gemessen; teilweise musste noch zusätzliches Material aus anderen Bereichen zur Verfügung gestellt werden in der Produktion. Verzögerungen in solchen Fällen wurden ursprünglich ebenfalls der Liefertreue der Logistik zugerechnet)
- Zielwert 95 % (zum ersten Mal wurde für die Liefertreue ein Zielwert definiert)

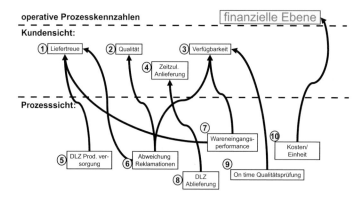

Bild 3.1 Ursache-Wirkungs-Diagramm mit zwei Ebenen

Nachdem die Kundensicht bestimmt wurde, konnte abgeleitet werden, welche Prozessfaktoren den größten Einfluss darauf hatten. Am Beispiel der Liefertreue (Punkt 1 in Bild 3.1) soll die weitere Vorgehensweise erklärt werden.

Als der Haupteinflussfaktor auf die Termintreue wurde die Durchlaufzeit für die Zusammenstellung und Ablieferung eines Auftrages genannt. Damit wurde die erste Ergebniskennzahl definiert. Als Zielwert wurden 18 Stunden bestimmt. Aus dem oben erwähnten, spätesten Auftragseingang bis 11:30 und daraus folgend eine Anlieferung bis 06:00 am nächsten Tag ergaben sich diese 18 Stunden.

 Durchlaufzeit (DLZ)

Die Durchlaufzeit beschreibt die Dauer für die Erstellung eines Outputs. Zur Messung müssen der Start- und Endpunkt klar definiert sein. Für die Bearbeitung eines Auftrages kann zum Beispiel der Startpunkt das Anlegen einer Auftragsnummer und der Endpunkt das Drucken der Versandpapiere sein. Häufig wird es verabsäumt, diese Punkte präzise zu definieren. Dies kann zu nachträglichen Diskussionen führen, welche Arbeitsschritte noch Teil der DLZ sind und welche nicht.

Der Detaillierungsgrad der DLZ ist eine weitere Herausforderung. Die oben beschriebene Spanne mit Start- und Endpunkt sollte zumeist in Unterschritte gegliedert werden. Ansonsten wird es schwierig, den Abschnitt im Wertstrom zu identifizieren, der das größte Verbesserungspotenzial hat.

Als Leistungstreiber wurden die einzelnen Komponenten der Durchlaufzeit bestimmt, die in Bild 3.2 dargestellt sind. Diese drei Abschnitte ergaben sich durch die jeweiligen Zuständigkeiten im Prozess. Von der Einlastung eines Auftrages bis zur Bereitstellung des vollständigen Materials lag die Verantwortung im Bereich des Lagers bzw. der Lagermitarbeiter. Da dies mit Abstand den größten Zeitanteil darstellte, wurde diese Tätigkeit in die einzelnen Abschnitte Vorbereitung, Standardteile, Sonderteile und Transportvorbereitung aufgegliedert.

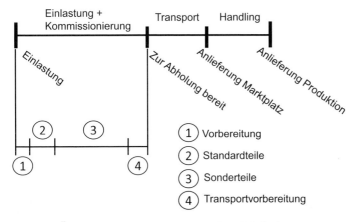

Bild 3.2 Übersicht der Komponenten der Durchlaufzeit

Für jeden einzelnen Abschnitt mussten nun Ziele definiert werden. Schritt 1 (Vorbereitung) und 4 (Transportvorbereitung) sollten schnell erledigt sein, da es hier kaum Unterschiede im Aufwand zwischen einzelnen Aufträgen gab. Für das eigentliche Kommissionieren mussten einzelne Aufwandsklassen definiert werden. Insgesamt ergaben sich fünf verschiedene Klassen, denen unterschiedliche Ziele zugewiesen wurden. Für den gesamten Durchlauf im ersten Abschnitt ergaben sich daraus Vorgaben zwischen acht und 14 Stunden. Die 14 Stunden stellten die Obergrenze dar, um das Gesamtziel von 18 Stunden einhalten zu können. Letztendlich mussten die Ziele folgendermaßen unterteilt werden:

- **Ziel pro Auftrag:** Mit der Unterteilung in Aufwandsklassen wurden Vorgaben für jeden Auftrag geschaffen. Diese stellten die persönlichen Ziele bzw. Vorgaben für jeden Auftrag und einzelnen Mitarbeiter dar.
- **Ziel für die Abteilung:** Durch eine Auswertung der Auslagerungsaufträge eines Monats wurde ein Auftragsmix bestimmt. Dieser wurde mit Hilfe der Aufwandsklassen bewertet. Dieser bestimmte Mix hätte mit den Zeiten der Aufwandsklassen eine durchschnittliche Durchlaufzeit von 12,5 Stunden ergeben. Dieser Wert wurde als Ziel für die gesamte Abteilung angesetzt.

Im nächsten Schritt musste überlegt werden, wie der Istwert gemessen und dem Zielwert gegenübergestellt werden konnte. Zusätzlich mussten die Gründe für Abweichungen erhoben werden, da diese für die ursprüngliche Aufgabe der Verbesserung der Liefertreue benötigt wurden.

- *Istwert:* Durch die Einlastung (Bild 3.2) als Startpunkt des Prozesses wurde auch die Messung der DLZ gestartet. Am Ende jedes Teilabschnittes musste der Mitarbeiter seine Arbeit zurückmelden. Somit konnte ohne großen Aufwand die Durchlaufzeit erhoben werden.
- *Abweichungen:* Durch die Rückmeldung glich das System automatisch ab, ob die Ist-Durchlaufzeit länger war als das Soll. Trat dieser Fall ein, musste der Mitarbeiter durch die Eingabe des Grundes diese Abweichung bestätigen. Diese Eingabe erfolgte über ein Pull-Down Menü, in dem die wichtigsten Gründe vorgegeben wurden. Die Auswahl wurde auf sieben beschränkt, der Rest sollte unter „Sonstiges" eingegeben werden. Diese Top-7 Gründe wurden als die am häufigsten auftretenden von allen Mitarbeitern genannt.
- *Visualisierung:* Die Darstellung des Soll-Ist-Vergleichs sollte wieder für den gesamten Bereich und die einzelnen Abschnitte erfolgen (Bild 3.3). Der Graph stellt eine wöchentliche Zielerreichung für die gesamte DLZ dar. Es wurde eine wöchentliche Auswertung gewählt, um tägliche Schwankungen durch den Auftragsmix auszugleichen. Dem Ziel von 12,5 Stunden je Auftrag wurde der Ist-Durchschnitt aller Aufträge einer Woche gegenübergestellt.

Auf Tagesbasis wurde eine Auswertung je Arbeitsschritt in einer Tabelle aufgezeigt. Aus dem System heraus konnte ohne Aufwand für jeden Abschnitt die tatsächliche, durchschnittliche Bearbeitungszeit eruiert werden. Diese Zeiten wurden immer am Folgetag in die Tabelle übertragen. Wurde das Ziel erreicht oder unterschritten, wurde die Zahl in grün geschrieben. Eine rote Zahl zeigte eine Überschreitung der DLZ an. So konnten alle Mitarbeiter über die Woche nachverfolgen, ob sie die Ziele erreicht hatten oder nicht. Kombiniert wurde dies mit dem Pareto der Gründe für Verzögerungen.

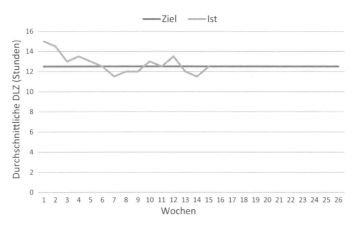

Einlastung + Kommissionierung	Soll (Min.)	Ist				
		Mo	Di	Mi	Do	Fr
Vorbereitung	60	47				
Standardteile	120	142				
Sonderteile	600	543				
Transportvorbereitung	60	121				
Gesamt	840	853				

Bild 3.3 Darstellung der Zielabweichungen für die Durchlaufzeit

In der Einführungsphase wurden die Graphen und Tabellen wie in Bild 3.3 täglich bzw. wöchentlich auf einer Tafel im Lagerbereich aufgehängt. Da diese Darstellungen auch über das System abgerufen werden konnten, wurde zu einem späteren Zeitpunkt ein Monitor aufgehängt, über den alle Informationen jederzeit aktualisiert dargestellt werden konnten.

Die Kennzahlen und Visualisierungen dienten nun als Grundlage, um einen Verbesserungsprozess zu implementieren. Zahlen und Tafeln alleine bringen noch nichts. Sie sind nur Werkzeuge für das Shopfloor Management, um gezielt Verschwendung im Prozess zu beseitigen. Hier konnte bereits nach einiger Zeit festgestellt werden, dass einer der wichtigsten Gründe für Verzögerungen im Bereich der Standardteile lag mit dem Grund „lange Laufwege“. Durch eine genaue Auswertung der Daten ergab sich, dass bei bestimmten Produktgruppen die Systematik der Einlagerung der Kleinteile zu übermäßig langen Laufwegen führte. Durch eine Umstrukturierung, wo was eingelagert wurde, konnten diese Wege erheblich reduziert werden. Die Mitarbeiter konnten anhand der Visualisierung auch genau nachverfolgen, wie sich die DLZ im Teilabschnitt Standardteile reduzierten. Aus den kontinuierlichen roten Zahlen wurden allmählich konstant grüne.

■ 3.2 OEE – Overall Equipment Effectiveness

Im zweiten Kapitel gab es bereits einen kurzen Überblick zum OEE. Hier soll noch einmal die Berechnung und die Anwendung als wichtige Kennzahl für das Shopfloor Management vertieft werden. Es gibt unterschiedliche Ansätze zur Berechnung und auch Benennung der drei Komponenten. Die klassische und in der Literatur am häufigsten verwendete, setzt sich aus der Verfügbarkeit, der Effizienz (bzw. Leistung) und der Qualität zusammen (Koch 2008).

Bereits in der Definition der Basis (Bild 3.4) entstehen die ersten kontroversen Diskussionen. Der Kernpunkt ist, ob 100 % – also 24 Stunden – für die Berechnung des OEE oder, wie in Bild 3.4 gezeigt, die Nettoarbeitszeit verwendet werden sollen. Einige Unternehmen gehen sogar so weit, diesen Gedanken auf die Anzahl der aufgewendeten Arbeitstage auszuweiten, wobei 365 Tage als 100-%-Berechnungsbasis dienen. Wichtig ist dabei, dass allen Personen, die mit den Zahlen arbeiten, bewusst ist, worauf sich die 100 % beziehen.

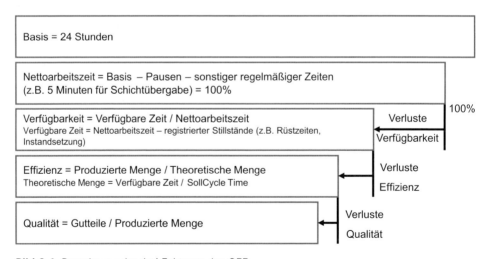

Bild 3.4 Berechnung der drei Faktoren des OEE

Von diesen 100 % werden alle Stillstände abgezogen, deren sie sich bewusst sind. Typische Fälle sind Rüstzeiten, Wartungsvorgänge oder Störungen. Daraus ergibt sich die verfügbare Zeit. Wird diese ins Verhältnis zur Nettoarbeitszeit gesetzt, erhält man die Verfügbarkeit, den ersten Faktor des OEE. Mit der verfügbaren Zeit kann im nächsten Schritt ermittelt werden, was der theoretische Output hätte sein sollen. Wird dieser nun ins Verhältnis zur produzierten Menge gebracht, so ergibt sich die Effizienz, dem zweiten Faktor in der Berechnung des OEE. In der Effizienz scheinen alle Verluste auf, die zuerst nicht in der Ermittlung der verfügbaren Zeit berücksichtigt wurden. Zumeist sind es solche Unterbrechungen, die nicht bewusst wahrgenommen werden und eher kurz sind. Sie werden daher auch häufig als Mikrostopps bezeichnet. Im letzten Schritt werden die Qualitätsverluste ermittelt. Die Anzahl der Gutteile wird der produzierten Menge gegenübergestellt. Am Ende steht die Berechnung des OEE:

OEE (%) = Verfügbarkeit (%) × Effizienz (%) × Qualität (%)

Wie schon weiter oben erwähnt, kann die Auswahl der unterschiedlichen Faktoren in der Berechnung von der Verwendung des OEE abhängen. In diesem Buch stehen die Ansprüche des Shopfloor Managements im Vordergrund. Diese können in manchen Fällen ins Hintertreffen geraten, wie dieses Fallbeispiel aufzeigen soll.

Praxisbeispiel 3.2 – OEE – Herausforderungen bei der Verwendung des OEE

Ausgangssituation:

Bei einem Zulieferer der Automobilindustrie stellte der OEE im Schweißbereich eine wichtige Kennzahl dar. Drei verschiedene Zielgruppen dieser Kennzahl innerhalb des Unternehmens verwendeten sie recht unterschiedlich:

- Das Shopfloor Management wollte wissen, wie hoch die Verluste an den Anlagen waren und wodurch die verursacht wurden; für sie stand speziell der Unterschied zwischen Soll und Ist im Mittelpunkt.

- Die Planung brauchte einen Wert, den sie in der Auftragsplanung verwenden konnten. Wie viel Prozent einer Anlage konnten sie realistisch verplanen? Je stabiler der tatsächliche OEE, umso genauer ist auch die Planung selbst.

- Im Controlling sollte verglichen werden, wie die tatsächliche Leistung im Vergleich zur Kalkulation stand. Die Zykluszeit aus der Kalkulation musste zu diesem Zweck als fix angenommen werden, um diesen Vergleich zu ermöglichen.

  In sehr vielen Fällen hat das Controlling auch im Fokus, wie gut eine Investition genutzt wird. Wurde eine teure Anlage gekauft, die dann nur zu 20 % genutzt wird?

Die unterschiedlichen Anforderungen dieser drei Bereiche sind nachvollziehbar und lassen sich in zahlreichen Unternehmen finden. Allerdings wird dabei zu oft ignoriert, dass es sowohl beim Soll- wie auch dem Istwert des OEE zu Konflikten in der Bestimmung und Berechnung kommen kann. Diese Konflikte sollen anhand dieses Beispiels aufgezeigt werden. Zum besseren Verständnis muss die Kalkulation des OEE in diesem Zusammenhang detaillierter erklärt werden, als dies in Kapitel 2 geschah.

Anwendung:

 Bestimmung der Basis

Der erste kontroverse Punkt fand sich bereits in der Bestimmung der Basis. Hier sollten bereits alle Zeiten herausgerechnet werden, die nicht unmittelbar als Störung der Anlage selbst erachtet wurden. Die Begründung lag darin, dass aus Controlling-Sicht die Leistung der Anlage im Vergleich zur Kalkulation stehen sollte. Verluste, die nicht unmittelbar mit der Maschine zusammenhingen, sollten damit außer Acht gelassen werden.

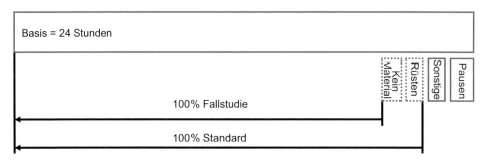

Bild 3.5 Bestimmung der Basis zur Kalkulation des OEE

Hauptsächlich betraf dies geplante Stillstände wie das Rüsten oder Verluste aus dem Wertstrom wie fehlendes Material oder Ladungsträger (Bild 3.5). Diese zwei Punkte stellten in diesem Fall allerdings auch die größten Faktoren dar, die in der Standardkalkulation in der Verfügbarkeit aufscheinen würden. Statt die verfügbare Zeit zu reduzieren, verkürzten sie die Zeit der Basis.

Um die Auswirkungen auf den OEE darzustellen, wurde exemplarisch eine Woche mit beiden Methoden berechnet. Mit der Standardberechnung hätte sich eine Wochen-Basis von 6600 Minuten (5 Tage à 24 Stunden minus je 30 Minuten Pause und 10 Minuten Schichtübergabe je Schicht) ergeben. In der Rechenmethode dieses Unternehmens mussten zusätzlich noch 450 Minuten für geplantes Rüsten und 180 Minuten für Stillstände verursacht durch fehlendes Material und Ladungsträger berücksichtigt werden. Somit ergab sich eine Basis von 5970 Minuten. Bei der gegebenen Menge an produzierten Gutteilen in dieser Woche wurde mit der Standardmethode ein OEE von 69 % ermittelt. 76 % ergaben sich mit der reduzierten Basis. 7 % Potenzial für Verbesserungen wurden demnach durch diesen Ansatz komplett ignoriert. Zusätzlich konnte man sich gratulieren, dass der OEE ja nicht so schlecht war.

Berechnung der Effizienz

Springen wir von der Basis gleich in die Berechnung der Effizienz. Als nächster Faktor sollte die Verfügbarkeit kommen. In der Standardberechnung würden alle Stillstände, die nicht in der Verfügbarkeit berücksichtigt werden, in der Effizienz auftauchen. Würden zum Beispiel 100 Minuten Stillstand nicht die verfügbare Zeit reduzieren, so würde automatisch damit die theoretische Menge in der Berechnung der Effizienz um diese 100 Minuten steigen. Dadurch würde das Verhältnis zur tatsächlichen Menge fallen. Das setzt allerdings voraus, dass die Berechnung der theoretischen Menge auch stimmt. Ansonsten kommt es zu Verzerrungen, was detailliert beschrieben werden soll.

Es gibt verschiedene Möglichkeiten, die theoretische Menge zu bestimmen. In diesem Unternehmen wurde dazu die Zykluszeit verwendet. Zur Vereinfachung gehen wir davon aus, dass an einer Schweißanlage nur ein Produkt gefertigt wurde. Es gab demnach auch nur eine Zykluszeit. Für die weiteren Ausführungen spielt es keine Rolle, dass tatsächlich mehrere verschiedene Varianten mit abweichenden Zykluszeiten geschweißt wurden. Wie schon eingangs erwähnt wurde durch die ursprüngliche Kalkulation jedes Teiles auch eine Zykluszeit bestimmt. Diese wurde zur Berechnung der Effizienz verwendet. Für dieses Rechenbeispiel setzten wir mit den Zahlen vom vorherigen Abschnitt fort (Bild 3.6). Bei einer „Grundzeit" von 5790 Minuten und weiteren Verlusten in der Verfügbarkeit durch Störungen an der Anlage standen letztendlich 5180 Minuten zum Produzieren zur Verfügung. Bei einer Zykluszeit von fünf Minuten könnten theoretisch 1036 Stück gefertigt werden. Tatsächlich wurden 1011 Teile produziert, was einer Effizienz von 98 % entspricht. Es gab demnach kaum Verluste in der Effizienz. So scheint es zumindest.

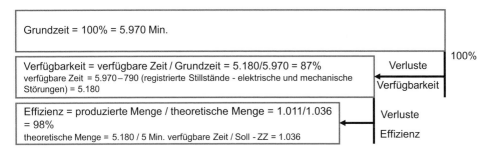

Bild 3.6 Berechnung der Effizienz mit Zykluszeit aus Kalkulation

Seitdem die Produktion an dieser Anlage mit diesem Teil gestartet wurde, konnten einige Verbesserungsmaßnahmen umgesetzt werden. Diese hatten zur Folge, dass die Zykluszeit auf 4,5 Minuten reduziert werden konnte. Würde man diesen

Wert in der Berechnung in Bild 3.6 verwenden, läge die theoretische Menge bei 1151 Stück. Diese wieder ins Verhältnis gesetzt mit der tatsächlichen Menge, ergibt eine Effizienz von 88 %. Auf einmal sieht diese Komponente des OEE nicht mehr so gut aus. In der Produktion würde man beim ersten Wert sagen, dass man bez. der Effizienz nicht aktiv werde müsse, da sie schon gut sei. Der zweite Wert zeigt allerdings, dass es hier sehr wohl einen Handlungsbedarf gibt.

Durch die Abweichung der Zykluszeit aus der Formel und der tatsächlichen Zeit könnte die Situation entstehen, dass die Effizienz über 100 % geht. Gäbe es an der Anlage tatsächlich nur sehr geringe Effizienzverluste, so hätte die tatsächliche Menge zum Beispiel bei 1110 Stück liegen können. Setzt man diese Ausbringung wieder ins Verhältnis mit der theoretischen Menge von 1036 Stück, würde dies zu einer Effizienz von 107 % führen. In der Praxis findet man immer wieder Werte von 110 oder 120 %. Bei solchen Zahlen sollten immer die verwendeten Parameter hinterfragt werden.

Solange für die Kalkulation nicht die tatsächlich angefallenen Zykluszeiten verwendet werden, wird es immer wieder zu leichten Abweichungen kommen. Die Soll- und Ist-Zykluszeit stimmen nur sehr selten zu 100 % überein. Solange die Abweichungen nur innerhalb von einigen Prozentpunkten liegen, kann noch damit gearbeitet werden. Mit der Effizienz soll auch nur aufgezeigt werden, ob es große Verluste durch nicht-registrierte Störungen gibt oder nicht. Gibt es diese, sollten detaillierte Analysen durchgeführt werden.

Willentlich und bewusst mit einer falschen Zykluszeit zu arbeiten, hilft der Produktion allerdings überhaupt nicht. Wie eingangs beschrieben, sollte dadurch im Controlling nachvollziehbar sein, ob innerhalb der Parameter der Kalkulation gearbeitet wurde oder ob es Abweichungen gab. Alles stand also im Verhältnis zu Zahlen, die vor Jahren berechnet wurden. Dass die Produktion dadurch die Verluste der Effizienz ignorierte, ging dabei unter. Für das Shopfloor Management ist solch eine Betrachtungsweise des OEE keine gute Basis für eine kontinuierliche Verbesserung.

 Berechnung der Qualität

Die dritte Komponente des OEE - Qualität - musste ebenfalls hinterfragt werden. In dieser Diskussion ging es darum, wo Qualitätsmängel entstehen und wie sie entdeckt werden. Für die Berechnung des OEE waren natürlich nur die Qualitätsmängel relevant, die von der entsprechenden Anlage verursacht wurden. Es musste allerdings zwischen zwei Arten von Mängeln unterschieden werden:

- Ausschuss: Die gefertigten Produkte konnten nicht mehr verwendet werden und mussten bei Bedarf noch einmal produziert werden. Die aufgebrachte Zeit an der Anlage musste als nicht-wertschöpfend eingestuft werden.

- Nacharbeit: Die bemängelten Teile wurden an einer anderen Stelle nachgearbeitet. Letztendlich wurde mit einem zusätzlichen Prozessschritt noch ein Gutteil produziert. Der OEE wurde dadurch also nicht beeinträchtigt. Die Nacharbeit war dennoch als nicht-wertschöpfend einzustufen.

Die eigentliche Diskussion fokussierte sich auf Ausschuss, der an der Schweißanlage verursacht wurde, jedoch erst an einem späteren Punkt im Wertstrom entdeckt wurde. Genau genommen sollten diese Ausschussteile ebenfalls in die Berechnung des OEE einfließen. Die praktische Umsetzung, vor allem eine zeitnahe, ist häufig nur mit großem Aufwand realisierbar. In diesem Fall wurde allerdings noch ein nicht zu vernachlässigender Prozentsatz an Ausschuss in den folgenden Prozessschritten entdeckt. Die Qualitätsabteilung führte deshalb eine monatliche Bereinigung des OEE durch, um dem Shopfloor Management ein vollständiges Bild der Verlustquellen der Schweißanlagen zu bieten. Damit standen bessere Informationen zu Verfügung, wo Verbesserungspotenzial zu finden sei.

 Zielsetzung für den OEE

Letztendlich musste eine einheitliche Methode zur Bestimmung der Ziele für den OEE definiert werden. Ursprünglich wurde für alle Schweißanlagen das Ziel von 85% definiert, basierend auf der Berechnungsmethode, wie sie anfangs erklärt wurde (z.B. Rüsten wurde aus der Basis gerechnet). Mit einer kompletten Neugestaltung der Visualisierung als Teil des Shopfloor Managements wurde dieser Ansatz hinterfragt. Folgende Möglichkeiten wurden diskutiert:

- Ziel OEE = 100%: Mit diesem Ansatz könnte transparent gemacht werden, wie hoch die gesamten Verluste an der Anlage waren und welches Potenzial bestehen würde. Allerdings wurde dies als äußerst demotivierend für die Mitarbeiter angesehen, da sie das Ziel realistisch nie erreichen würden. Ihnen würde durch die Visualisierung ständig vor Augen geführt, dass sie vom Ziel mehr oder weniger weit entfernt sind.

- Ziel angepasst an den Kundenbedarf: Jede Anlage im Schweißbereich war voll ausgelastet. Es mussten sogar regelmäßig Überstunden an den Wochenenden geleistet werden, da in der regulären Arbeitszeit das benötigte Volumen nicht gefertigt werden konnte. Deshalb sollte eine Alternative sein, dass als Ziel der OEE gesetzt wird, mit dem der Bedarf erfüllt werden könnte. In der obigen Betrachtung lag die produzierte Menge bei 1036 mit einem OEE von 76% (nach der ursprünglichen Berechnung). Würde das geforderte Volumen zum Beispiel bei 1120 Stück liegen, so müsste ein OEE von 82% erzielt werden. Diese 82% würden demnach das Ziel darstellen.

Manche Anlagen hatten bereits einen OEE, der sehr nahe an diesem bedarfsorientierten Wert lag. Andere lagen jedoch weit entfernt davon und es sollte auch zeitnah nicht realistisch sein, diesen Wert zu erreichen. Die Mitarbeiter und das Shopfloor Management könnten nur bis zu einem gewissen Grad ihren Anteil leisten, um den benötigten Wert zu erreichen. An diesen Schweißanlagen stellte sich auch wieder die Frage der Motivation der Mitarbeiter. Sie könnten sich noch so sehr bemühen und würden das Ziel nie erreichen.

Diese Methode der Zielsetzung würde sich in der beschriebenen Situation allerdings nur mit einer weiteren Änderung sinnvoll umsetzen lassen. Die Basis für die Kalkulation des OEE änderte sich jeden Tag bei der ursprünglichen Rechenmethode. Von den 24 Stunden eines Tages wurden nicht nur regelmäßige Zeiten wie Pausen abgezogen. Auch Rüsten und Stillstände durch Materialmangel reduzierten die Basis. Jeden Tag würde es demnach eine andere Basis geben und daraus folgend, müsste der notwendige OEE jeden Tag neu bestimmt werden. Die Definition der Basis müsste geändert werden.

- Angepasste Ziele an die aktuelle Höhe des OEE: Die dritte Alternative ging vom aktuellen Wert des OEE aus und was realistisch erreichbar wäre. Hätte eine Anlage zum Beispiel einen OEE von 50 %, dann sollte das unmittelbare Ziel nicht unbedingt 85 % sein. 60 oder 65 % wären eher angebracht als erster Schritt. Würde sich durch entsprechende Maßnahmen der Wert diesem Ziel nähern, so könnte er weiter angehoben werden. Damit sollte auch dem Motivationsaspekt für die Mitarbeiter Rechnung getragen werden.

Letztendlich wurde eine Kombination aus dem zweiten und dritten Ansatz gewählt. Dazu wurden eher kurz- bis mittelfristige Ziele gesetzt, die auf den aktuellen Werten aufsetzten. Damit konnten das Shopfloor Management und die Mitarbeiter an Verbesserungen arbeiten und die Erfolge durch schrittweise Zielerreichung erleben. Als längerfristige Zielsetzung galt der benötigte Wert, um den Kundenbedarf zu produzieren. Für manche Anlagen sollte der Weg dorthin einfacher und kürzer sein. Für andere müsste es(er?) mit Investition unterstützt werden. Als unmittelbar operative Kennzahl für die Mitarbeiter wurde der OEE auf stündliche Ausbringungsmengen umgerechnet. Würde ein OEE von 100 % zum Beispiel 50 Stück in der Stunde bedeuten, so sollten die Mitarbeiter bei einem Zielwert des OEE von 80 % 40 Stück je Stunde fertigen.

Für das Shopfloor Management war es von besonderer Bedeutung, sich einmal kritisch mit dem Thema OEE auseinander zu setzen. Diese Kennzahl wurde ursprünglich nur als ein Wert angesehen, den es zu erreichen und zu berichten galt. Die unterschiedlichen Facetten und Gestaltungsmöglichkeiten waren in dieser Form/Weise niemandem wirklich bewusst. Die Kombination aus Transparenz der einzelnen Verlustquellen, Motivation der Mitarbeiter und Steuerung der Produktion durch den OEE wurde bis dahin nicht richtig wahrgenommen.

3.3 Produktivität

Produktivität ist wohl eine der am meisten verwendeten Kennzahlen in der Produktion. In vielen Situationen ist es aber nicht so einfach, eindeutig zu definieren, was als Output oder Input genau gemessen werden soll. Was soll mit der Zahl genau ausgesagt werden? Wie kann sie das Shopfloor Management unterstützen? Je umfangreicher und komplexer ein Wertstrom ist, umso größer ist die Herausforderung, diese Fragen zu beantworten.

 Produktivität

Für die Produktivität wird normalerweise folgende Formel verwendet:

Produktivität = Output/Input oder Ausbringungsmenge/Einsatzfaktoren

Der Output wird in den Einheiten des zu erstellenden Faktors angegeben. Dies können zum Beispiel Stückzahlen, Kilogramm oder Liter sein. Der Input dagegen wird in dem gemessen, was zur Erstellung des Outputs benötigt wird. Im Zusammenhang mit den folgenden Ausführungen ist der Input zumeist in Mitarbeiter- oder Maschinenstunden definiert.

Die Verwendung der Produktivität als alleinige Kennzahl kann allerdings auch zu falschen Entscheidungen durch das Shopfloor Management führen. So können Aufträge priorisiert werden, die die Produktivität als Kennzahl erhöhen, allerdings negative Auswirkungen auf Bestände oder Liefertreue haben.

Praxisbeispiel 3.3 – Produktivität – Messung der Produktivität über einen gesamten Wertstrom

Ausgangssituation:

Bei einem Zulieferer der Elektronikindustrie wurden in einem Bereich Gehäuse gefertigt. Der gesamte Abschnitt umfasste alle notwendigen Fertigungsschritte und war auch räumlich zusammengefasst. Für alle Varianten sah der Prozessfluss prinzipiell gleich aus – Stanzen und Biegen, Vormontage, Montage, Endkontrolle und Verpackung. Die Endkontrolle beinhaltete auch die Nacharbeit von nicht-konformen Teilen. Dieser Wertstrom für das Material ist detaillierter in Bild 3.8 dargestellt, der Informationsfluss vom Kunden über die Planung zum Lieferanten wird in diesem Zusammenhang ausgeblendet.

Value Stream Map (Wertstromanalyse)

Für viele Jahre war einer der Hauptkritikpunkte am klassischen Kaizen-Ansatz oder Lean-Projekten, dass zwar punktuelle Verbesserungen erreicht wurden, am Ende jedoch weder mehr Stück produziert noch die Kosten erheblich reduziert wurden. Eventuell wurde sogar das Gesamtsystem ver-schlechtert. Dies ist einer der Gründe für die weite Verbreitung von Wert-stromanalysen (VSM – Value Stream Mapping), wie sie von Womack und Jones beschrieben wurden (Womack & Jones 2004). In diesen Wertstrom-analysen sollen alle Informationsströme vom Kunden über die Produktions-planung zum Lieferanten auf der einen Seite und die Materialflüsse in die entgegengesetzte Richtung dargestellt werden. Zwei Erkenntnisse, die aus dieser Analyse gewonnen werden, sind dabei zentral:

- Erstens wird die gesamte Durchlaufzeit eines Produktes durch den Wert-strom den Zeiten für die nicht-wertschöpfenden Tätigkeiten gegenüber-gestellt. Anteile an wertschöpfenden Zeiten an der gesamten DLZ von unter einem Prozent sind keine Seltenheit.

- Zweitens, es wird durch sogenannte „Red Flags" die Verschwendung im gesamten Ablauf hervorgehoben. Diese dienen als Grundlage für das Wertstromdesign (VSD – Value Stream Design), das den zukünftigen, gewünschten Zustand darstellt.

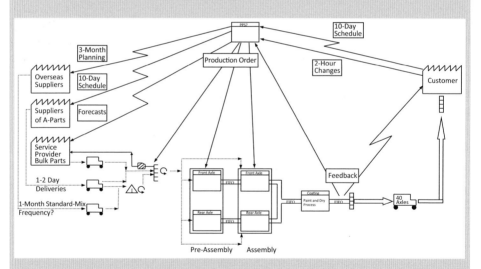

Bild 3.7 Beispiel eines Value Stream Map

Die Implementierung vom VSM zum VSD wird durch Maßnahmen definiert, die aus den „Red Flags" abgeleitet wurden und den gesamten Wertstrom und nicht nur einzelne Abschnitte verbessern.

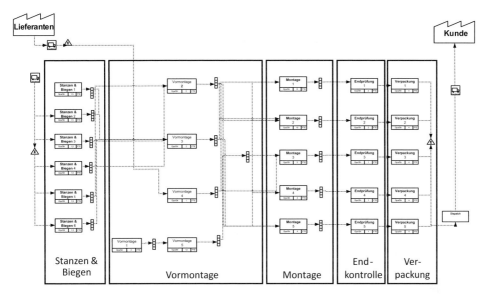

Bild 3.8 Wertstrom für die Fertigung von Gehäusen

Verursacht durch Lieferprobleme wurde immer mehr Personal in diesen Bereich gesteckt. Die notwendigen Stückzahlen konnten dadurch erreicht werden. Kosten und Produktivität wichen allerdings gravierend von der ursprünglichen Planung ab. Maßnahmen mussten ergriffen werden, um dieser Entwicklung entgegen zu wirken. Das VSM wurde erstellt, um Schwerpunkte für Verbesserungsmaßnahmen zu definieren. Neben den bereits abschnittsbezogenen Kennzahlen musste ein geeigneter Wert gefunden werden, der nicht nur die Auswirkungen auf einzelne Arbeitsplätze aufzeigte, sondern auch wie sich der gesamte Bereich entwickelte. Für eine realistische Bewertung der eingeleiteten Maßnahmen brauchte das Shopfloor Management eine Kennzahl, die die Produktivität des gesamten Wertstromes abbildete. Die Anzahl der Mitarbeiter als Input für die Produktivität kam aus zwei Gründen nicht in Frage. Nicht alle Mitarbeiter hatten dieselben Arbeitszeiten. Und bei Bedarf konnte aus einem Pool an Zeitarbeitern stundenweise auf diese zurückgegriffen werden.

Anwendung:

Als geeignete Kennzahl für den gesamten Bereich wurden die Mitarbeiterstunden je Gehäuse gewählt. Wie viele Stunden mussten über den gesamten Wertstrom aufgebracht werden, um ein Gehäuse zu produzieren? Die Produktivität sollte also als Input zu Output (statt Output zu Input) gemessen werden. Der Input bestand aus allen zurückgemeldeten Stunden eines Zeitraums. Der Output setzte sich aus der Anzahl der produzierten Gehäuse zusammen. Auf Bereichsebene wurde diese Zahl monatlich ausgewertet (Bild 3.9). Hauptzweck dieser Kennzahl sollte es sein, dass der Bereichsleiter die Auswirkungen von einzelnen Verbesserungsmaßnahmen nachverfolgen und bewerten konnte.

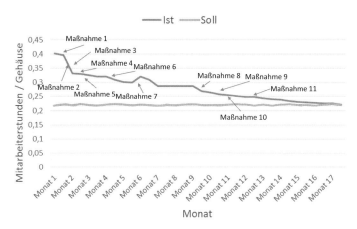

Bild 3.9 Entwicklung der Produktivitätskennzahl in 18 Monaten

Der Ausgangswert für den gesamten Wertstrom lag bei 0,403 Stunden je Gehäuse. Aus der ursprünglichen Planung ergaben sich hingegen 0,22 Stunden, die durch die Soll-Linie in Bild 3.9 dargestellt sind. Die Schwankungen im Soll reflektieren den Produktmix, der im jeweiligen Monat gefertigt wurde. Zwischen den einzelnen Varianten gab es Abweichungen in den Arbeitsinhalten. Eine Kombination aus Maßnahmen 1 bis 3 brachte in den ersten Monaten eine gravierende Erhöhung der Produktivität. Maßnahme 7 hingegen erzielte nicht das gewünschte Ergebnis und stellte einen Rückschlag dar. Es dauerte einige Monate, um die Auswirkungen rückgängig zu machen und die Produktivität zu stabilisieren.

Für die Teamleiter und alle Mitarbeiter musste diese Produktivitätskennzahl auf die einzelnen Ebenen heruntergebrochen werden (Bild 3.10). Wie konnte der Einfluss der Teams und Arbeitsplätze auf die Bereichskennzahl gemessen werden? Der Aufwand im ersten Abschnitt Stanzen und Biegen wurde zum Beispiel hauptsächlich durch die Anlagen bestimmt. Den größten Einfluss dort hatten die Mitarbeiter auf die Rüstzeiten. Die Logik stellte sich folgendermaßen dar: Für eine Reduzierung der Mitarbeiterstunden je Gehäuse musste der OEE erhöht werden. Dies konnte operativ am besten durch eine Reduzierung der Rüstzeiten erreicht werden.

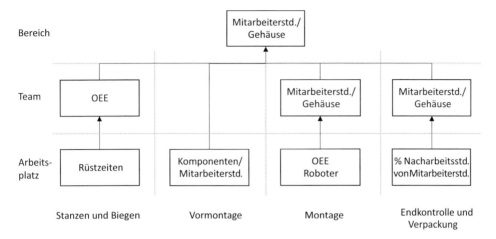

Bild 3.10 Zusammenhang der einzelnen Kennzahlen und Ebenen

Durch diese Auswertung der Produktivität und den Einfluss der unterschiedlichen Ebenen hatten alle Beteiligten den notwendigen Detaillierungsgrad, um die Auswirkungen der gesetzten Maßnahmen zu kontrollieren und gegebenenfalls zu reagieren. Jeder Mitarbeiter konnte seinen Arbeitsplatz oder sein Team durch diese Zusammenhänge wiederfinden und sich damit identifizieren.

◼ 3.4 Qualität

Ausschuss und Nacharbeit ergeben sich als Abweichung eines Standards oder einer Vorgabe im Bezug zu Produkteigenschaften. Ausschuss stellt für das Shopfloor Management zwei Herausforderungen dar. Einerseits wurden Ressourcen verschwendet für ein Produkt, das nicht verwendet werden kann. Andererseits kann, falls dieser Verlust nicht eingeplant wurde, die Auftragsmenge nicht zur Gänze produziert werden. Es muss also nachproduziert werden oder der Auftrag wird als nicht komplett abgeschlossen. Nacharbeit fällt an, wenn sich die Abweichung beheben lässt. Ein zusätzlicher Aufwand muss berücksichtig werden.

Für Ausschuss und Nacharbeit ist es wichtig, dass durch die entsprechenden Kennzahlen die Höhe dieser Verluste aufgezeigt wird. Je mehr Transparenz durch eine detaillierte Erfassung zu Ursache und Verursacher geschaffen wird, umso gezielter können das Shopfloor Management, die Mitarbeiter und alle unterstützenden Bereiche diese Abweichungen vermeiden. Damit soll auch ausgedrückt werden, dass die Reduzierung von Ausschuss und Nacharbeit nicht in der alleinigen Verantwortung einer Qualitätsabteilung liegen dürfen. Qualitätsprobleme sind in vielen Fällen auf Nicht-Einhaltung von Standards bzw. der Instabilität von Prozes-

sen zurückzuführen. Es sollte also auch nach dem Verursacherprinzip die Verant
wortung für die Verbesserungen bestimmt werden.

Zum Einstieg in diese Fallstudie folgt ein kurzer Überblick, wie die verschiedenen
Qualitätsthemen im Shopfloor Management berücksichtigt und durch Kennzahlen
transparent gemacht werden müssen (Benes und Groh 2012):

- Sind die Verluste durch Ausschuss in der Planung berücksichtigt oder nicht?
  Sollen 100 Stück an den nächsten Schritt geliefert werden, es fällt im Schnitt ein
  Ausschuss von 5 % an, so müssen 105 Stück geplant werden. Dazu muss dieser
  Prozentsatz des Ausschusses gemessen werden.

- Wird der Ausschuss in den Prozessen des betreffenden Bereiches verursacht?
  Oder wird er dort nur entdeckt? Können das Shopfloor Management und die Mitarbeiter die Ausschussursachen innerhalb ihres Wirkungsbereiches bearbeiten
  oder können sie andere unterstützen? Eine Zuordnung der Kennzahl Ausschuss
  auf die Verursacher kann dabei notwendig sein.

- Gibt es einzelne Anlagen, Produkte, Schichten, die einen höheren Ausschussan-
  teil haben als andere? Je feiner die Ausschusskennzahlen diese Möglichkeiten
  reflektieren, umso fokussierter können Ursachen abgestellt werden.

- Wie ist Nacharbeit in die Prozesse integriert? Sind sie unmittelbar in den Wertstrom eingebettet und belasten damit die Kapazitäten in diesem? Oder sind dafür
  eigene Arbeitsplätze vorgesehen, die separat gemanagt werden müssen? Wie
  spiegelt sich das in der Produktivität wider?

 Wichtige Qualitätskennzahlen für das Shopfloor Management

Qualität im OEE: Wie viel Kapazität an einer Anlage geht verloren, indem nicht-
konforme Teile produziert wurden. Sind diese Mängel im Verhältnis zu anderen
Verlusten ein Thema oder sollten andere Schwerpunkte bei Verbesserungen
gewählt werden?

Yields: Der FPY (First Pass Yield) besagt, wie viel eines Einsatzfaktors, der am
Anfang in den Prozessfluss gegeben wird, am Ende ohne jeglichen Ausschuss
oder Nacharbeit als einwandfreier Output herauskommt. Im Gegensatz dazu
wird beim FTY (First Time Yield) die Nacharbeit nicht herausgerechnet. Ein
nachgearbeitetes Teil wird also auch als Gutteil betrachtet. Beide Kennzahlen
helfen bei der Planung festzulegen, wie viel Input am Anfang eines Wertstromes verwendet werden muss, um am Ende den benötigten Output zu erzielen.
Dem Shopfloor Manager in jedem einzelnen Abschnitt zeigen sie auf, welchen
Beitrag sie leisten können, um den notwendigen Input zu reduzieren.

Cost of Poor Quality (COPQ): Es werden alle Kosten zusammengefasst, die
durch das Auftreten von Qualitätsmängeln entstehen können. Würde also ein
Mangel in der Qualität – das Abweichen vom gesetzten Standard – reduziert
oder eliminiert werden, so würden auch diese Kosten als direkte Folge nach
unten gehen.

Praxisbeispiel 3.4 – Qualität – Verwendung einer Qualitätsmatrix

Ausgangssituation:

Die Prozessschritte eines Produzenten von Komponenten für Pumpen sind in Bild 3.11 dargestellt. Hervorzuheben ist, dass in diesem Fluss ein eigener Schritt für Nacharbeit vorgesehen wurde. Die Begründung dafür war, dass sehr viele Mängel aus den einzelnen Fertigungsschritten erst im montierten Zustand festgestellt werden konnten. Es gab zwar Messungen an den verschiedenen Stationen, dabei wurde nur ein sehr geringer Ausschuss- bzw. Nacharbeitsanteil festgestellt. Die an der Endprüfung entdeckten Mängel wurden an der Nacharbeit auch nur behoben. Es wurde weder an der Prüfung noch der Nacharbeit versucht, die Ursachen und Verursacher zu dokumentieren. Die einzige Kennzahl zu diesem Thema war der Anteil an Nacharbeit, der bei 9 % der produzierten Menge lag.

Bild 3.11 Prozessfluss

Durch die eingeschränkte Aussagekraft dieser Kennzahl konnten auch keine Maßnahmen ergriffen werden, die Ursachen für die Nacharbeit zu identifizieren und nachhaltig abzustellen. Mehr Transparenz sollte durch eine Neudefinition der Qualitätskennzahlen geschaffen werden.

Anwendung:

Im ersten Schritt musste definiert werden, wie in der Prüfung genauere Daten zu Ursachen und Verursacher gesammelt werden könnten. Die Mitarbeiter in diesem Prozessschritt hatten nicht das Fachwissen, um für alle Abweichungen eine genaue Zuordnung durchzuführen. Produktion, Technik und Qualität erstellten daher Tafeln, auf denen die häufigsten Abweichungen aufgezeigt wurden. Zu jedem Nacharbeitsgrund auf dieser Tafel wurde ein Code angegeben, mit dem Ursache und Verursacher verknüpft waren. Wurde ein Fehler anhand der Tafel identifiziert, musste in der Prüfung nur dieser Code angegeben werden. Bei seltener auftretenden Mängeln wurde das Teil auf einen extra dafür vorgesehenen Platz gelegt und gesperrt. In regelmäßigen Abständen wurden diese Produkte von Mitarbeitern der Qualitätsabteilung kontrolliert und Ursache und Verursacher bestimmt. Nach einigen Wochen hatte man ausreichend Daten, um eine genaue Zuordnung für die Erstellung des First Pass Yield zu ermöglichen.

In Bild 3.12 ist dargestellt, wo wie viel Prozent durch Ausschuss und Nacharbeit anfielen. Gegossene Gehäuseteile stellten das Ausgangsmaterial in diesem Fluss dar. Von 100 Stück, die gestartet wurden, wurden sieben im Prozessschritt Fräsen als Ausschuss verschrottet. Erst durch das Fräsen konnten bestimmte Gussfehler entdeckt werden. Der Verursacher war hier also nicht das Fräsen, sondern der

Lieferant der Gussteile. 1 % der Nacharbeitsgründe entstanden hier. Der größte Anteil der Nacharbeit wurde mit 6 % demnach in der Montage verursacht. Hier sollte
auch der erste Fokus für Maßnahmen zur Reduzierung der Nacharbeit gesetzt werden. Von den anfangs 100 Stück kamen nur 80 letztendlich ohne irgendwelche
Mängel an.

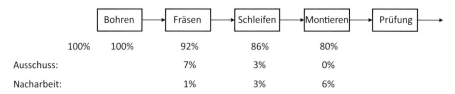

	Bohren		Fräsen		Schleifen		Montieren		Prüfung	
100%	100%		92%		86%		80%			
Ausschuss:			7%		3%		0%			
Nacharbeit:			1%		3%		6%			

Bild 3.12 Zuordnung von Ausschuss und Nacharbeit zu den Verursachern

Im zweiten Schritt mussten die Daten weiter verfeinert werden, um eine noch ein-
deutigere Zuteilung der Ursachen für Nacharbeit zu finden. Dazu wurde eine Qualitätsmatrix erstellt, die ausschnittsweise in Bild 3.13 dargestellt ist. Der Aufbau
dieser Matrix ist an das Konzept der Policy Deployment Matrix angelehnt. In der
Mitte nach oben wurden zuerst die Gründe für Nacharbeit eingetragen, wie sie
auch in der Prüfung aufgezeichnet wurden. Als Hauptgrund wurde in diesem Fall
„Fehlerhafte Montage Flansch" angegeben. Die Hypothese sollte sein, dass die
Gründe je nach Produkt und Montagezelle unterschiedlich gravierend sein sollten. Deshalb wurden nach links alle Produkte aufgeführt (nur ein Ausschnitt in
Bild 3.13) und nach rechts die fünf Montagezellen. Über einen Zeitraum von einem
Monat wurden alle Nacharbeitsfälle nicht nur bezüglich des Grundes, sondern
auch auf welches Produkt es zutraf und in welcher Zelle sie montiert wurde, ausgewertet. Dadurch konnte zum Beispiel ermittelt werden, dass der Grund „Fehlerhafte Montage Flansch" vermehrt bei Produkt 1 und Zelle 1 auftrat. Die eigentlichen Ursachen für diesen Nacharbeitsgrund wurden in einer Projektarbeit
erarbeitet und in der Mitte nach Unten in der Matrix eingetragen.

14	40	12	9	156	Grund 3	166	9	6	89	9	53
33	17	21	11	189	Grund 2	189	21	66	21	22	59
15	11	21	151	312	Fehlerhafte Montage Flansch	312	191	22	21	34	44
Produkt n	Produkt 3	Produkt 2	Produkt 1		Nacharbeitsgrund / Produkte × Linien / Ursache		Zelle 1	Zelle 2	Zelle 3	Zelle 4	Zelle 5

Bild 3.13 Ausschnitt aus Qualitätsmatrix zur Nacharbeit verursacht in der Montage

Mit der Kennzahl FPY und der Qualitätsmatrix wurde ausreichend Transparenz geschaffen, damit das Shopfloor Management in Zusammenarbeit mit den unterstützenden Bereichen sich auf die wesentlichen Ursachen für Nacharbeit konzentrieren konnte. Schrittweise konnte so die Notwendigkeit für Nacharbeit soweit abgebaut werden, dass der Prozessschritt „Nacharbeit" aus dem Prozessfluss entfernt werden konnte.

■ 3.5 Schlussfolgerungen

Praxisbeispiel 3.5 – Kennzahlen – Notwendigkeit für die Präsenz am Ort der Wertschöpfung

Zum Abschluss des Abschnitts zu Kennzahlen noch ein kurzes Beispiel, dass man sich nicht nur auf Kennzahlen verlassen sollte. Selbst wenn es ein ausgeklügeltes Kennzahlensystem gibt, das viel Transparenz bietet, soll es die Shopfloor Manager nicht von der Notwendigkeit der Präsenz am Ort der Wertschöpfung befreien. Im Lean-Sprachgebrauch gibt es daher auch für diesen Ort einen eignen Begriff – Genba. Kennzahlen können nicht alle möglichen Situationen abbilden.

Die Fabrik in diesem Praxisbeispiel war komplett nach Produktgruppen strukturiert. Diese bestanden aus für sich abgeschlossenen Fertigungsbereichen, die nach einem klaren Fluss aufgebaut waren. Ein Bereich hatte allerdings gravierende Probleme, die notwendigen Stückzahlen zu produzieren. Insgesamt bestand der Wertstrom aus fünf Prozessschritten, wovon der vorletzte Arbeitsplatz (Laserschneiden) den Engpass darstellte. Den Abschluss bildeten drei rein manuelle Montageplätze, die ausreichend Kapazität hatten. Um die Ursachen für die Lieferprobleme zu identifizieren, wurde der OEE des Laserschneidens analysiert. Dabei wurde festgestellt, dass die Verfügbarkeit keine besonderen Abweichungen beinhaltet. Die Effizienz hingegen lag weit unter dem, wo sie sein sollte. Eine längerfristige Auswertung der Maschinendaten über ein Six-Sigma-Projekt fand auch keine Begründung, wieso die Effizienz so schlecht war.

Eine Beobachtung vor Ort brachte allerdings ein überraschendes Ergebnis zu Tage. Zwischen Laserschneiden und Montage existierte ein Standardpuffer von 10 Teilen. Mehr als diese 10 Stück konnten nicht abgelegt werden. Prinzipiell gab es auch keine Notwendigkeit für mehr Puffer, da die Zykluszeiten der Montage klar unter denen des Schneidens lagen. Allerdings gab es an den drei Arbeitsplätzen nur eine Mitarbeiterin mit Erfahrung, die dort kontinuierlich arbeitete. Ansonsten wurden die Jobs im gesamten Werk sehr viel rotiert. So konnte es vorkommen, dass jeden Tag andere Mitarbeiter an diesen zwei Plätzen tätig waren. Sie mussten daher ständig die erfahrene Kollegin fragen, was sie wie machen sollten. Es war praktisch unmöglich, für alle drei Mitarbeiter die Standardzykluszeiten auch nur annähernd zu erreichen. Durch den limitierten Puffer riss der Fluss ständig ab und der Laser musste gestoppt werden.

Jeder war so darauf fokussiert, den Fehler im Laser zu finden, dass auch nur der OEE und die Maschinendaten verwendet wurden. Manchmal ist es immer noch wirkungsvoller für das Shopfloor Management, sich die Prozesse vor Ort anzusehen und zu verstehen, wie gearbeitet wird.

Fazit aus den Praxisbeispielen

- Kennzahlen für sich alleine sind häufig ein Selbstzweck und werden nur zum Berichten bzw. zur Rechtfertigung verwendet. Sie sollten allerdings als Werkzeug dienen, um Transparenz zu schaffen bezüglich:
  - der Höhe der Abweichung vom Standard
  - der Quellen für Verbesserungen
  - der Auswirkung von Maßnahmen
- Kennzahlen müssen an die jeweilige Situation und Ebene, in der sie verwendet werden, angepasst sein. Für das Erreichen der operativen und strategischen Ziele muss die richtige Mischung an Kennzahlen gefunden werden. Es bedarf daher einiger Überlegung, ein Kennzahlensystem zu entwickeln, dass an die Gegebenheiten des Unternehmens angepasst ist. Damit können sich alle Betroffenen mit ihren Kennzahlen identifizieren und sie geben ihnen eine Orientierungshilfe für ihre Handlungen.
- Kennzahlen bilden eine der wichtigsten Grundlagen für das Shopfloor Management, um die richtigen Entscheidungen zu treffen. Sie sollten aber die Präsenz am Ort der Wertschöpfung und ein Verständnis der Abläufe in der Produktion nicht ersetzten. Nur beides zusammen ergibt ein zielgerichtetes Shopfloor Management.

4 Visuelles Management und Regelkreise

Im zweiten Kapitel wurde detailliert beschrieben, was die wichtigsten Standards in der Produktion sind und wie diese genutzt werden können. Sinnvolle Standards können allerdings ihren Zweck nur erfüllen, wenn sie eingehalten werden. Dieses Kapitel beschäftigt sich mit zwei weiteren, bedeutenden Punkten im Zusammenhang mit Standards. Wie kann durch ein visuelles Management die Einhaltung der Standards unterstützt werden? Und wenn dieses mit Kennzahlen kombiniert wird, wie kann die Einhaltung gemessen werden und wie kann dies zur Verbesserung der Standards führen. Damit werden alle drei Komponenten Standards, Kennzahlen und Visualisierung Teil von Regelkreisen. Dieses Kapitel unterteilt sich entsprechend in diese beiden Abschnitte:

- Visuelles Management zur Einhaltung von Standards
- Visuelles Management und Regelkreise des Shopfloor Managements

4.1 Visuelles Management zur Einhaltung von Standards

Eine einfache und klare Beschreibung eines Standards erhöht die Wahrscheinlichkeit, dass dieser von den Mitarbeitern eingehalten werden kann und dass sie ihn auch einhalten wollen. In der Praxis haben sich zahlreiche simple Methoden der Visualisierung entwickelt, die genau dies erreichen sollen. Die wichtigsten sollen auf den nächsten Seiten erklärt werden.

 Visuell aufbereitete Arbeitsanweisungen

Arbeitsanweisungen werden bei zahlreichen Firmen immer noch in reiner Textform dargestellt. Mitarbeitern werden ein, zwei oder sogar viel mehr Seiten zur Verfügung gestellt, in denen minutiös beschrieben wird, wie eine gewisse Tätigkeit ausgeführt werden soll. Die Wahrscheinlichkeit ist viel größer, dass die Mitarbeiter tatsächlich mit den Arbeitsanweisungen arbeiten, wenn sie auf Bilder oder Darstellungen aufgebaut werden.

Diese werden direkt an den Arbeitsplätzen angebracht, damit sich die Mitarbeiter jederzeit an diesen orientieren können. Für neue Mitarbeiter stellen sie eine einfache Hilfe dar, das gerade Gelernte noch einmal durch ein Bild zu bestätigen. Bei zahlreichen Produktvarianten geben sie zusätzlich die Möglichkeit, eventuell kleine, wichtige Unterschiede zwischen den Ausführungen noch einmal nachzusehen.

Bei der Verwendung dieser Art von visuellen Arbeitsanweisungen werden zumeist zwei Punkte angeführt, die deren Einsatz erschweren:

- Je höher die Produktvielfalt, umso schwerer wird es, immer die richtige Arbeitsanweisung am Arbeitsplatz zu haben. Werden an einer Anlage nur sehr wenige Varianten produziert, so ist es einfach, für alle eine Arbeitsanweisung vor Ort zu haben. Hier vier Ansätze aus der Praxis, wie häufig bei einer hohen Variantenvielfalt verfahren wird:

  - Jeder Arbeitsplatz (oder ein zentraler Punkt im Bereich) hat einen Ordner, in dem alle Arbeitsanweisungen abgelegt sind. Im Bedarfsfall sucht sich der Mitarbeiter die entsprechende Anweisung heraus und hängt sie an einem vorgesehenen Bereich an seinem Arbeitsplatz auf. Damit wird sicher zusätzliche, nicht-wertschöpfende Zeit verursacht, wie zum Beispiel Suchen oder Bewegen.

  - Mit den Auftragspapieren wird auch die Arbeitsanweisung mitgeliefert. Diese kann dann genauso wie im obigen Beispiel am Arbeitsplatz angebracht werden. Dadurch entsteht eine Unmenge an zusätzlichem Druckaufwand und Papier.

  - In Kapitel 2 wurde bereits auf die Möglichkeit von modularen Arbeitsanweisungen in einem Umfeld mit hoher Produktvielfalt und geringen Stückzahlen eingegangen. Permanent sind einige Komponenten der Anweisung am Arbeitsplatz aufgehängt. Variantenspezifische Beschreibungen könnten zum Beispiel wieder mit den Arbeitspapieren mitgeliefert werden.

  - Digitale Medien ermöglichen eine papierlose Produktion. Es werden keine klassischen Auftragsunterlagen und Arbeitsanweisungen in Papierform zur Verfügung gestellt. Der Mitarbeiter ruft nur noch über einen Bildschirm an seinem Arbeitsplatz die entsprechenden Unterlagen in digitaler Form auf. In der Arbeitsvorbereitung oder der Technik muss nur noch gewährleistet werden, dass für alle Varianten die notwendigen Informationen und Standards abgelegt wurden.

- Bei Änderungen eines Produktes ist nicht sichergestellt, dass die Mitarbeiter mit dem richtigen Standard (oder: mit dem aktuellen Stand) arbeiten. Produktänderungen gehören in manchen Industrien mehr zum Alltag als in anderen. Auch kann es in manchen problematischer sein als in anderen, wenn in der Produktion eine Änderung nicht zeitnah berücksichtigt wird.

Ein einfaches Beispiel dazu: In der Arbeitsanweisung wurde angegeben und visuell dargestellt, dass bei einer Verschraubung eine Mutter mit einer gewissen Höhe verwendet werden musste. Beim Kunden gab es eine Produktänderung, die eine Änderung der Mutternhöhe bedingte. Auf dem Fertigungsauftrag stand die korrekte Mutternhöhe, auf der Arbeitsanweisung befand sich immer noch die alte. Der Mitarbeiter arbeitet gemäß der nicht-aktualisierten Arbeitsanweisung und verwendete die falsche Höhe. Das Ergebnis war eine Nacharbeit des gesamten Loses.

Im Prozess des Änderungsmanagements muss ein Schritt berücksichtigt werden, wie die Arbeitsanweisungen am neuesten Stand gehalten werden können. Dies ist ein kritischer Punkt, der häufig nicht reibungslos funktioniert.

Praxisbeispiel 4.1 – Arbeitsanweisung mit analoger Darstellung

Anwendung:

In Bild 4.1 ist ein typisches Beispiel eines Arbeitsplatzes eines Automobilzulieferers zu sehen. Der Textanteil hält sich in Grenzen und es wurde versucht, so viel als möglich mit Bildern darzustellen. Damit sich ein Mitarbeiter immer an den Arbeitsanweisungen orientieren konnte, wurden sie im unmittelbaren Blickfeld angebracht. Während eines Rüstvorganges wurden diese für den entsprechenden Artikel ausgewechselt.

Bild 4.1 Beispiel von visuellen Arbeitsanweisungen direkt am Arbeitsplatz

Die Arbeitsinhalte selber stellen keine so große Herausforderung dar und die Anlernzeit gestaltete sich sehr kurz. Es gab jedoch zwei Kriterien, warum die Arbeitsanweisungen im unmittelbaren Blickfeld der Mitarbeiter sein sollten:

- Mitarbeiter wechselten sehr häufig zwischen Arbeitsplätzen. Es konnte durchaus vorkommen, dass eine Person für ein paar Stunden an einem Arbeitsplatz arbeitete und dann ein paar Stunden an einem anderen. Es musste durch einen einfachen Blick auf die Arbeitsanweisungen möglich sein, die Arbeitsschritte wieder „abzurufen".
- Die Unterschiede zwischen einzelnen Varianten waren sehr gering. In der visuellen Darstellung musste besonders darauf geachtet werden, dass diese hervorgehoben wurden.

Da es in diesem Unternehmen immer schwieriger wurde, mit dem Anstieg der Variantenvielfalt und der Produktänderungen umzugehen, musste eine flexible Lösung für die Arbeitsanweisungen gefunden werden. Schrittweise wurden alle Arbeitsplätze mit Monitoren ausgestattet (links in Bild 4.1), über die die Mitarbeiter Zugang zu den Arbeitsanweisungen hatten. Sie hatten damit Zugriff auf eine Datenbank mit allen benötigten Unterlagen.

 Bodenmarkierungen und Beschilderung

Es wurde in den vorherigen Kapiteln und Abschnitten immer wieder erwähnt, dass Mitarbeiter und Shopfloor Manager nicht unerhebliche Zeit damit verbringen, Aufträge, Material, Werkzeuge etc. zu suchen. Speziell beim Thema Materialfluss wurde dies beschrieben. Bild 4.2 zeigt typische Beispiele, wie Material unkontrolliert abgestellt wird, wenn es keine klaren Markierungen und Beschilderungen gibt. Suchen und Umschichten sind typische nicht-wertschöpfende Tätigkeiten, die sich daraus ergeben.

Um die Einhaltung der Standards eines Materialflusskonzeptes zu gewährleisten, müssen Stellflächen oder Regalplätze eindeutig markiert sein. Es sollte für alle sofort ersichtlich sein, was wo abgestellt werden soll. Striche am Boden ziehen oder Schilder an einem Regal aufhängen sind dabei zumeist nicht die Herausforderung. Diese liegt in der Abstimmung innerhalb eines Gesamtkonzeptes, um den Anteil an nicht-wertschöpfenden Tätigkeiten zu reduzieren und Abläufe zu stabilisieren. Sie sind eine ganz wichtige Komponente, damit sich Such- und Handlingsaufwand auf ein Minimum reduzieren.

Bild 4.2 Beispiele für mangelhafte Nutzung von Bodenmarkierungen

Praxisbeispiel 4.2 - Visuelle Unterstützung der Einhaltung des Materialflusskonzeptes

Ausgangssituation:

In Fallstudie 2.10 wurde ein neues Materialflusskonzept implementiert. Um es für die Mitarbeiter einfacher zu gestalten, sich an die Vorgaben dieses Konzeptes zu halten, wurden mehrere visuelle Hilfsmittel verwendet.

Anwendung:

Jede Reihe in den Regalen wurde beschildert (linkes Foto in Bild 4.3). Auf diesen Schildern wurden zum Beispiel interner Lieferant und Kunde und alle betroffenen Teilenummern angegeben. Zusätzlich wurde jede Kiste mit der Bezeichnung versehen, an welche Anlage dieses Material weiterverarbeitet werden sollte. Die Mitarbeiter erkannten damit sofort, wo sie welchen Behälter abstellen sollten.

An allen Anlagen wurden Bodenmarkierungen angebracht (mittleres Bild). Damit wurde klar der Wareneingang und -ausgang definiert. Material durfte im Produktionsbereich an keinem anderen Punkt abgestellt werden. Befand sich ein Behälter an einer nicht-markierten Stelle, wusste der Vorarbeiter sofort, dass der Standard nicht eingehalten wurde.

Bild 4.3 Beispiele von Visualisierung im Materialflusskonzept

An den Regalen wurden die Arbeitsanweisungen für den jeweiligen Abschnitt des Materialflusses angebracht (rechtes Foto in Bild 4.3). Speziell in der Einführungsphase stellte sich dies für die Mitarbeiter als sehr hilfreich dar. Sie konnten jederzeit noch einmal nachsehen, wie der Ablauf genau gestaltet war.

All diese visuellen Hilfsmittel wurden zur Unterstützung des neuen Materialflusskonzeptes definiert. Für sich alleine hätten sie wahrscheinlich nicht sehr viel an der Situation geändert, dass Material unkontrolliert abgestellt wurde.

Praxisbeispiel 4.3 - Bodenmarkierung als Signal in einem Kanban-System

Ausgangssituation:

Bei einem Zulieferer der Automobilindustrie wurden Komponenten geschweißt, lackiert und anschließend montiert. Ausgehend vom Montieren sollte ein Kanban-Regelkreis aufgebaut werden bis zum Schweißen. Nachdem die Anzahl der Kanban und damit die Größe der Puffer berechnet worden waren, musste bestimmt werden, wie das Signal aussehen könnte (zur genaueren Erklärung des Aufbaus eines Kanban-Systems siehe Fallbeispiel 2.10.).

Anwendung:

Der Puffer sollte die Verknüpfung von Lieferanten (Schweißen) mit Kunden (Montage) darstellen. Somit befand er sich genau zwischen diesen beiden Bereichen. Mit einem einfachen System sollte es beim Schweißen jederzeit ersichtlich sein, ob noch ausreichend Bestand von jedem einzelnen Artikel vorhanden war oder welcher als nächstes gefertigt werden sollte. Im klassischen Aufbau eines Kanban-Systems werden drei unterschiedliche Farben verwendet, um dies anzuzeigen.

Rote, gelbe und grüne Karten im Kanban

Auch im Kanban stellt visuelles Management eine wichtige Komponente dar. Ein Teil davon ist die Verwendung von drei verschiedenen Farben, mit denen die Reichweite des Bestands dargestellt werden soll. Eine Kanban-Tafel reflektiert normalerweise auch diese drei Farben.

- Grün = Kann: Noch ausreichend Bestände vorhanden, keine Produktion notwendig, es kann allerdings produziert werden.
- Gelb = Soll: In diesem Bereich sollte zu produzieren begonnen werden. Die Obergrenze (Anzahl der grünen Karten) ergibt sich aus der tatsächlichen Lieferzeit bzw. der eigentlichen Produktionsdurchlaufzeit.
- Rot = Muss: Sicherheitsbestand wurde verwendet. Sofortige Produktion und mögliche Sondermaßnahmen müssen ergriffen werden.

Häufig wird in einem Kanban-System eine Tafel verwendet, in der jeder Kanban-Artikel einen Abschnitt hat, in den die Karte des verbrauchten Teils gesteckt wird. Entweder sind diese Abschnitte mit den drei Farben unterteilt oder die Karten selbst sind grün, gelb oder rot. In diesem Fall wurde dieses Prinzip auf die Bodenmarkierungen übertragen (Bild 4.4).

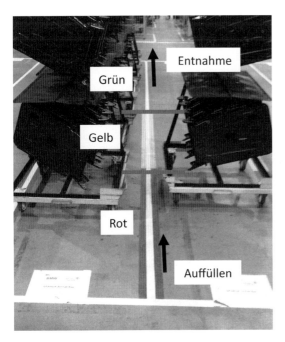

Bild 4.4 Bodenmarkierungen als Signal in einem Kanban-System (in Aufbauphase, daher sind nicht alle Plätze voll/korrekt besetzt)

Jede Schweißanlage hatte einen bestimmten Abschnitt in dem Puffer. In diesen Bereichen hatte jeder Artikel, der einem Schweißer zugeordnet war, auch jeweils eine oder mehrere Bahnen. Um festzustellen, welcher Artikel als nächstes geschweißt werden sollte, ging der Mitarbeiter zum Puffer. Dort wurde ihm durch die Bodenmarkierungen in drei Farben die Priorität vorgegeben, wie sie im Kasten oben beschrieben wurde. Die Anzahl der leeren Stellplätze bestimmte die jeweilige Losgröße.

Vom Schweißen gingen die Teile direkt in die Lackierung. Von dort wurden sie von einem Logistikmitarbeiter zum Pufferplatz gebracht. Durch das Auffüllen des Puffers wurden die Gestelle innerhalb der Bahnen weitergeschoben. Dies gewährleistet das Einhalten von First-In-First-Out.

 Fazit aus den Fallbeispielen

- Jede Art von Standard kann und sollte nach Möglichkeit auch durch visuelle Hilfsmittel dargestellt werden. Damit können sie einerseits unmittelbar am Arbeitsplatz den Mitarbeitern eine Unterstützung bei der Durchführung ihrer Tätigkeiten bieten. Andererseits kann ein Shopfloor Manager auch einfacher und schneller Abweichungen erkennen. Den möglichen Ausführungen der Visualisierung ist dabei kaum eine Grenze gesetzt und kann je nach den Ansprüchen der Standards und der Arbeitsplätze gestaltet sein. Sinnvoll ist es allerdings, auch für die verwendete Visualisierung einen Standard zu definieren (z. B. Formulare für Arbeitsanweisungen oder Standardlayout für Produktionstafeln).

- Gibt es in einem Fertigungsbereich zahlreiche Arbeitsanweisungen und werden diese auch noch häufig geändert, kann eine Umstellung auf eine digitale Darstellung vorteilhaft sein. Damit sollte die Wahrscheinlichkeit, dass mit veralteten Anweisungen gearbeitet wird, drastisch reduziert werden. Zusätzlich geht der Aufwand für das Austauschen von überarbeiteten Dokumenten auf null.

- Ein Materialflusskonzept funktioniert zumeist nur, wenn es durch die entsprechende Visualisierung unterstützt wird. Damit soll den Mitarbeitern klar aufgezeigt werden, was wo abgestellt werden soll.

■ 4.2 Visuelles Management und Regelkreise des Shopfloor Managements

Das beste Kennzahlensystem für sich alleine stellt nicht sicher, dass die operativen und strategischen Ziele erreicht werden. Erst in Kombination mit der entsprechenden Visualisierung und darauf aufbauend den zielgerichteten Shopfloor Management Regelkreisen wird dies ermöglicht. Mit Hilfe der Kennzahlen wird Transparenz geschaffen, um den Stand der Ergebnisse im Verhältnis zu Zielvorgaben aufzuzeigen. Mit einer Visualisierung sollen diese Erkenntnisse so dargestellt werden, dass alle Betroffenen sie so zeitnah als möglich erkennen und besser verstehen können. Die Regelkreise des Shopfloor Managements transferieren diese Erkenntnisse in zielgerichtete Aktionen. Die Kennzahlen spiegeln dann die Ergebnisse dieser Aktionen wider.

Wir unterscheiden dabei drei verschiedene Ebenen der Regelkreise, die aufeinander aufbauende Werkzeuge zur Visualisierung verwenden. Die erste Stufe liegt auf der Ebene der einzelnen Prozessschritte, Teams oder Gruppen von Arbeitsplätzen. Dort werden Produktionstafeln unmittelbar an den jeweiligen Arbeitsplätzen verwendet, mit denen in kurzen Intervallen (normalerweise eine oder zwei Stunden) der Produktionsfortschritt dargestellt wird. Durch diese Kommunikation zwischen Mitarbeitern und den Shopfloor Managern vor Ort soll auf mögliche Abweichungen kurzfristig reagiert werden können.

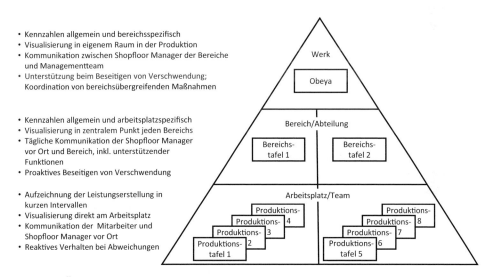

Bild 4.5 Übersicht der drei Ebenen an Regelkreisen

In den Bereichstafeln werden die Informationen der einzelnen Produktionstafeln zusammengefasst und als Kennzahlen dargestellt. In täglichen Besprechungen sollen Aktivitäten eingeleitet werden, um die in Ebene 1 aufgezeigte Verschwendung zu beseitigen. Bei Bedarf werden diese Aktivitäten auf der Werksebene kommuniziert oder koordiniert bzw. wird Unterstützung für die Umsetzung eingefordert. Für die Besprechung auf dieser Ebene wird ein eigener Raum, der Obeya genannt wird, eingerichtet, in dem alle notwendigen Daten und Informationen visualisiert dargestellt werden. Wie dies in der Praxis im Detail aussehen kann, soll mit den folgenden Fallbeispielen erläutert werden.

Praxisbeispiel 4.4 – Regelkreise 1 & 2 – Identifizieren von Störungsgründen

Ausgangssituation:

Sehr oft gibt es die Situation, dass die Ausbringungsmenge eines Bereiches starken Schwankungen unterliegt. Eine Hauptursache können instabile Prozesse sein. Bevor also überhaupt an die Erhöhung des Durchsatzes gedacht werden kann, muss eine Stabilisierung stattfinden. Durch zahlreiche kleine Störungen kommt es zu starken Schwankungen in der Ausbringungsmenge, die jede Art von Planung sehr schwierig macht. Womit soll man planen, wenn an einem Tag der OEE bei 54 %, am nächsten bei 76 % und am dritten bei 32 % liegt? Genau diese Situation liegt in diesem Fallbeispiel vor, bei dem es um eine Montagelinie mit sehr geringen Varianten und hohen Stückzahlen geht.

Ein wichtiger Aspekt einer Linienfertigung ist, dass ein gewisser, stabiler Rhythmus in allen Arbeitsstationen gewährleistet sein muss, da sie alle verknüpft sind. Kommt ein Arbeitsplatz aus dem Rhythmus, hat dies durch das Fehlen oder die geringe Anzahl an Pufferplätzen sofort negative Auswirkungen auf alle anderen Stationen. Die vorherigen Schritte werden gestoppt, da ihre Arbeit nicht abfließt und die folgenden, weil sie kein Material mehr bekommen. Nach einem Stopp dauert es meistens einige Zyklen, bis die Mitarbeiter wieder in den notwendigen Rhythmus kommen. Bei einem ständigen Stopp und Start ist dies fast unmöglich, was sich auch als frustrierender Faktor für alle Mitarbeiter an der Linie herausstellen sollte. Für jedes Produktionsumfeld ist die Instabilität von Prozessen problematisch, kann allerdings durch Bestände „versteckt" werden. In diesem Fall gab es keine Puffer zwischen den einzelnen Stationen.

Folge davon war, dass die tägliche Ausbringung stark schwankte (Bild 4.6). „Tägliche Ausbringung" stellte das operative Ziel mit 1.200 Stück und damit eine der wichtigsten Kennzahlen der Linie dar. Tatsächlich schwankte die Menge allerdings zwischen 600 und maximal 1.280 Stück während eines Betrachtungszeitraumes von drei Monaten. Die 30 Tage in Bild 4.6 spiegeln die Situation gut wider. Positiv gesehen wurde, dass an manchen Tagen der Zielwert erreicht oder sogar überschritten wurde. Dies bestätigte, dass die Linie die notwendigen Stückzahlen auch produzieren konnte, allerdings nicht auf einem konstanten Niveau.

Es gab zahlreiche Maßnahmen an dieser Linie, Stillstände zu beseitigen, doch war dies mehr ein Reagieren als ein Agieren. Kam es zu einer Störung, wurde diese von der Instandhaltung beseitigt. Wurde ein Qualitätsproblem in der Endkontrolle an der Linie festgestellt, so kam es entweder zur Verschrottung oder Nacharbeit. Es gab das typische Problem, dass jeder zu sehr damit beschäftigt war, die Verluste wieder wettzumachen, als sie zu vermeiden. Die Frage war nun, wie könnten die Prozesse und damit die tägliche Ausbringung stabilisiert werden.

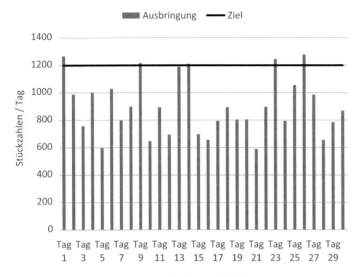

Bild 4.6 Kennzahl „Tägliche Ausbringung" Soll vs. Ist

Anwendung:

Die Stabilisierung der Linie sollte über einen Umweg erfolgen. Den Vorgesetzten in der Produktion fehlte die notwendige Transparenz, um die Probleme an der Linie gezielt und nachhaltig zu beseitigen. Die Montagelinie wurde als Pilotprojekt für ein neues, visuelles Shopfloor Management Konzept bestimmt, das bei Erfolg in der gesamten Produktion Anwendung finden sollte. Dieses Werkzeug bestand aus drei wichtigen Komponenten:

- Produktionstafeln
- Bereichstafel
- tägliche Produktionsbesprechungen

In den meisten Produktionen können einzelne oder auch alle drei Bestandteile des Systems, welches im Folgenden beschrieben wird, gefunden werden. Die Frage ist allerdings, wie damit umgegangen wird und wie die einzelnen Bestandteile miteinander verknüpft sind. Die Tafeln alleine verändern noch nichts. Auch können keine Besprechungen Verbesserungen umsetzen. Wir werden jedoch sehen, wie alle zusammen als ein Gesamtsystem gravierende Veränderungen erreichen können.

 Produktionstafeln

Die Produktionstafel ist die erste Komponente, die wir uns ansehen. In Bild 4.7 ist der prinzipielle Aufbau dieser Tafel dargestellt.

Zeit	Menge				Stillstand (Minuten)								Ausschuss (Stück)								Maßnahme
	stündlich		kummuliert		Stillstand 1	Stillstand 2	Stillstand 3	Stillstand 4	Stillstand 5	Stillstand 6	Stillstand 7	Sonstiges	Ausschuss 1	Ausschuss 2	Ausschuss 3	Ausschuss 4	Ausschuss 5	Ausschuss 6	Ausschuss 7	Sonstiges	
	Soll	Ist	Soll	Ist																	
Teamleiter:					Schicht								Datum								
5-6																					
6-7																					
7-8																					

Bild 4.7 Prinzipieller Aufbau der Produktionstafel

In stündlichen Zeitintervallen wurde ein Sollwert vorgegeben, welche Stückzahl erreicht werden sollte. Da in diesem Fall alle Varianten dieselbe Zykluszeit hatten, änderte sich auch das Ziel nicht. Wir werden noch zu einem Fallbeispiel kommen, in dem die Situation nicht ganz so einfach sein sollte. Wurde das Ziel in einer Stunde nicht erreicht, so musste angegeben werden, was der Grund dafür war. Dafür wurden die wichtigsten Stillstand- und Ausschussgründe vorgegeben und es musste in die jeweilige Spalte nur eingetragen werden, wie viele Minuten oder Stück verloren wurden. Im letzten Abschnitt konnten kurzfristig eingeleitete Maßnahmen vermerkt werden. Dieser letzte Punkt diente hauptsächlich zur Kommunikation zwischen den einzelnen Schichten. Damit wusste zum Beispiel der Teamleiter von Schicht 2, ob in Schicht 1 bereits Maßnahmen zu einem Störgrund eingeleitet worden waren.

Viele Leser werden sich nun sicherlich denken, dass sie so etwas schon lange führen. Auch in diesem Unternehmen gab es solche Tafeln bereits (Bild 4.8), und jeder der 14 Bereiche hatte auch seine eigene Version entwickelt. Die existierenden Tafeln hatten jedoch folgende Schwachstellen:

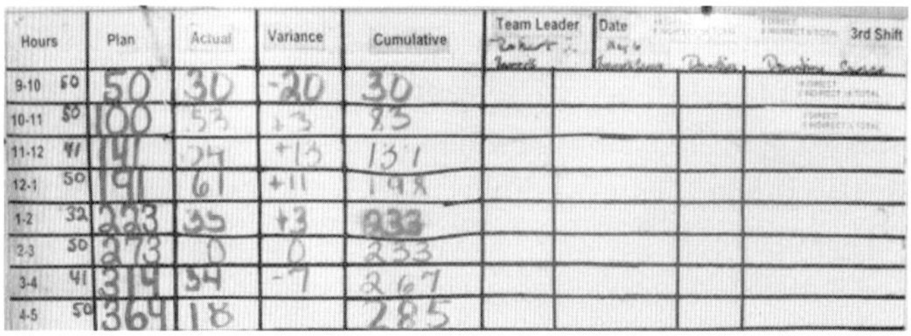

Bild 4.8 Alte Produktionstafel an der Montagelinie

Für die Erklärung der Abweichungen Soll/Ist gab es nur Kommentarspalten. Es existierte keine Vorgabe oder ein Standard, wie z. B. ein Stillstandgrund bezeichnet werden sollte. Dadurch ergaben sich für ein und dieselbe Ursache verschiedenste Benennungen. Einerseits mussten die Mitarbeiter immer überlegen, wie sie eine Begründung formulierten. Andererseits war eine Auswertung nur mit großem Aufwand möglich. Ein Stillstand konnte zum Beispiel verursacht werden, da kein Material vorhanden war. Als Begründung könnte auf der Tafel stehen: „kein Material", „fehlendes Material", „Materialmangel", etc. Ein Pareto der Stillstandsgründe mit solchen Angaben zu erstellen, ist eine Herausforderung. Wie in Bild 4.8 zu sehen ist, führte dies dazu, dass sehr oft keinerlei Begründung für eine Abweichung eingetragen wurde. Da die Mitarbeiter keine tatsächliche Verbesserung sahen, war die Motivation mit der Tafel zu arbeiten, sehr gering.

Die Teamleiter mussten die Daten und Informationen von den Tafeln am Ende der Schicht in eine Excel-Tabelle übertragen. Diese wurden allerdings in keinerlei Weise verwendet. Und das ist der Hauptkritikpunkt an den meisten Tafeln, die in der Produktion gefunden werden können. Niemand arbeitet mit diesen Informationen und nutzt sie schon erst recht nicht für die gezielte Beseitigung von Verschwendung.

Mit der neuen Tafel (Bild 4.9) sollte ein Neustart initiiert werden, der beide Mängel beseitigen sollte. Zuerst zum Aufbau und dem Ausfüllen der Tafel.

Statt einer Kommentarspalte wurden spezifische Gründe für Stillstände und Ausschuss vorgegeben. Diese wurden auf der Tafel auf jeweils sieben plus einem „Sonstigen" limitiert. Im Vorfeld mussten demnach die Hauptgründe für Abweichungen definiert werden. Nach einiger Zeit begann das System zu funktionieren und gewisse Gründe für Verschwendung verschwanden oder wurden unbedeutend. Geschah dies, mussten sie durch andere ersetzt werden, die bis dahin unter „Sonstiges" geführt wurden. Wie Bild 4.9 zeigt, traten einige der „Rework"-Gründe nach mehreren Wochen der Einführung nicht mehr auf und die letzte Spalte „Other" wurde zum größten Faktor. Aus dieser Kategorie mussten nun Ursachen ausgewählt werden, die in die Spalten der Vorgaben nachrücken würden. Das Ausfüllen und die Auswertung wurden damit wesentlich vereinfacht. Zusätzlich konnte sich das Shopfloor Management auf die wichtigsten Ursachen für Ausschuss und Stillstände konzentrieren. Ein häufiger Fehler ist, dass alle Gründe für Verschwendung zugleich bearbeitet werden. Dabei besteht die Gefahr, dass an allem gearbeitet und nichts abgeschlossen wird.

Eine ähnliche, häufig angewandte Lösung ist die Verwendung von Codes. Kommt es zu einer Abweichung, wird nur der entsprechende Code für die Ursache plus der Höhe der Verluste eingetragen. Dies ist sicherlich ein praktikabler Ansatz, solange sich die Anzahl der Codes in Grenzen hält. Nicht selten kommt es vor, dass dutzende Ursachen in einer Liste aufgeführt werden. Die Mitarbeiter müssen diese Listen dann immer nach den richtigen Codes durchsuchen.

Das ursprüngliche Ziel der Verbesserung war, wie eingangs erwähnt, die Ausbringung zu stabilisieren. In Bild 4.9 ist klar zu erkennen, dass man sich nach einiger Zeit bereits auf sehr gutem Weg befand. Die Linie wurde schon so stabil, dass die stündlichen Ziele fast immer erreicht oder überschritten wurden (von 10 bis

13 Uhr in Bild 4.9). Zur visuellen Unterstützung wurden negative Abweichungen mit rot eingetragen. Wurde das Ziel erreicht oder überschritten, wurde ein grüner Stift verwendet. Mitarbeiter und Shopfloor Manager konnten damit bereits aus einiger Distanz erkennen, wie der aktuelle Stand der Zielrichtung war. Nachdem sich diese positive Entwicklung der Stabilität bestätigte, wurde das Ziel im nächsten Schritt auf 60 Stück erhöht.

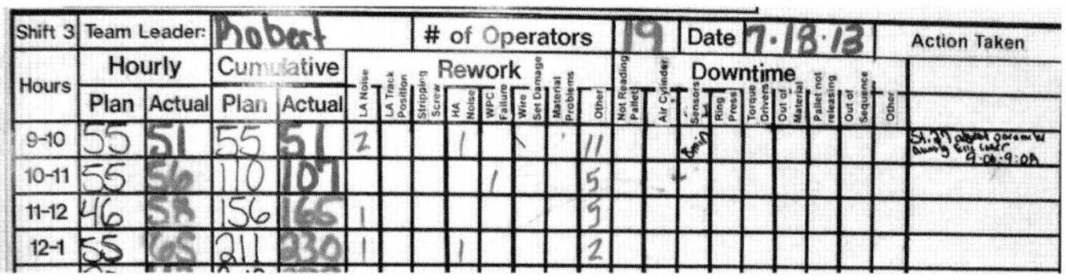

Bild 4.9 Neue Produktionstafel an der Montagelinie

Die prinzipiellen Aufgaben solch einer Produktionstafel können sich wie folgt zusammenfassen lassen:

Aus Sicht der Mitarbeiter ist es eine Möglichkeit, die Gründe zu kommunizieren, warum sie die vorgegebenen Ziele nicht erreichen. Sie können damit aufzeigen, was sie tagtäglich vom Erfüllen ihrer Arbeit abhält und dass sie die Unterstützung der Vorgesetzten brauchen, um dies zu beseitigen.

Zusätzlich kann es für die Mitarbeiter auch eine positive Auswirkung auf die Motivation haben. Dies hängt zum einen mit dem Erreichen der Ziele zusammen, was in diesem Fall ein wichtiger Faktor sein sollte. Dass sie am Ende einer Schicht so gut wie nie die geforderten Stückzahlen erreichten, hinterließ seine Spuren in der Motivation der Mitarbeiter. Als die Produktionstafeln aufgehängt wurden und offensichtlich aktiv an den Gründen für die Abweichungen gearbeitet wurde, steigerte sich das Interesse an den Zahlen der Linie. Jede Stunde richtete sich der Blick aller Mitarbeiter auf die Tafel, wenn der Teamleiter die aktuellen Zahlen aufschrieb. Von den meisten Arbeitsplätzen konnten die genauen Zahlen nicht erkannt werden. Sie konnten allerdings sehen, ob sie grün oder rot waren. Über die Monate entwickelte sich eine wesentlich stärkere Identifikation mit der Arbeit und dem Verbesserungsprozess bei den Mitarbeitern. Hauptfaktor dazu war, dass sie selber an den Tafeln sehen konnten, dass sich tatsächliche, positive Effekte ergaben. Und sie hatten durch ihre Arbeit und ihren Input bei Abweichungen einen gravierenden Anteil.

Für den Shopfloor Manager ist es ein visuelles Hilfsmittel, um zu erkennen, ob die Ziele erreicht werden oder nicht. Gibt es Abweichungen, so muss er relativ zeitnah reagieren und Maßnahmen einleiten. Die Tafel sollte demnach so aufgehängt werden, dass sie auch gesehen werden kann, wenn man nicht unmittelbar in diesem Produktionsbereich steht.

Neben der Unterstützung des Fertigungsbereiches beim Erreichen der operativen Ziele spielt die Tafel eine bedeutende Rolle bei der Beseitigung von Verschwendung. Sie ist die Quelle der Daten, die zur Erkennung des Verbesserungspotenzials benötigt werden. Daher müssen die täglichen Aufzeichnungen in ein System übertragen werden, wo sie in verwertbare Daten und Informationen umgewandelt werden können. Die Übertragung wurde in diesem Fall am Ende der Schicht vom Teamleiter durchgeführt. Dieser administrative Aufwand stellt auch einen kritischen Punkt bei der Anwendung solcher Tafeln dar. Dazu ein paar Gedanken:

▪ Ist es notwendig, an allen Anlagen oder Arbeitsplätzen solch eine Tafel aufzuhängen? Falls sehr viel Verschwendung in den Prozessen steckt und für lange Zeit keine Maßnahmen getroffen wurden, kann sehr viel Nachholbedarf an Verbesserungen vorliegen. Mit einem Schlag würden zahlreiche Aktivitäten definiert werden, die die Organisation überlasten könnten. In solch einer Situation kann es durchaus Sinn machen, zuerst mit den kritischsten Anlagen zu beginnen. Sollte jeder Prozessschritt mit einer Produktionstafel ausgestattet werden, kann trotzdem eine Unterteilung in kritische und nicht-kritische Schritte erfolgen. Alle Daten der kritischen Arbeitsplätze könnten ausgewertet und verwendet werden. An den nicht-kritischen Schritten könnte man sich auf die Verwendung der Produktionstafeln beschränken, um die aktuelle Situation bezüglich Abweichungen im Auge zu behalten. Mit beiden Ansätzen könnte sich der Aufwand bezüglich des Übertragens der Daten auf die Prozessschritte konzentrieren, wo der größte Bedarf ist.

▪ Wer führt die Datenübertragung von den Tafeln in ein System oder eine Datenbank durch? In zahlreichen Unternehmen wird dies vom unmittelbar verantwortlichen Shopfloor Manager gemacht. Argument dafür ist, dass sich diese Person auch zeitgleich mit den Daten auseinandersetzt. Es stellt noch einmal eine Zusammenfassung des Tages dar und kann als Vorbereitung für die Produktionsbesprechung gesehen werden. Argument dagegen ist, dass die Zeit des Shopfloor Managers zu wertvoll für solch administrative Tätigkeiten ist. Mit der adäquaten Präsenz vor Ort sollte auch keine Notwendigkeit für diese „Reflexion" des Tages notwendig sein. Die Übertragung könnte in diesem Fall von einer administrativen Unterstützung erledigt werden.

▪ Sollen die Daten manuell oder digital erfasst werden? In sehr vielen Unternehmen wird diskutiert, ob bereits am Punkt der Wertschöpfung die Daten digital erfasst werden sollen. Die Produktionstafel könnte also digital gestaltet sein oder komplett entfallen. Wie dies aussehen kann und welche Vor- oder Nachteile beide Erfassungsmöglichkeiten haben, ist zentraler Bestandteil des nächsten Abschnittes. Rein aus der Perspektive des Aufwandes für die Erfassung und Übertragung der Daten würde ein digitales System alles wesentlich einfacher machen.

Bereichstafeln

An einem zentralen, gut sichtbaren Standort wird die Bereichstafel aufgestellt. Mit ihr sollen alle wichtigen Daten und Informationen eines Bereiches zusammengefasst und visualisiert werden, die für das Erreichen der Ziele des Shopfloor Managements wichtig sind. In diesem Fallbeispiel bestand ein Bereich aus sechs Montagelinien. Die wichtigsten Komponenten der Bereichstafel sollten daher sein:

- *Produktionsdaten* (Bild 4.10): Für jede einzelne Linie wurden die wichtigsten Kennzahlen definiert. Mit dem OEE und der Produktivität in Stück/Mitarbeiterstunde wurden dazu allgemeingültige Werte verwendet, die für alle Teilbereiche anwendbar waren. Zusätzlich wurden spezifische Kennzahlen benötigt, die die wichtigsten Verschwendungsthemen darstellten (z.B. Ausschuss für Linie A). Täglich und je Schicht mussten die Ist-Werte eingetragen werden. Diese sollten als Basis für die tägliche Produktionsbesprechung dienen, die weiter unten beschrieben wird.

Bereich	Produktgruppe A		MON			DIE			MIT		
Woche	XXX	Ziel	1	2	3	1	2	3	1	2	3
	OEE	80%									
A	Produktivität	17 Stk/ MaStd									
	Ausschuss	3,50%									
	OEE	80%									
B	Produktivität	55 Stk/ MaStd									
	DLZ	8 Std.									
	OEE	75%									
C	Produktivität	21 Stk/ MaStd									
	Ø Rüstzeit	18 min.									

Bild 4.10 Produktionsdaten als Bestandteil der Bereichstafel

- *Maßnahmenplan:* Aktionen, die während der Produktionsbesprechung definiert werden, sollten mithilfe des Maßnahmenplans dokumentiert und nachverfolgt werden. Wie schon öfters erwähnt, sollte die Anzahl der Maßnahmen limitiert sein. Dies kann zum Beispiel durch eine begrenzte Anzahl an Spalten im Maßnahmenplan erreicht werden. Es dürfen keine neuen Aktivitäten definiert werden, solange alle Spalten noch in Bearbeitung sind.

Der Maßnahmenplan auf der Bereichstafel dient zum einen als Arbeitsgrundlage für die Produktionsbesprechung. Er ist aber auch ein Kommunikationsmittel, um den Mitarbeitern zu zeigen, an welchen Themen gearbeitet wird. Der Ursprung der definierten Maßnahmen sollte ja in den erfassten Ursachen der Produktionstafeln liegen. Die Herausforderungen, mit denen sie täglich zu kämpfen haben, sollten sich hier wieder finden. Mit der Visualisierung, die von jedem gesehen werden kann, wird auch eine gewisse Erwartung an das Shopfloor Management übertragen, dass sie etwas gegen diese Herausforderungen unternehmen.

Häufig wird in der Literatur erwähnt, dass Toyota zum Beispiel in diesem Zusammenhang auf das Arbeiten mit Paretos und Maßnahmenpläne verzichtet. Abweichungen sollen sofort nach ihrem Auftreten und Erkennen beseitig werden. Sie sollten also erst gar nicht auf einen Maßnahmenplan kommen, da sie sofort bearbeitet werden. Dies ist auch sicherlich sinnvoll, wenn man bereits ein gewisses Niveau in der Produktion erreicht hat und die Prozesse entsprechend stabil sind. Abweichungen stellen dann tatsächlich eine Ausnahme dar, die sofort angepackt werden. Viele Unternehmen sind allerdings von diesem Stand noch weit entfernt und Abweichungen gehören eher zur Regel. Die Ressourcen sind zumeist nicht vorhanden, um sich um alles gleichermaßen zu kümmern. Eine Priorisierung ist damit unbedingt notwendig. Zumindest so lange, bis eine ausreichende Stabilisierung erreicht wurde.

- *Trends:* Für die wichtigste oder die wichtigsten Kennzahl(en) werden Trends in Form von Graphen oder Kurven dargestellt, um die Wirkung von eingeleiteten Maßnahmen zu kontrollieren. Aktionen, z.B. zur Reduzierung von Stillständen, sollten letztendlich auch in einem Anstieg des OEE sichtbar sein. Sollte allerdings keine nachhaltige Veränderung im Graphen des OEE erkennbar sein, so muss ermittelt werden, wieso dies der Fall ist.

- *Weitere Informationen:* Zusätzlich zu den drei beschriebenen Komponenten können noch zahlreiche andere Informationen auf dieser Tafel abgebildet werden. Die wichtigsten, die das Ziel der Beseitigung von Verschwendung unterstützen, sind:

  - Eskalationsstufen: Welche Instanzen müssen bei welchen Abweichungen vom Ziel informiert werden. Stufe 1 könnte z.B. sein, wenn die stündliche Vorgabe auf der Produktionstafel bei 50 Stück liegt und diese in zwei aufeinanderfolgenden Stunden um 10 Stück unterschritten wurde. In diesem Fall muss der Schichtleiter informiert werden. Stufe 2 könnte sein, dass nach vier Stunden der Bereichsleiter benachrichtigt werden muss.

  - Informationen zu den unterstützenden Funktionen: Namen und Telefonnummern der jeweiligen Mitarbeiter aus Qualität, Instandhaltung usw., die die Ansprechpartner für die Bereiche sind, können wichtig sein. Besondere Bedeutung kann dies in der zweiten und dritten Schicht haben, wenn diese Funktionen normalerweise nicht voll besetzt sind.

  - Zeitplan für die Besprechung: Um zu verhindern, dass die Besprechung zeitlich ausufert, kann ein Zeitplan als Richtlinie ausgehängt werden. Ziel sollte es sein, dass die Besprechung nicht länger als 15 Minuten dauert.

  - Themen zur Schichtübergabe: Die Tafel kann auch als Kommunikationsmittel für Schichtübergaben dienen. Wichtige Informationen aus einer Schicht für die nächste können in einem eigenen Abschnitt festgehalten werden. Dies kann besonders wichtig sein, wenn es keinen unmittelbaren Kontakt zwischen dem Shopfloor Management der betroffenen Schichten gibt.

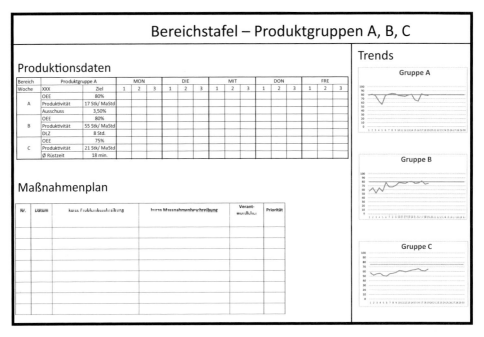

Bild 4.11 Prinzipieller Aufbau der Bereichstafel

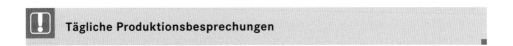

Tägliche Produktionsbesprechungen

Besonders betont sei noch einmal, dass die Tafeln nur Hilfsmittel sind, die für sich alleine noch keinerlei Verschwendung beseitigen. Sie sollen allerdings das Shopfloor Management und alle Mitarbeiter unterstützen, gezielt und mit einem strukturierten Ansatz an den wichtigsten Herausforderungen gemeinsam zu arbeiten. Für das Shopfloor Management und alle unterstützenden Bereiche stellt die Bereichstafel die Grundlage für die täglichen Produktionsbesprechungen dar. Die Kernaufgabe dieser Besprechung sollte es sein, Maßnahmen anzustoßen, um Abweichungen in den Prozessen zu beseitigen. Was könnte also unternommen werden, um die operativen und strategischen Ziele zu erreichen. Der Teilnehmerkreis bestand in diesem Fallbeispiel neben dem Bereichsverantwortlichen und den Leitern der einzelnen Produktionseinheiten auch aus Mitarbeitern der unterstützenden Funktionen wie Qualität, Instandhaltung und Logistik. Die Hauptthemen der Agenda konzentrierten sich auf folgende Punkte:

- Die Zahlen des Vortags: Es ging hauptsächlich darum, in Kürze über die wichtigsten Abweichungen, den daraus folgenden reaktiven Maßnahmen und deren Wirkung zu informieren. Besondere Bedeutung wurde darauf gelegt, aus den einzelnen Vorfällen zu lernen. Trat ein neues Thema auf, sollte eine reaktive Maßnahme definiert werden, solange keine permanente Lösung gefunden werden könnte.

  In manchen Fällen musste auch festgelegt werden, wie die Auswirkungen der Verluste behoben werden konnten. Wie sollte zum Beispiel bei zu hohen Abweichungen der Stückzahlen verfahren werden? Überstunden? Konnte die Mindermenge akzeptiert werden? Der Input der unterstützenden Bereiche (z. B. Planung) war hier gefordert.

- Maßnahmenplan: Je nach Bedarf wurden offene Aktivitäten aus dem Maßnahmenplan diskutiert. Bei akuten Herausforderungen wurde vom jeweiligen Verantwortlichen für ein Thema diese angesprochen und die benötigte Unterstützung angefordert. Die Terminüberwachung wurde vom Bereichsverantwortlichen übernommen. Gab es hier Probleme, so musste er auch die Einhaltung nachverfolgen. Wurde ein Thema abgeschlossen, musste anhand der Paretos beschlossen werden, welche Maßnahme als nächstes angegangen wurde.

Um diese zwei Punkte gezielt und effizient besprechen zu können, mussten alle Teilnehmer entsprechend vorbereitet sein. Die jeweiligen Produktionsverantwortlichen mussten die Daten des Vortages in den Abschnitt zu den Produktionsdaten im Vorfeld eintragen. Ausschussdaten mussten von den Qualitätsverantwortlichen ausgewertet werden, um die wichtigsten Gründe zu identifizieren. Dasselbe galt für die anderen unterstützenden Funktionen, wie der Instandhaltung mit den Störungsgründen oder der Logistik und dem Materialfluss. Verantwortliche für Punkte aus dem Maßnahmenplan mussten Unterstützung einfordern können, falls es zu Abweichungen kam. Priorisierung der Themen und Einhaltung des Zeitrahmens (in diesem Fall 15 Minuten) stand in der Verantwortung des Shopfloor Managers. Daher sollte eine gute Vorbereitung besonders für ihn ausschlaggebend sein.

Wie die einzelnen Tafeln und die Besprechung zusammenhängen, ist in Bild 4.12 zusammengefasst. In Bild 4.13 ist die Bereichstafel dargestellt, die mit zusätzlichen Informationstafeln für diesen Bereich ergänzt wurde.

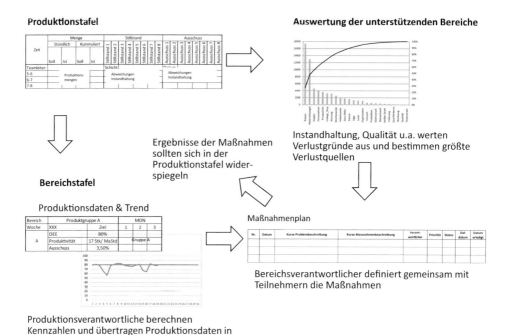

Bereichsverantwortlicher definiert gemeinsam mit
Teilnehmern die Maßnahmen

Produktionsverantwortliche berechnen
Kennzahlen und übertragen Produktionsdaten in
die Bereichstafel

Bild 4.12 Übersicht über den Ablauf des visuellen Managements

Bild 4.13 Bereichstafel als visuelle Unterstützung der täglichen Produktionsbesprechung

Praxisbeispiel 4.5 – Regelkreise 1 – Zielerreichung von Vorgaben bei Montagetätigkeiten im Projektgeschäft (Fortsetzung Fallstudie 2.1)

Ausgangssituation:

Im ersten Schritt wurden bei einem Zulieferer von Komponenten für den Eisenbahnbau in einem Montagebereich Arbeitsanweisungen und detailliertere Vorgabezeiten eingeführt. Dabei wurden auch zahlreiche Ansätze gefunden, wie die Produktivität verbessert werden könnte. Nach der Umsetzungs- und Einführungsphase stellte das Management allerdings keine Erhöhung der Stückzahlen je Mitarbeiter-stunde fest. Wurden vor den ganzen Änderungen zum Beispiel 0,5 Baugruppen je Mitarbeiterstunde im Mittel über ein Monat montiert, so hatte sich dieser Wert auch ca. ein halbes Jahr später nicht wirklich erhöht. Auch wenn die Zeiten je Variante sehr unterschiedlich waren, so konnte über einen längeren Zeitraum wie einem Monat durchaus mit einem Durchschnittswert gerechnet werden.

Es stellte sich heraus, dass die Mitarbeiter die Arbeitsanweisungen nutzen und auch befolgten. Die tatsächlichen Montagezeiten hatten sich auch entsprechend reduziert. Der Anteil der Nebenzeiten ging im selben Maße allerdings nach oben. Um dies zu belegen, wurden einige Bearbeitungszeiten von Aufträgen vor Ort aufgenommen. Diese wurden anschließend mit gleichen oder ähnlichen Aufnahmen von Zeiten vor der Umstellung verglichen. Daraus ergab sich, dass sich die eigentliche Bearbeitungszeit tatsächlich um 25 bis 30 % reduziert hatte.

Arbeitsanweisungen wurden den Mitarbeitern zur Verfügung gestellt und die neuen Bearbeitungszeiten wurden für die Planung verwendet. Es wurden aber nie die alten Vorgabezeiten geändert. Vielleicht noch gravierender sollte sein, dass Abweichungen zu den neuen Zeiten nie transparent gemacht oder thematisiert wurden. Die Bereichsleitung blieb immer noch dem Bereich fern und stellte nicht sicher, dass die bereits definierten Standards auch eingehalten wurden. Die ersten Werkzeuge wurden definiert, die Bereichsleitung wusste immer noch nicht, wie sie diese nutzen könnte.

Anwendung:

Im zweiten Schritt musste die notwendige Visualisierung geschaffen werden, damit die Bereichsleitung auch zeitnah feststellen konnte, ob die operativen Ziele erreicht wurden oder nicht. Dieses musste als Gesamtsystem gestaltet werden, um gleichzeitig die Präsenz der Führungskräfte am Shopfloor zu erhöhen. Die notwendige Transparenz sollte sie dabei unterstützen. Mit den entsprechenden Kennzahlen sollten auch sie zu mehr Verantwortung für die Ergebnisse der Produktion geführt werden.

Es musste die Transparenz geschaffen werden, was die Ziele sind und ob bzw. warum es zu Abweichungen kam. In diesem Unternehmen wurden dazu bereits in der Vergangenheit mit großem Erfolg in anderen Bereichen Produktionstafeln installiert. Auf diesen wurden stündliche Ziele vorgegeben und mit der tatsächlichen Menge verglichen. Abweichungen mussten von den Mitarbeitern begründet und eingetragen werden. Ein Konzept, das in vielen Unternehmen funktioniert und das wir in einigen anderen Fallstudien wiederfinden. Die Herausforderung war hier allerdings, dass jeder Auftrag andere Vorgaben hatte. In den anderen Bereichen des Unternehmens konnte zum Beispiel bestimmt werden, dass während einer Schicht immer 20 Stück/Stunde produziert werden sollten. So einfach sollte es hier nicht sein und das System musste wesentlich flexibler gestaltet sein.

Die größte Herausforderung wurde bereits damit gemeistert, dass Vorgabezeiten je Artikel definiert wurden. Daran scheitert es sehr oft, wenn es um die Implementierung von visuellem Management und Regelkreisen geht. Die Visualisierung musste demnach an die Art dieser Vorgaben angepasst werden. Einfach nur dieselben stündlichen Werte über einen längeren Zeitraum zu verwenden funktionierte in solch einer Situation nicht.

Datum:								Grund für Abweichung (Min.)						
Arbeits-zeit	Auftrags-nr.	Soll-start	Ist-Start	Vorbe-reitung Soll (Min.)	Vorbe-reitung Ist (Min.)	Montage Soll (Stk)	Montage Ist (Stk)	1	2	3	4	5	6	sonstiges
Schicht 1														
5-7	xyz	05:00	05:00	100	120	1	0					15		5
7-9						7	6							
9-11						12	10	20		5				
11-13						18	16							
Schicht 2														
13-15						24	22							
15-17	abc	15:30		80		25	25							
17-19														
19-21														

Bild 4.14 Produktionstafel für Montagebereich im Projektgeschäft

Bild 4.14 stellt den generellen Aufbau der verwendeten Tafel dar. Die Vorgaben sind hier auftragsbezogen und bestehen aus drei Komponenten:

- Geplante Gesamtdauer eines Auftrages: Als Teil der Vorbereitung eines Auftrages wurden die Vorgaben für die Zeiten auf der Tafel eingetragen. Dafür wurde die Gesamtdauer in diesem Beispiel von 10,5 Stunden für 25 Stück aus den Arbeitspapieren verwendet. In Bild 4.14 wurde die Vorbereitung mit Beginn der Schicht um 5 Uhr gestartet, damit sollte der Auftrag um ca. 15:30 abgeschlossen sein. Zur Information wurde bereits der geplante Start der Vorbereitung für den Folgeauftrag eingetragen.

- Vorbereitungszeit: Die geplante Vorbereitungszeit lag bei 100 Minuten, sie dauerte allerdings tatsächlich 120 Minuten. Von dieser Abweichung von 20 Minuten entfielen 15 Minuten auf Grund 5 und fünf Minuten auf Sonstiges. Damit wurde die eigentliche Montagetätigkeit auch verspätet gestartet.

- Stündliche Vorgaben: Der Zeitraum der Vorgaben umfasste zwei Stunden, in denen sechs Stück montiert werden sollten. Zusätzlich musste berücksichtigt werden, dass es zwischen 9 und 11 eine Pause gab. Die Zielsetzung wurde entsprechend um ein Stück reduziert .Durch die Verzögerung der Vorbereitung und Verlusten zwischen 9 und 11 Uhr konnte der Auftrag nicht wie geplant um 15:30 abgeschlossen werden. Damit verspätete sich entsprechend der Start vom Folgeauftrag.

Da die Vorgaben nicht auf minutengenauen Zeiten beruhten, wurde eher zugunsten der Mitarbeiter gerundet. In diesem Fall belief sich die Planzeit je Stück auf 18 Minuten, es hätten in den 2-Stunden-Takten demnach 6,7 Stück montiert werden können. Diese Ungenauigkeit wurde bewusst vernachlässigt. Es ging hauptsächlich darum, dass ein akzeptabler Zeitrahmen vorgegeben wurde und die wichtigsten Gründe für Abweichungen quantifiziert wurden.

Damit wurde allerdings noch nicht gewährleistet, dass die unmittelbaren Vorgesetzten mehr Präsenz in diesem Bereich zeigten und auch tatsächlich aktiv werden würden. Zwei weitere Standards wurden dazu eingeführt:

Der Schichtleiter musste zu Beginn eines neuen 2-Stunden-Zyklus einen Rundgang durch die Produktion durchführen. Dies betraf nicht nur diesen Montagebereich, sondern alle Arbeitsplätze in seinem Verantwortungsbereich. Falls er verhindert war, gab es eine Vertreterregelung. Würden größere Abweichungen festgestellt werden, so musste eine Entscheidung bezüglich möglicher reaktiver Maßnahmen getroffen werden. Dies könnte zum Beispiel eine reine Information an die Planung sein, dass ein Auftrag nicht laut Plan abgeschlossen werden könnte. Oder es könnten Möglichkeiten für die Verschiebung von Ressourcen gefunden werden, um die Verluste wieder aufzuholen. Der Shopfloor Manager hatte nun zumindest die notwendigen Informationen, um entsprechende Entscheidungen zu treffen.

Diese Montagearbeitsplätze wurden in die tägliche Bereichsbesprechung aufgenommen. Da sie bis dahin eher als „Blackbox" galten, waren sie auch nicht Teil dieses Managementregelkreises. Der jeweils verantwortliche Schichtleiter musste in dieser Runde Gründe für das Nicht-Erreichen von operativen Zielen und die getroffenen Gegenmaßnahmen erläutern. Damit wurde auch die Grundlage geschaffen, dass die wichtigsten Gründe für Verschwendung abgestellt werden konnten.

Diese Kombination von Veränderungen führte letztendlich dazu, dass die im ersten Teil der Fallstudie definierten Potenziale auch wirklich realisiert wurden. Es musste nur die notwendige Transparenz, Visualisierung und der darauf aufbauenden Managementregelkreise geschaffen werden.

Praxisbeispiel 4.6 – Visuelles Management & Fokus auf Stabilisierung der Prozesse

Ausgangssituation:

Die Firma Rohde & Schwarz ist ein weltweit agierender Entwicklungs- und Herstellungsbetrieb unter anderem für elektronische Messtechnik. Lange Zeit gab es bei der Definition von Verbesserungsmaßnahmen einen Top-Down-Ansatz. Ideen wurden von Teamkoordinatoren, Lean-Trainern oder anderen Personen aus dem mittleren Managementbereich definiert. Nach ersten Erfolgen in der Umsetzung und positiver Wirkung auf die Unternehmenskennzahlen, flachte die Lean-Erfolgs-

welle langsam aber stetig ab. Die betroffenen Mitarbeiter wurden nur sehr eingeschränkt miteinbezogen und sahen für sich selber damit kaum eine Verbesserung
der Abläufe. Allmählich wurde erkannt, dass Maßnahmen der Stabilisierung und
Verbesserung nur mit unmittelbarer Beteiligung der Mitarbeiter erfolgen konnte.
Ein wichtiger Baustein dazu musste die richtige Visualisierung und Kommunikation sein.

Als ein wichtiges Element dazu wurde eine Problemlösungstafel aufgebaut. Diese
sollte als zentraler Treffpunkt für jedes Team in der Produktion dienen, in der tägliche Abstimmungen zu Abweichungen in den Prozessen stattfinden sollten. Die
Struktur der Tafel wurde entsprechend der Zielsetzung definiert und besteht aus
folgenden Abschnitten, wie sie in Bild 4.15 hervorgehoben sind:

1. Ausgangspunkt ist der Wertstrom für jedes Team, der auf den größten Teil der
   Produkte in einem Bereich Anwendung findet. Jede Variante des Produktes unterscheidet sich jedoch in zahlreichen Details. Durch die Problemlösungstafel
   sollen alle Abweichungen eines Tages vom definierten Wertstrom thematisiert
   werden, durch die die Vorgaben bezüglich Zeit, Qualität und Kosten nicht erreicht werden konnten.

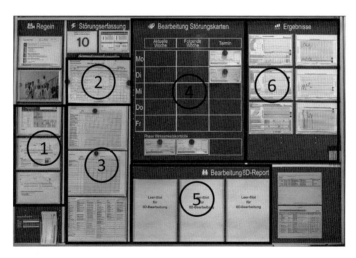

Bild 4.15 Problemlösungstafel zur Stabilisierung von Prozessen

2. Kommt es zu einer Abweichung, so trägt der davon betroffene Mitarbeiter diese
   in einem Blatt zur Störungserfassung ein (Bild 4.16). Dieser Eintrag dient als
   Grundlage für die Definition von Abstellmaßnahmen und zur Dokumentation.
   Diese werden bei der täglichen Problemlösungsrunde besprochen, bei der Mitarbeiter, der Teamleiter sowie Vertreter aus den jeweiligen Fachbereichen wie
   Qualität oder Logistik anwesend sind. Zusätzlich sind auch abwechselnd Mit-
   glieder aus dem Managementteam vor Ort, um die Bedeutung und Unterstützung für diesen Prozess zu unterstreichen.

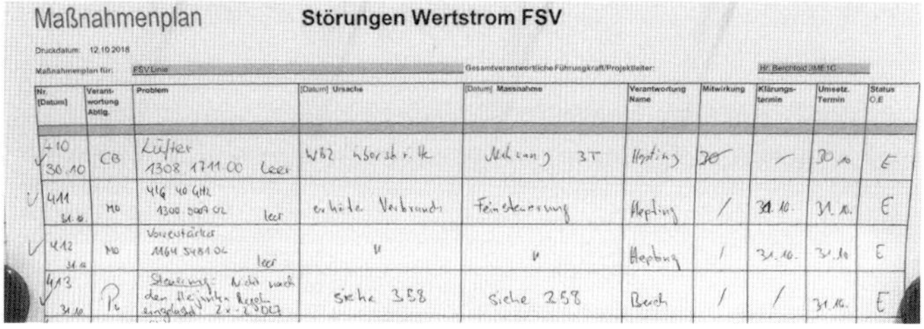

Bild 4.16 Störungserfassung durch die Mitarbeiter

Statt einer klassischen Pareto-Auswertung werden die Abweichungen in ein Übersichtsblatt mit einem Code übertragen (Bild 4.17). Damit hat der Teamleiter einen schnellen Überblick, welche Gründe in den letzten Wochen häufiger aufgetreten sind. Dies unterstützt die Priorisierung der Maßnahmen.

Störungscluster

Kategorie:	Vergangene 8 Wochen		Kalenderwochen 45					46					47					48					49				
	Anzahl untersch. Störungen	Summe aller Störungen	Mo 5	Di 6	Mi 7	Do 8	Fr 9	Mo 12	Di 13	Mi 14	Do 15	Fr 16	Mo 19	Di 20	Mi 21	Do 22	Fr 23	Mo	Di	Mi	Do	Fr	Mo	Di	Mi	Do	Fr
Steuerung: Heijunka-Regeln beim Einlasten / Festlegung Tagesscheibe nicht eingehalten	22	**22**																									
Materialversorgung: Kanban nicht LEER gebucht	1	**1**																									
Lieferanten (interne/externe): Termintreue von Lieferant 3V schlecht	6	**6**																									
Materialversorgung: Abriss wegen erhöhtem Verbrauch	10	**10**																									

Bild 4.17 Übersichtsblatt für die Abweichungen

3. Aus den Informationen von Punkt 3 und 4 wird festgelegt, welche Maßnahmen nicht unmittelbar vor Ort geklärt werden können und als Priorität angesehen werden. Sie dient als die erste Eskalationsstufe, um andere Bereiche und eventuelle Hierarchieebenen mit einzubeziehen. Besonders wichtig ist in dieser Stufe, dass nicht zu viele Themen zugleich angegangen werden. Mehr als 3 – 4 Aktionen sollten sich in diesem Abschnitt nicht befinden. Zur visuellen Unterstützung wurden Farbcodes definiert, um sofort erkennen zu können, um welches Thema es sich handelt. Abweichungen verursacht in der Schnittstelle zur Logistik sind zum Beispiel durch rote Karten erkennbar.
4. Stellt sich heraus, dass ein Thema auch über die Möglichkeiten der ersten Eskalationsstufe hinausgeht oder eventuell bereits umgesetzte Lösungen nicht die gewünschten Resultate erbringen, so wird ein 8D-Report angestoßen. Hier werden alle notwendigen Schritte, die damit zusammenhängen, durchgeführt.

8D-Report

Der 8D-Report ist ursprünglich ein Dokument aus dem Qualitätsmanagement, mit dem Reklamationen zwischen Kunden und Lieferanten (extern sowie intern) bearbeitet werden. Die folgenden 8 Schritte werden dabei durchlaufen:

D1 Bildung eines Teams zur Problemlösung

D2 Beschreibung des Problems und der Problemcharakteristika

D3 Sofortmaßnahmen zur Lösung des Problems

D4 Untersuchung der Fehlerursachen

D5 Geplante Abstellmaßnahmen einschließlich Wirksamkeitsprüfung

D6 Eingeführte Abstellmaßnahmen mit Einsatztermin und Ergebniskontrolle

D7 Verhinderung der Wiederholung von Fehlern

D8 Würdigen des Erfolgs des Teams

Es handelt sich dabei um einen sehr standardisierten und relativ aufwendigen Prozess, der entsprechend nur bei umfangreicheren Reklamationen Anwendung findet. (Gorecki; Pautsch 2013)

5. Zur Nachverfolgung der Wirksamkeit von Maßnahmen und der Stabilität der Prozesse werden die wichtigsten Kennzahlen dargestellt. Diese sind unterteilt nach Zeit, Kosten und Qualität. Kann nach der Einführung einer Maßnahme keine Auswirkung auf die entsprechende Kennzahl festgestellt werden, so wird wie in Punkt 5 erwähnt ein 8D-Report eröffnet.

Durch diese Vorgehensweise wurde eine wesentlich stärkere Einbindung der Mitarbeiter erreicht. Zuerst zeigen sie auf, was sie am Erreichen eines stabilen Prozesses hindert. Im nächsten Schritt werden sie bei der Definition von möglichen Lösungen miteinbezogen. Letztendlich wird ihnen auf der Tafel durch die Problemlösungskarten aufgezeigt, dass an diesen Themen gearbeitet wird. Das Ergebnis kann dann unmittelbar an der Veränderung der relevanten Kennzahlen gesehen werden. Zentraler Punkt für all dies ist die Problemlösungstafel, die sich unmittelbar in jedem Teambereich befindet.

Als Weiterentwicklung werden aktuell Möglichkeiten der digitalen Unterstützung angedacht. Die Daten und Informationen, die zur Störungserfassung verwendet werden, sind auch systemseitig durch die Aufzeichnungen unmittelbar am Arbeitsplatz verfügbar. Dasselbe gilt für die Kennzahlen aus Punkt 6. Sie liegen ebenfalls im System vor und werden an der Tafel manuell eingetragen. Punkte 2,3 und 6 könnten demnach ohne zusätzlichen Aufwand über einen Monitor dargestellt werden. Zwei Punkte sind dabei allerdings zu beachten, bevor auf eine Digitalisierung umgestellt wird:

Der Input für Punkte 2 und 3 kommt im aktuellen System unmittelbar von den Mitarbeitern. Sie müssen sich mit den Abweichungen auseinandersetzen und tragen diese dann in der Störungserfassung manuell ein. Dieser Aufwand führt dazu, dass sie sich zumeist eher damit auseinandersetzen und sie sich der Problematik bewusst sind. Die Gefahr bei einer automatischen Erfassung und Darstellung besteht darin, dass das Bewusstsein um die Abweichungen und der Auswirkungen bei den Mitarbeitern ins Hintertreffen gerät. Sie werden immer weniger Teil des Prozesses der Erfassung und Behebung von Abweichungen. Und dies war ja eigentlich der Ausgangspunkt für die Definition dieses Teiles des aktuellen Shopfloor Management Problemlösungskreislaufes.

Auch die Darstellung der Ergebnisse und Kennzahlen über einen Monitor kann seine Tücken haben. In der analogen Version werden sie in Abschnitt 6 auf sechs Blättern visualisiert. Häufig gehen Unternehmen bei der digitalen Abbildung über einen Monitor dazu über, dass je ein Blatt den Bildschirm ausfüllen würde. Durch ein einfaches Wischen oder Anklicken könnte man die nächste Seite betrachten. Der Vorteil der sechs Blätter liegt unter anderem darin, dass Mitarbeiter am Weg zum Arbeitsplatz einen kurzen Blick auf diese werfen können. Eventuell interessiert sie zum Beispiel nur das Ergebnis zum Faktor Zeit. Sie werden aber kaum vor dem Bildschirm stehen bleiben, um die entsprechenden Seiten zu suchen. Die Darstellung muss demnach genauso übersichtlich und einfach einzusehen sein wie an der analogen Tafel.

Bereits bei anderen Unternehmen konnte beobachtet werden, dass eine Darstellung von Ergebnissen und Kennzahlen über Bildschirme nicht den gewünschten Erfolg brachte. Einerseits ist es der oben angeführte Punkt, dass die Übersicht etwas verloren geht. Andererseits besteht die Gefahr, dass zu viel dargestellt werden soll. Nachdem die Zahlen und Daten einfach über ein System abgerufen werden können, werden immer mehr Auswertungen und Graphiken zur Verfügung gestellt. Im Endeffekt steht zu viel zur Verfügung, sodass sich niemand mehr durch die vielen Seiten arbeiten möchte.

Bild 4.18 ist zum Beispiel nur eine von zahlreichen Darstellungen, welches ein Monitoring- und Auswertungssystem für Abfüllanlagen zeigt. Dieser Monitor wurde an einem zentralen Punkt im Produktionsbereich aufgehängt, wo bereits die täglichen Produktionsbesprechungen durchgeführt wurden. Über diese Anzeige wollte man zwei Punkte erreichen. Einerseits sollte der aktuelle Status jeder Anlage sofort ersichtlich sein (dargestellt in Bild 4.18). Andererseits sollte das manuelle Eintragen der Produktionsdaten wie Stückzahlen und auch der Auswertung wie dem OEE vermieden werden. Durch ein Berühren der einzelnen Linie in Bild 4.18 konnten detaillierte Informationen abgerufen werden. Das gesamte System wurde so erweitert, dass alle Kennzahlen und Auswertungen abrufbar waren. Genau neben diesem Monitor hingen noch die analogen Tafeln, die zur Visualisierung und Unterstützung des Shopfloor Managements dienten und die dadurch teilweise ersetzt werden sollten.

Der Monitor wurde letztendlich nicht mehr genutzt und für die Besprechungen wurde auf die analogen Tafeln zurückgegriffen. Es war die einhellige Meinung aller Beteiligten, dass es übersichtlicher und einfacher war, mit diesen Tafeln zu arbeiten. Das System wurde eben nicht nach den Ansprüchen aller Beteiligten definiert und fand damit keine Akzeptanz. Es wurde mehr Wert darauf gelegt, möglichst viele Informationen zur Verfügung zu stellen und nicht wie die Mitarbeiter damit arbeiten würden.

Bild 4.18 Online Darstellung des Anlagenstatus

Praxisbeispiel 4.7 – Visuelles Management und Regelkreise 3 (Fortsetzung Praxisbeispiel 4.4)

Wir setzen hier Praxisbeispiel 4.4 fort und konzentrieren uns auf die 3. Ebene, also Regelkreis 3. Zahlreiche Verschwendungsarten und Abweichungen können unmittelbar von den Mitarbeitern und deren direkten Shopfloor Managern gelöst werden, die dann Inhalte der ersten Ebene in Bild 4.5 sind. Ist ein Thema umfangreicher und kann nicht mehr nur innerhalb eines Arbeitsbereiches gelöst werden, wird es in Ebene 2 behandelt. Dort kommen die Shopfloor Manager mit den jeweiligen Servicebereichen wie Instandhaltung oder Qualität zusammen. Zuletzt gibt es Themen, die selbst auf dieser Ebene nicht gelöst werden können. Zumeist sind es Inhalte, die über mehrere Bereiche gehen und mit ihnen koordiniert werden müssen oder sie sind mit größeren Investitionen verbunden.

Es trifft auch hier, wie in den vorherigen Praxisbeispielen, zu, dass diese Kommunikation und Koordination von Aktivitäten in den meisten Produktionsbetrieben bereits stattfindet. An einem bestimmten Punkt in der Produktion oder in einem Besprechungsraum treffen sich die unterschiedlichen Bereiche und Managementebenen, um unter anderem Themen der 3. Ebene des Regelkreises zu diskutieren. Der folgende Ansatz ist zumeist wesentlich strukturierter und baut eine intensive Visualisierung auf.

Anwendung:

In diesem Fall gab es einen zentral gelegenen Raum in der Produktion, der letztendlich ein Baustein in einem werksweiten Visualisierungs- und Kommunikationskonzept darstellte. Das Grundkonzept wurde an die Idee des Obeya angelehnt.

 Obeya

Obeya stammt aus dem Japanischen und bedeutet „Großer Raum". Toyota verwendet diesen Raum zur Visualisierung und Kommunikation von Entwicklungsprojekten. Zum ersten Mal kam der Obeya bei der Entwicklung des Prius zum Einsatz. Der grundsätzliche Gedanke ist, dass es einen Raum für Zusammenkünfte des Projektteams gibt. Jeder Bereich hat seinen eigenen Abschnitt an den Wänden zur Visualisierung der wichtigsten Informationen. In regelmäßigen Besprechungen werden alle über den aktuellen Status und die anstehenden Herausforderungen mit Hilfe der visuellen Unterstützung informiert. Für manche Teammitglieder mag in diesem Raum sogar ihr tatsächlicher Arbeitsplatz liegen. (Koenigsaecker 2012)

Alle Ebenen der Produktion vom Schicht- bis zum Werksleiter und alle Manager der indirekten Abteilungen trafen sich zu einer Morgenbesprechung in diesem Raum. Jeder Bereich hatte eine Tafel (Bild 4.19), um die wichtigsten Informationen einzutragen. Neben den einzelnen Produktionsabschnitten waren demnach auch Logistik, Controlling etc. vertreten. Die Daten und Informationen sollten 10 Minuten vor Start der Besprechung vom jeweiligen Manager eingetragen werden. Danach musste jeder Teilnehmer einen kurzen Statusbericht aus dem entsprechenden Bereich abgeben. Ziele sollten sein:

- Jeder Manager sollte über mögliche Probleme informiert sein, sodass sehr zeitnah Gegenmaßnahmen eingeleitet werden konnten. Es war nicht notwendig, unmittelbar eine Lösung zu definieren. Im Anschluss sollte nur allen klar sein, wer sich um was kümmern sollte, damit Lösungen so rasch als möglich gefunden und implementiert werden könnten.

- Auswirkungen von Abweichungen in einem Bereich auf einen anderen sollten geklärt werden. Damit konnten die Verantwortlichen des indirekt betroffenen ebenfalls entsprechend agieren und eventuell notwendige Maßnahmen einleiten.

- Bereichsübergreifende Maßnahmen sollten auf dem kürzest möglichen Kommunikationsweg koordiniert werden. Für die involvierten Manager war dies das Forum, um die Aktivitäten ihres Bereiches mit den anderen abzugleichen.

- Alle Bereiche sollten über den Status von umfangreicheren Maßnahmen und größeren Investitionen informiert werden. Da in dieser Ebene Verbesserungsmaßnahmen veranlasst und koordiniert wurden, die die Möglichkeiten der ersten zwei Ebenen überstiegen, sollte hier auch ein regelmäßiges Update stattfinden. Der jeweilige Projektverantwortliche hatte dafür die Verantwortung. Durch das Update bot sich auch bei möglichen Komplikationen oder Abweichungen die Möglichkeit, alle Betroffenen direkt zu informieren.

NO SURPRISES = 0

Program	F/G Inventory	DOH Goal	DOH Actual	Program	F/G Inventory	DOH Goal	DOH Actual
	24,497	1-2	1.2		4171	1-2	3.8
	603 (onVol)	2-5	13.1		2620	1-2	4.0
	1600	1-2	1.1		700	1-2	.9
	10,560	2-4	5.3		2652	1-2	3.6
	17444	1-5	2.5		2067	1-2	3.9
	2458	Build	O4		1476	1-2	2.8
	1176 (LowVol)	5-10	16.7		6436	1-2	2.1
	1008	2-5	2.6		1251	1-2	1.2
	1736 Qonck	1-3	3.0		48,931*40	1-2	1.9/24
	1644	1-3	1.9		1994	1-2	1.9
	1201	5-10	20				

HUMAN RESOURCE

Month April, 2013   Head Count

	Plan	Actual	Eng.	Variance	Why
Direct	634	518			
Indirect	226	218	48		
Temp Direct Ind.	251 / 8	314 / 18 +20+t	1		
Salaried	70	63	14		
Contract	—	7			
Total	1189	1158 / -31	63	1221 —	Grand Total

Absenteeism

	Current Month	YTD	Budget
Planned	4.4%	3.6%	2%
Unplanned	4.0%	4.0%	4%
Total	8.4%	6.8%	6%

Bild 4.19 Beispiele von Bereichstafeln im Obeya-Logistik (oben) und Personalwesen (unten)

Praxisbeispiel 4.8 – QRQC zur visuellen Unterstützung von Regelkreisen zur Bearbeitung von Qualitätsthemen

Ausgangssituation:

In diesem Unternehmen wurden aus Pulver über mehrere Prozessschritte Kunststoffteile produziert. Die zwei wichtigsten Bereiche waren die Polymerisation und das Schleifen. In beiden Abteilungen herrschten besondere Anforderungen bez. der Sauberkeit. Trotzdem waren Verunreinigungen mit über 60 % der Hauptverursacher von insgesamt 17 % Ausschuss über den kompletten Wertstrom. Es gab allerdings keine standardisierte Methode der Aufzeichnungen der Qualitätsprobleme, wodurch sich über die Jahre jeder Vorgesetzte seine eigene Art und Weise entwickelt hatte. Daraus resultierte, dass es insgesamt zehn verschiede Dokumentationsformen gab (Bild 4.20).

Mit dieser Vielzahl an Dokumenten war es natürlich schwierig, die Verschwendung durch Ausschuss gezielt zu reduzieren. Als besonders problematisch stellte sich heraus, dass die Verursacher zumeist in vorgelagerten Bereichen lagen. Letztendlich arbeitete jeder Bereich nur in Isolation an Abstellmaßnahmen, die ihren unmittelbaren Einflussbereich betrafen. Ansonsten konzentrierten sich die Aktivitäten in Bezug auf Ausschuss auf das Berichten von Zahlen. Es wurde beschlossen, dass ein komplett neuer Ansatz für das Erheben, Verarbeiten und Visualisieren der relevanten Daten und Informationen notwendig war, um Ausschuss gezielt reduzieren zu können.

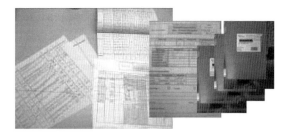

Bild 4.20 Beispiele für die verschiedenen Dokumentationsformen

Anwendung:

Viele Unternehmen scheuen sich, Vorgehensweisen und Standards aus der Automobilindustrie zu übernehmen. Das Argument ist zumeist, dass die Situation im eigenen Unternehmen oder der eigenen Industrie ganz anders sei. Alles sei viel komplizierter und lässt sich nicht so einfach standardisieren. Prozesse, die in der Automobilindustrie funktionieren, lassen sich nicht auf das eigene Unternehmen übertragen. Häufig trifft es auch zu, dass sich gewisse Konzepte nicht eins zu eins verwenden lassen. Man sollte sie allerdings verstehen, um beurteilen zu können, ob nicht einzelne Punkte oder Ansätze trotzdem sinnvoll oder anwendbar sind. In diesem Fall wollte man einen Prozess aus der Automobilindustrie übernehmen, der mit unterschiedlichen Regelkreisen und Hilfsmitteln der Visualisierung Qualitätsthemen so zeitnah als möglich bearbeitet, dem QRQC (Quick Response Quality Control).

QRQC (Quick Response Quality Control)

Eine Weiterentwicklung der klassischen Qualitätsregelkreise stellt das QRQC (Quick Response Quality Control) dar. Abgeleitet aus einem Nissan-Prozess definierte der französische Automobilzulieferer Valeo eine sehr strukturierte und visuelle Vorgehensweise, um Qualitätsthemen unmittelbar in der Produktion zu bearbeiten. Der grundsätzliche Ansatz dabei ist, dass auf Abweichungen sofort reagiert wird. In der Produktion, mit Produktionsmitarbeitern und mit den betroffenen Teilen, werden unmittelbar Maßnahmen definiert und umgesetzt. Falls notwendig, werden die Themen auf eine zweite oder dritte Ebene eskaliert. Dazu werden eigene QRQC-Plätze in der Produktion eingerichtet, in denen die betroffenen Teile abgelegt werden und alle benötigten Daten und Informationen visuell dargestellt werden. Dies ist auch der Ort, wo regelmäßige oder ad-hoc Besprechungen zu den angefallenen Qualitätsthemen durchgeführt werden. Besondere Bedeutung hat ein abteilungsübergreifender Teilnehmerkreis.

Ähnlich zu den Konzepten in den vorherigen Fallbeispielen wurden hier drei Regelkreise definiert. Im ersten Schritt wurde dazu der ursprüngliche Ansatz von QRQC verwendet, wie er in zahlreichen Unternehmen der Automobilindustrie gefunden werden kann. Dieser wird in den folgenden Punkten beschrieben. Zusätzlich mussten weitere Facetten bestimmt werden, die die spezielle Situation berücksichtigten. Diese werden im Anschluss erläutert.

- *Ebene 1 - Taktisch:*
  - Eine sofortige Reaktion ist erforderlich; je nach Bereich wird definiert, nach wie vielen Teilen Ausschuss aus demselben Grund innerhalb einer bestimmten Zeit reagiert werden muss (z. B. wenn innerhalb von einer Stunde fünf Stück Ausschuss durch Ursache A entstanden sind).
  - Beteiligte Mitarbeiter und der unmittelbare Shopfloor Manager kommen zusammen, um das Qualitätsproblem zu diskutieren; bei Bedarf wird ein Mitarbeiter der QS hinzu gerufen.
  - Verantwortlich ist der unmittelbare Shopfloor Manager.
  - Ist eine interne Lösung möglich und innerhalb eines Tages umsetzbar, bleibt es auf dieser Ebene; ansonsten wird es an die nächste Stufe weitergeleitet.
  - Alle Beteiligten müssen in der Anwendung der 5-Warum-Fragetechnik unterrichtet sein.
  - Zur Dokumentation wird das Formblatt aus Bild 4.21 verwendet.

5-Warum-Fragetechnik

Die 5W-Fragetechnik ist Teil des Werkzeugkastens des Qualitätsmanagements zur Ursache-Wirkung-Bestimmung. Ziel ist es durch fünf „Warum?"-Fragen eine Ursache für einen Defekt oder ein Problem zu bestimmen. Die Anzahl der Fragen ist nicht auf fünf begrenzt, ist aber eine gute Richtlinie. Es sollte immer so lange nachgefragt werden, bis der tatsächliche Ursprung für eine Abweichung eindeutig identifiziert ist. Toyoda Sakichi, der Gründer von Toyota, gilt als Erfinder dieser Vorgehensweise.

Verantwortlicher:		Datum:	Uhrzeit:

Ausschussgrund: _____ (Schlagwort)	Stückzahl:
Arbeitsplatz:	Produkt(e):

Beschreibung: (Detailbeschreibung)	Sofortmaßnahmen:	WER	WANN

5 Warum:	Abstellmaßnahmen:	WER	WANN
Warum			
Warum			
Warum			
Warum			
Warum			
erledigt am:			
auditiert am:			

Bild 4.21 Dokumentation Ebene 1

- *Ebene 2 – Operativ:* Aus dem Pareto der Ausschussgründe werden vom Abteilungsleiter die wichtigsten zwei bis drei Themen zur Diskussion gestellt.
  - Teilnehmer sind unmittelbare Shopfloor Manager, Abteilungsleiter, Qualitätssicherung, Arbeitsvorbereitung und Projektmanagement.
  - Termine sind täglich und für jeden Bereich ist eine Zeit fixiert; Dauer soll mit max. 20 min beschränkt sein.
  - Verantwortlich ist der Abteilungsleiter.
  - Lösungen müssen innerhalb von zwei Wochen definiert und umgesetzt sein, ansonsten wird es auf die nächste Stufe weitergeleitet.
  - Zusätzlich zur 5-Warum-Fragtechnik müssen alle Teilnehmer in der Anwendung des Ishikawa-Diagramms geschult sein (Bild 4.22).

 Fischgräten-/Ishikawa-Diagramm

Um auf die wichtigsten Ursachen für ein Problem zu kommen, bewährt sich unter anderem das Fischgräten- oder auch Ishikawa-Diagramm. Dieses Werkzeug wurde ursprünglich für Qualitätsthemen konzipiert und für diesen Zusammenhang standardisiert. Dazu wurden vier Bereiche definiert, die als Hauptursachen (4-M: Mensch, Maschine, Material, Methode) für ein Qualitätsproblem in Frage kommen könnten. Diese wurden über die Jahre mit den Faktoren Management, Mileu, Messtechnik (die drei weiteren M) und Geld auf acht Faktoren erweitert (Schmidt 2009).

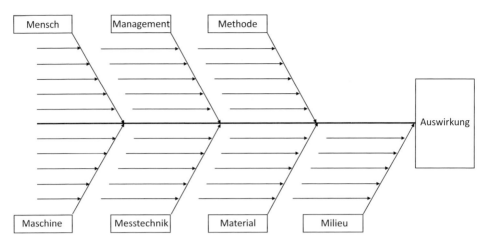

Bild 4.22 Ishikawa-Diagramm für Ebene 2 des Qualitätsregelkreises

- *Ebene 3 - Strategisch:* Alle zwei Wochen kommen die Abteilungsleiter und die Geschäftsleitung zusammen. Die Dauer soll auf 30 min beschränkt sein.
  - Falls es zu dringenden Fällen kommt, die von den ersten beiden Ebenen nicht unmittelbar gelöst werden können und Lieferungen an den Kunden gefährdet sind, können außerplanmäßige Termine einberufen werden.
  - Inhalte sind Themen, die in Ebene 2 bearbeitet werden, allerdings die Unterstützung von Ebene 3 benötigen.

Die Themen aus der taktischen Ebene sollten von den Mitarbeitern direkt an den Arbeitsplätzen, wo das Qualitätsthema auftrat, besprochen werden. Für alle anderen wurde ein eigener Bereich eingerichtet, dessen Kernpunkt ein sogenannter Pareto-Tisch (Bild 4.23) darstellt. Dieser Tisch wurde an einem zentralen Punkt in der Produktion aufgestellt und bestand aus folgenden Komponenten:

Bild 4.23 Pareto-Tisch in der Produktion

- *Tisch:* Der Tisch wurde für maximal zehn Qualitätsthemen ausgelegt. Jeder dieser Abschnitte bestand aus zwei Flächen, einer für ein Beispiel eines einwandfreien Teils und einer für das mit dem entsprechenden Mangel. Dadurch sollte anhand der tatsächlichen Produkte jedem erklärt werden können, was die Abweichung ausmachte. Durch die Limitierung der Ablageflächen sollte auch verhindert werden, dass zu viele Themen auf einmal bearbeitet würden.
- *Wand:* An der Wand über dem Tisch wurde für jedes Qualitätsthema eine Hülle als Ablage angebracht. Dort mussten sämtliche verfügbaren Dokumente und Unterlagen abgelegt werden, damit sie jederzeit für Diskussionen zur Hand waren. Diese Unterlagen wurden anschließend von der QS archiviert, um bei ähnlichen Themen auf diese zugreifen zu können.

In der ursprünglichen Auslegung eines QRQC wird sehr viel Wert darauf gelegt, dass Qualitätsthemen unmittelbar und so weit als möglich am Ort der Wertschöpfung behandelt werden. Dies setzt allerdings auch voraus, dass der Ursprung dort liegt, wo sie aufgedeckt wurden. Wie schon eingangs erwähnt, traf dies nur in den seltensten Fällen zu. Es konnten teilweise Tage vergangen sein zwischen der Verursachung und der tatsächlichen Aufdeckung einer Abweichung. Besonderes Augenmerk musste demnach darauf gelegt werden, wie damit umgegangen werden sollte. Folgende Anpassungen im QRQC mussten implementiert werden:

- Abweichungen mussten unmittelbar nach dem Verursacher unterteilt werden. Es wurden Fehlergruppen definiert, die danach ausgerichtet waren. So konnte von den Mitarbeitern relativ schnell und einfach selbst angegeben werden, ob ein Fehler aus dem eigenen Bereich stammte oder nicht. Traf dies nicht zu, so gelangten sie automatisch in die Ebene 2.
- Der Teilnehmerkreis in Ebene 2 wurde erweitert auf die kritischen, internen Lieferanten. Für die Bereiche mit den höchsten Ausschusszahlen wurden die internen Zulieferer ermittelt, die am häufigsten als Verursacher vorkamen. Dies beschränkte sich zumeist auf maximal zwei Bereiche. Sie mussten jeweils einen Vertreter zu den Ebene 2 Besprechungen schicken, um gemeinsam an den Qualitätsthemen arbeiten zu können.
- Die Qualitätskennzahlen wurden so angepasst, dass sie nach Verursacher unterteilt wurden. Jeder Bereich erhielt als Ziele die Ausschusswerte, die sie auch selber beeinflussen konnten.
- Zusätzlich sollten die Durchlaufzeiten reduziert werden. Dies stellte zwar keinen unmittelbaren Punkt für das QRQC dar, doch sah man weiteres Potenzial, wenn zwischen Entstehung und Entdeckung einer Abweichung ein kürzerer Zeitraum sein würde.

Für die Shopfloor Manager vor Ort hatte diese Vorgehensweise zwei unmittelbare Effekte. Durch die verbesserte Transparenz und die klare Zuordnung der Verursacher konnten sie sich auf die Beseitigung der Fehler konzentrieren, die sie auch selbst beeinflussen konnten. Damit konnte sich jeder Bereich klarer mit den Zielen und Maßnahmen identifizieren. Zusätzlich wurden die Aktivitäten zur Beseitigung der Ursachen in den Prozessschritten intensiviert, wo sie anfielen. Da nun jeder Bereich verursachergerecht gemessen wurde, wurde mehr Fokus auf die Beseitigung der Ursachen gelegt. Bereits nach mehreren Wochen konnte eine klare Reduzierung der Ausschusszahlen festgestellt werden.

Fazit aus den Fallbeispielen

- Visualisierung von wichtigen Informationen wie Kennzahlen und Trends unterstützen das Shopfloor Management beim Erreichen von operativen und strategischen Zielen. Die unterschiedlichen Ebenen benötigen dabei verschiedene Darstellungsformen, die Teil eines Gesamtkonzeptes sein müssen.

- Visualisierung kann die Motivation der Mitarbeiter fördern. Einerseits kann sie durch visualisierte Ziele und der Darstellung des Erreichungsgrades unmittelbar das Ergebnis ihrer Anstrengungen sehen. Andererseits wird über die Bereichstafeln und speziell die Maßnahmenpläne kommuniziert, dass an den wichtigsten Gründen für Abweichungen gearbeitet wird.

- Es muss klar kommuniziert werden, was Sinn und Zweck der Visualisierung ist, speziell der Produktionstafeln. Von den Mitarbeitern können diese sehr leicht als Kontrollinstrument aufgefasst werden. Sie helfen natürlich auch, die Nichteinhaltung von Standards durch die Mitarbeiter aufzuzeigen. Diese Nichteinhaltung führt entsprechend zu Verschwendung. Und darum geht es, Verschwendung und deren Ursachen zu identifizieren und zu beseitigen. Dies führt auch zur Verpflichtung für das Management, dass sie dies wirklich leben. Sie müssen das Bewusstsein und Umfeld schaffen, dass alle an der Beseitigung von Verschwendung arbeiten.

- Visualisierung alleine bringt keine Resultate. Tafeln aufzuhängen und Stückzahlen jede Stunde aufzuschreiben erzielt noch gar nichts. Es muss auch mit den Tafeln gearbeitet werden und mit dem entsprechenden Prozess hinterlegt werden. Das gesamte Konzept der Visualisierung und der Regelkreise in diesem Abschnitt soll dazu führen, dass das Shopfloor Management die richtigen Entscheidungen trifft, diese implementiert und deren Wirkung absichert und kommuniziert.

- Die reine Darstellung von Daten in visueller Form alleine reicht nicht aus. Es muss genau überlegt werden, was mit einer Visualisierung erreicht werden soll. Dient sie nur zur Information oder als Grundlage für eine Entscheidungsfindung? Wer ist die Zielgruppe? Sind Bilder sinnvoller als Zahlen oder Graphiken? Wie aktuell müssen und können die Daten sein?

■ 4.3 Visuelles Management und die Anwendungen der Digitalisierung

Praxisbeispiel 4.9 – Digitale Arbeitsanweisungen für Einzelfertigung im Montagebereich

Ausgangssituation:

Die Firma Rohde & Schwarz aus Praxisbeispiel 4.6 hatte bereits große Fortschritte in der Umsetzung von Lean Shopfloor Management Werkzeugen gemacht. Als natürliche Weiterentwicklung wurde eine schrittweise Einführung von digitalen Hilfsmitteln für das Shopfloor Management angestoßen. Die Produktion unterteilte sich in einen auftragsneutralen Produktionsbereich für Komponenten und einen Montagebereich, in dem auftragsbezogen in Einzelfertigung die Messgeräte zusammengebaut wurden. Durch die kontinuierliche Entwicklung der Geräte und der hohen Variantenvielfalt ergab sich für das Engineering und die Produktion die Herausforderung, immer die aktuellsten Arbeitsanweisungen vor Ort verfügbar zu haben. Diese konnten sehr umfangreich sein und unterschieden sich zwischen einzelnen Varianten häufig nur durch Details.

Anwendung:

Alle Montagearbeitsplätze waren bereits mit Monitoren ausgestattet, die zu mehreren Funktionen dienten. So wurden über sie alle qualitätsrelevanten Daten aufgezeichnet und verarbeitet oder die Rückmeldungen der Aufträge durchgeführt. Der Arbeitsplatz mit den Arbeitspapieren, dem Scanner und dem Monitor ist in Bild 4.24 dargestellt. Zusätzlich wurden den Mitarbeitern nun auch die Arbeitsanweisungen automatisch zur Verfügung gestellt. Mit dem Einscannen des Arbeitsauftrages erschien neben der Maske mit allen Auftragsdaten auch die relevante Beschreibung der Arbeitsschritte (Bild 4.25). Damit wurde sichergestellt, dass jede Änderung im Engineering auch sofort den Mitarbeitern in der Produktion zur Verfügung stand. Außerdem stellt es einen weiteren Schritt zur papierlosen Fertigung dar.

Bild 4.24 Montagearbeitsplatz mit analogen und digitalen Informationen

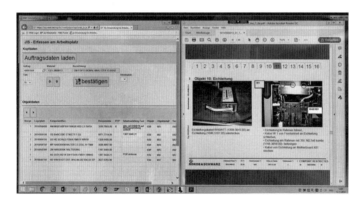

Bild 4.25 Digitale Darstellung der Arbeitsanweisung

Als Weiterentwicklung dieser Darstellungsform der Arbeitsanweisung wird diskutiert, diese nicht mehr mit einzelnen Blättern sondern als Video zur Verfügung zu
stellen. Durch den Wechsel auf Touchscreens können die Mitarbeiter ohne großen
Aufwand auf jede gewünschte Stelle in der Anweisung springen und auf notwendige Details zoomen.

Praxisbeispiel 4.10 – Digitale Unterstützung im Verbesserungsmanagement in der Getränkeindustrie

Ausgangssituation:

Ein Unternehmen der Getränkeindustrie investierte in eine vollautomatisierte, komplett verkettete Anlage, die vom Befüllen über das Beschriften der Behälter bis hin zur Verpackung alle Prozessschritte umfasste. In dieser speziell für diesen Anwendungsfall entwickelten Anlage kamen Technologien zur Anwendung, die sowohl für den Anwender wie auch den Maschinenbauer neu waren.

Durch eine enge Kooperation von Kunde und Lieferant sollten mit der Zeit die Startschwierigkeiten und Kinderkrankheiten überwunden werden. In der gesamten Anlage befanden sich zahlreiche Sensoren, die notwendige Daten und Informationen aufzeichneten. Die wichtigsten beinhalteten:

- Aktueller Status jeder einzelnen Einheit der verketteten Anlage
- Detaillierte Störgründe
- Relevante Maschinen- und Umweltparameter

Für die Aufbereitung und visuelle Darstellung dieser wurde ein eigenes Programm entwickelt, welches auf die speziellen Anforderungen dieses Produktionsbereiches zugeschnitten war. Die verschiedenen Varianten der Visualisierung in der Produktion und was damit gemacht wurde, wird im folgenden Abschnitt erklärt.

Der Lieferant der Anlage hatte Zugang zu exakt denselben Daten und Informationen. Ihm sollte damit die Möglichkeit gegeben werden, eine detaillierte Fehlerursache durchführen zu können. Einerseits sollten Maßnahmen eingeleitet werden, um diese Fehler nachhaltig abstellen zu können. Andererseits könnte der Maschinenbauer die so gewonnenen Erkenntnisse in die Entwicklung neuer Anlagen einfließen lassen.

Allerdings hatten die Mitarbeiter beim Maschinenbauer selber nicht genug Erfahrung mit dem täglichen Einsatz der neuen Technologien, weshalb von dieser Seite die Unterstützung nicht zum erwünschten Erfolg führte. Die Zielsetzung für den OEE (Overall Equipment Effectiveness) lag bei 75 %, einen Wert von 45 % erreichte man jedoch nur an sehr guten Tagen. Die Mitarbeiter und Spezialisten aus dem eignen Fertigungsbereich sollten durch ein gestärktes Shopfloor Management intensiver mit eingebunden werden, um die notwendigen Verbesserungsansätze zu identifizieren und umzusetzen.

Anwendung:

Für die Mitarbeiter vor Ort sollte der aktuelle Maschinenstatus im ersten Schritt von größter Bedeutung sein. So wurde die gesamte Anlage schematisch in einem Bild dargestellt, in dem der Status sofort erkannt werden konnte. In der gesamten Produktion wurden Bildschirme aufgehängt, sodass jeder Mitarbeiter eine Störung anhand dieser Darstellung sofort lokalisieren konnte (Bild 4.26). Diese Bildschirme befanden sich auch an jedem Abschnitt der Anlage. An dem jeweiligen Punkt der Störung musste der Mitarbeiter nur die relevante Stelle am Bildschirm antippen und der Störgrund wurde angezeigt. Dies ermöglichte eine schnelle Behebung und Fortsetzung der Produktion.

Bild 4.26 Visualisierung des Maschinenstatus

Die Vorgesetzten hatten dieselbe Darstellung auf ihren Tablets und hatten so jederzeit die Möglichkeit, den Status der Produktion zu überwachen. Dauerte eine Unterbrechung länger als ein vorher definierter Zeitraum, so wurden sie über dieses System automatisch informiert. Sie konnten damit zeitnah entscheiden, ob sie aktiv werden sollten oder nicht. Der Fokus lag an der Beseitigung der Symptome, es wurde ständig nur reagiert.

Um eine kontinuierliche Verbesserung der Abläufe zu erzielen, wurden drei Ebenen für das Shopfloor Management definiert. Die grundsätzliche Unterteilung dieser Ebenen erfolgte nach folgenden Kriterien:

- Was können die Mitarbeiter selber vor Ort erledigen? - Ebene E0
- Was benötigt die Beteiligung von Spezialisten des Bereiches und dem Bereichsleiter? - Ebene E1
- Was benötigt die Unterstützung anderer Bereiche oder höherer Managementebenen? – Ebene E2

Zur visuellen Unterstützung aller drei Ebenen wurden eigene Tafeln mit unterschiedlichen Inhalten definiert (Bild 4.27). Sie sollten einen zentralen Punkt der Kommunikation darstellen.

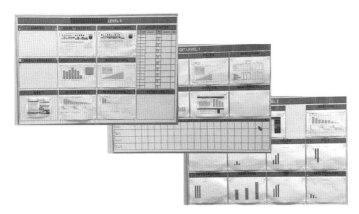

Bild 4.27 Visualisierung der drei Ebenen des Shopfloor Managements

Ebene E0 – Mitarbeiter inklusive Schichtleiter

Die Erfahrung und das Fachwissen der Mitarbeiter an den Anlagen sollten besser genutzt werden. Dazu gab es am Schichtende eine kurze Besprechung, in der die wichtigsten Störungen und Abweichungen mit allen Mitarbeitern noch einmal kurz besprochen wurden. Zur Unterstützung wurde die Tafel Ebene E0 erstellt, in der alle notwendigen Informationen zur und für die Schicht dargestellt wurden. Grundlage für die Suche nach Möglichkeiten für Verbesserungen stellten die Auswertungen der stündlichen Ausbringung der Anlage dar (obere Hälfte in Bild 4.28). Anhand von Trichtern wurde für jede Stunde dargestellt, ob das Ziel erreicht wurde oder nicht. Der Füllgrad und die Farbe (rot oder grün) repräsentierten den jeweiligen Zielerreichungsgrad. Unter diesen stündlichen Stückzahlen wurden die wichtigsten Stillstandsgründe angegeben, die von den Anlagen aufgezeichnet wurden. Kurz vor der Besprechung druckte der Schichtleiter die aktuellste Version aus und nutzte diese Unterlage als Vorbereitung dazu. Dieselbe Darstellung zur stündlichen Ausbringung konnte jederzeit auch über die Monitore oder Tablets während der Schicht abgerufen werden mit den live-Daten der Anlage.

Die Mitarbeiter und der Schichtleiter besprachen an der Tafel, ob es Beobachtungen oder Ideen von den Mitarbeitern gab, die als Verbesserungen umgesetzt werden konnten (untere Hälfte in Bild 4.28). Es wurde dabei unterschieden, ob diese Ideen unmittelbar von den Mitarbeitern selbst umgesetzt werden konnten oder ob sie auf die nächste Ebene übertragen werden sollten. Im zweiten Fall würde der Schichtleiter die Koordination übernehmen.

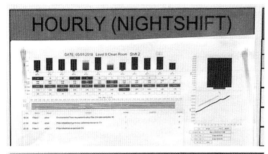

Bild 4.28 Ideenfindung zu Verbesserungen auf Ebene E0

Ebene E1 – Schichtleiter, Bereichsleiter und Servicebereiche

Die Arbeit auf dieser Ebene hatte vor der Neugestaltung des Shopfloor Managements einige gravierende Schwachstellen. Zuerst aber eine kurze Beschreibung der Struktur der Ebene E1. In einer täglichen Besprechung trafen sich die Schichtleiter aus beiden Schichten, der Bereichsleiter und die Servicebereiche wie Instandhaltung oder Qualität. Aus den Servicebereichen waren einige Mitarbeiter dem Bereich voll zugeordnet, andere wurden nur nach Bedarf hinzugerufen, nahmen allerdings immer an dieser Besprechung teil.

Die wichtigste Informationsquelle für die Besprechung stellte wieder eine Auswertung aus dem System dar (Bild 4.29). Für jeden Teilabschnitt der Anlage wurde ein Zeitstrahl dargestellt, auf dem jede einzelne Störung ersichtlich war. Die obere Hälfte in Bild 4.29 zeigt ein Beispiel von einer Schicht, in der es mehrere längere Störungen gab. Die untere Hälfte wiederum ergab sich durch zahlreiche kurze Stillstände. Die dunklen Abschnitte, die auf jeden Abschnitt zutreffen, stellen geplante Stopps wie zum Beispiel Wartungsarbeiten dar. Mit einem Klick auf jeden einzelnen Stillstand konnte der jeweilige Stillstandsgrund angezeigt werden. Zusätzlich konnte ein Pareto der Störgründe für die Schicht und die Woche aufgerufen werden.

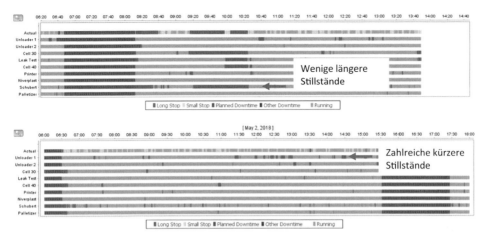

Bild 4.29 Darstellung der Maschinenstillstände während einer Schicht

Mit diesen detaillierten Daten und Informationen wurde zuerst der Vortag besprochen mit einem Fokus auf den Maßnahmen, was bei den wichtigsten Störungen unternommen wurde. Es ging also primär darum, über die Reaktion auf eine Abweichung zu informieren. Falls ein Stillstandsgrund immer wieder auftauchte, wurde innerhalb dieser Besprechung manchmal versucht, über ein Ishikawa-Diagramm oder andere Hilfsmittel, die Grundursache zu identifizieren. Wurde daraus eine Aktion definiert, so wurde diese in eine Maßnahmenliste übernommen. Am Anfang wurde diese noch regelmäßig ausgedruckt und auf der Tafel Ebene E1 angebracht. Nachdem die Liste immer länger wurde, wurde sie auch nicht mehr aufgehängt.

Aus dieser ursprünglichen Konstellation ergaben sich mehrere Schwachstellen. Diese sollen kurz erklärt werden mit den Änderungen, die sich daraus ergaben:

- Ideen und Vorschläge aus den Schichtübergaben mit den Mitarbeitern wurden kaum berücksichtigt. Die Schichtleiter sollten die Verknüpfung zwischen Ebene 0 und 1 sicherstellen. Der Wissenstransfer zu speziellen Störungsgründen funktionierte aber nicht wirklich.

  Änderung: Wurde in Ebene E1 ein Thema definiert, das eine detaillierte Analyse der grundsätzlichen Ursachen erforderte, musste Ebene E0 miteinbezogen werden. Der Schichtleiter musste dazu einen Mitarbeiter benennen, der bereits bei den Besprechungen auf Ebene E0 fundierte Kenntnisse zu dem jeweiligen Sachverhalt aufzeigte.

- Es wurde hauptsächlich über die Beseitigung der Symptome diskutiert, die eigentlichen Grundursachen kamen seltener zur Sprache. Die Teilnehmer fokussierten sich auf die Koordination der einzelnen Aktivitäten, um die Anlagen am Laufen zu halten oder nach einem Stillstand so schnell als möglich wieder zu starten. Die Lerneffekt sollte sein: „Wenn das wieder passiert, müssen wir Folgendes machen …"

Änderung: Die Bedeutung der Berichtserstattung, was am Vortag passierte, wurde reduziert. Im Gegenzug wurde ein weiterer Punkt für die Koordination der offenen Aktivitäten aufgenommen. Es sollte mehr Wert darauf gelegt werden, dass sich die einzelnen Bereiche und Abteilungen koordinieren, wie die Implementierung von Verbesserungsmaßnahmen vorangetrieben werden könnten.

- Prioritäten bei der Bearbeitung von Maßnahmen wurden ständig geändert. Immer wenn ein neues Thema aufkam, wurde der Fokus auf dieses verlegt. Was gestern noch wichtig war, könnte heute völlig an Bedeutung verlieren. Dadurch wurden viele Maßnahmen definiert, letztendlich wurde kaum etwas abgeschlossen. Weiter oben wurde bereits die immer länger werdende Maßnahmenliste erwähnt. Im Endeffekt wurde an allem gearbeitet aber kaum etwas abgeschlossen.

Änderung: Im ersten Schritt wurde zwischen reaktiven und proaktiven Maßnahmen unterteilt. Bei den reaktiven Maßnahmen ging es hauptsächlich darum, was vor Ort in der Produktion unternommen werden musste, damit diese am Laufen gehalten werden konnte. Daraus konnten sich einige Maßnahmen ergeben, die kurzfristig die Ebene E1 in Anspruch nahmen, um Symptome und deren Auswirkung einer Störung in Grenzen zu halten. Wichtiger sollte sein, die proaktiven Maßnahmen zu definieren und zu priorisieren. Aus dem bereits vorhandenen Pareto der Stillstandsgründe wurden die Top-5 ausgesucht, an denen gearbeitet werden sollte. Es durfte kein neues Thema aufgenommen werden, bevor nicht eines aus dieser Liste abgeschlossen wurde.

Zur Visualisierung wurde eine Änderung der E1-Tafel vorgenommen. Statt einem Ausdruck einer langen Maßnahmenliste wurden alle Maßnahmen manuell direkt auf die Tafel eingetragen. Zusätzlich wurde ein Feld definiert, welches auf Vorschläge und Ideen aus Ebene E0 verwies. Da sich die Tafeln der drei Ebenen gleich nebeneinander befanden und das Feld für Maßnahmen wesentlich vergrößert wurde, hatten die Mitarbeiter jederzeit einen guten Einblick in die Aktivitäten der Ebene E1.

- Die einzig wichtige Kennzahl für den Bereich war die Ausbringung, also die Stückzahlen. Es soll hier nicht die Bedeutung dieses Zieles angezweifelt werden. Wichtig ist aber, wie damit gearbeitet wird. Es gab sogar eine sehr visuelle Darstellung, die jedem Mitarbeiter verdeutlichen sollte, wie der aktuelle Stand der Erreichung war (Bild 4.30).

Grundsätzlich ist dies eine sehr visuelle und hilfreiche Darstellung. Die Tafel befand sich an mehreren Punkten in der Produktion und war ca. zwei Meter groß. Wöchentlich wurden die akkumulierten Stückzahlen und die Abweichung zum Jahresziel eingetragen. Wie bereits erwähnt, prinzipiell eine sehr gute Darstellung. Allerdings wurde das Ziel der Stückzahlen nicht auf die Einflussfaktoren der einzelnen Ebenen und Arbeitsplätze heruntergebrochen. Jeder Mitarbeiter hat unterschiedliche Möglichkeiten, wie er durch seine Arbeit die Stückzahlen mit beeinflussen kann. Es fehlte die klare Orientierung, welches Rad jeder drehen konnte, um das Ziel Ausbringung zu beeinflussen. Diese mussten identifiziert und als Unterziele zur Stückzahl definiert werden.

Änderung: Auf der Tafel E1 befand sich in der ursprünglichen Version eine ähnliche Darstellung zu den Stückzahlen wie in Bild 4.30 (linke Graphik in Bild 4.31). Bei dieser lag wieder der Fokus auf der Visualisierung des Rückstands der akkumulierten Ausbringung im Vergleich zum Jahresziel. In der Kalenderwoche 16 wurde zum Beispiel eine Verbesserung umgesetzt, die einen signifikanten Effekt auf die täglichen Stückzahlen hatte. In der linken Graphik ist diese Auswirkung kaum wahrzunehmen. In der neuen Darstellungsform werden die täglichen Stückzahlen dargestellt. Es sind in beiden Graphiken dieselben Werte zu sehen, einmal akkumuliert und einmal auf Tagesbasis. Um einen Trend besser darstellen zu können und tägliche Schwankungen auszugleichen, wurde für den Istwert in der rechten Graphik ein rollierender Durchschnitt von jeweils fünf Tagen verwendet. Die dargestellte Istmenge entspricht demnach dem Durschnitt der vergangenen fünf Tage. Ein Anstieg der Menge nach der Umsetzung der Verbesserungsmaßnahmen ist klar in der Kurve zu erkennen.

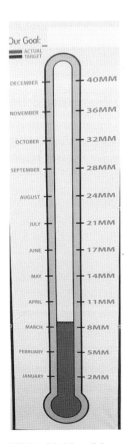

Bild 4.30 Visualisierung der Zielvorgabe & -erreichung Ausbringung

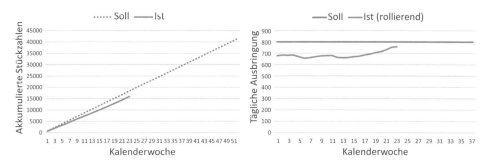

Bild 4.31 Darstellung der Ausbringung vorher (links) und nachher (rechts)

Im zweiten Schritt wurden zusätzliche, operative Kennzahlen bestimmt. Dazu mussten für die gesamte Anlage die wichtigsten Abweichungen definiert werden, die die Stückzahlen unmittelbar beeinflussten. Eine stellte zum Beispiel der Ausschuss beim Bedrucken dar. So wurde für diesen Abschnitt als weitere Kennzahl die Ausschussquote definiert. In der Verpackung kam es wiederum zu zahlreichen Mikrostörungen. Für diesen Bereich wurde ein Zielwert zur Reduzierung dieser Verluste ermittelt. Diese Kennzahlen wurden in ähnlichen Graphiken wie in Bild 4.31 (rechts) dargestellt und an Tafel E0 angebracht. So konnten die Mitarbeiter nachverfolgen, ob Aktivitäten in ihren Abschnitten die gewünschten Erfolge brachten.

Ebene E2 – Bereichsleiter, Leiter der Servicebereiche und Produktionsleiter

Auf dieser Ebene musste unterschieden werden zwischen den Inhalten der Besprechungen und der Tafel. Die wöchentlichen Besprechungen wurden vom Bereichsleiter geführt unter der Teilnahme der Leiter der Servicebereiche und des Produktionsleiters. Die zwei wichtigsten Punkte in dieser Runde waren:

- Information zum aktuellen Stand des Bereiches. Alle Beteiligten wurden vom Bereichsleiter zum Fortschritt der Stabilisierung der Prozesse informiert. Zusätzlich gab es einen kurzen Überblick zu den wichtigsten Abweichungen der vorangegangenen Woche.

- Aktivitäten wurden mit den Servicebereichen koordiniert. Die Ebene E2 diente auch als Eskalationsstufe für Maßnahmen aus Ebene E1. Konnten einzelne Aktivitäten nicht auf E1 bearbeitet oder abgeschlossen werden, beziehungsweise wurde die Unterstützung von E2 benötigt, so kam es in dieser Runde zur Sprache. Gemeinsam wurde die weitere Vorgehensweise bestimmt.

  Auf der Tafel E2 sollten hingegen Daten und Informationen dargestellt werden, die nicht unmittelbar die operative Arbeit des Bereiches betrafen. Beispiele dafür sind finanzielle Informationen (z. B. geplanter/tatsächlicher Umsatz des Bereichs) oder Reklamationen der Kunden.

Praxisbeispiel 4.11 – Transformation von analogen zu digitalen Regelkreisen

Ausgangssituation:

Bei einem Zulieferer der Hightech-Industrie wurde bereits seit einigen Jahren erfolgreich mit Werkzeugen der Schlanken Produktion gearbeitet. Rüstzeiten wurden verkürzt, Bestände abgebaut und Produktivitätssteigerungen erreicht. Nach diesen punktuellen Verbesserungen in der Produktion erkannte man die Notwendigkeit der Einführung eines Shopfloor Managements. Einerseits mangelte es an der notwendigen Transparenz zum Status von Aufträgen und den aufgetretenen Abweichungen während der Produktion. Daher war es nicht klar, wo es zu Verzögerungen kam und welche Verschiebung von Prioritäten sich dadurch ergeben würde. Die Ursachen für diese Abweichungen konnten damit nicht klar ermittelt und keine nachhaltigen Lösungen implementiert werden. Es wurde hauptsächlich reagiert und die Symptome durch Feuerwehraktionen bekämpft. Andererseits fehlten die notwendigen Kennzahlen, um die Abweichungen in den einzelnen Fertigungsbereichen durch Daten sichtbar zu machen. Eingeleitete Maßnahmen konnten ebenso wenig bewertet werden, ob sie eine nachhaltige Verbesserung der Situation erzielten.

Um diesen Herausforderungen zu begegnen, wurde ein Shopfloor Management Konzept aufgebaut, das aus folgenden Komponenten bestehen sollte:

Planungstafel zur Visualisierung des Auftragsstatus: An dieser Tafel wurden Karten angebracht, von denen jede für einen aktuellen Auftrag in einem Bereich stand. Die Tafel selber wurde in die Abschnitte Bearbeitung, Planung und Störung unterteilt. Je nach Auftragsstatus wurde die Auftragskarte in den entsprechenden Abschnitt gehängt. Damit existierte ein visuelles Hilfsmittel, um die notwendige Transparenz zum Stand eines Auftrages zu gewährleisten. Gab es Abweichungen bei einem Auftrag, so musste die entsprechende Karte in den Abschnitt Störung gehängt werden. Dies führte auch zum nächsten Punkt.

Bei Abweichung sollten in erster Instanz die jeweiligen Fertigungsbereiche eigenständig versuchen, Lösungen zu definieren und zu implementieren. Dazu wurde den einzelnen Teams relativ große Autonomie zugestanden. Konnte innerhalb eines Teams keine Lösung gefunden werden, wurde das Thema auf die nächste Ebene der täglichen Shopfloor-Runde weitergeleitet. In diesen Besprechungen wurden die Abweichungen und Störungen am Shopfloor-Board behandelt, das sich an einem zentralen Punkt innerhalb jedes Fertigungsbereiches befand. Der Teilnehmerkreis bestand aus Führungskräften der betroffenen Bereiche, Planer und Steuerer, Qualitätsmanagement und Vertreter der jeweiligen Gruppen. Auf jeden Fall musste immer eine Problemlösungskarte ausgefüllt werden. (Bild 4.32) Grundsätzliches Ziel dieser Karten war es, die aufgetretenen Probleme transparent zu machen. Damit soll eine strukturierte Bearbeitung und Verbesserung eingeleitet werden.

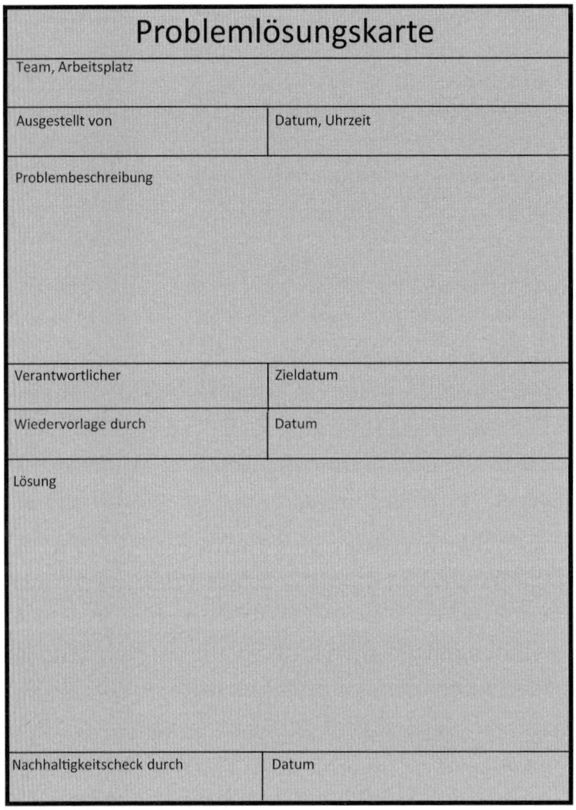

Problemlösungskarte

Team, Arbeitsplatz

Ausgestellt von | Datum, Uhrzeit

Problembeschreibung

Verantwortlicher | Zieldatum

Wiedervorlage durch | Datum

Lösung

Nachhaltigkeitscheck durch | Datum

Bild 4.32 Problemlösungskarte

Die Komponente des Shopfloor-Boards zum Problemlösungskreis bestand aus fünf Fächern. Die erste Ablage stellte den Posteingang dar, in dem die Gruppen oder andere beteiligte Bereiche die ausgefüllten Karten einwarfen. Täglich wurden die Karten des Vortages aus diesem Kasten entnommen und besprochen. Ziel der Runde sollte es nicht sein, unmittelbare Lösungen zu definieren. Diese Aufgabe wurde an ein jeweiliges Mitglied der Runde delegiert und damit kam die Karte in das Fach „in Bearbeitung“. Konnte bis zum vereinbarten Termin keine Lösung implementiert werden, kam die Karte in den nächsten Kasten „Wiedervorlage“. Erfolgte letztendlich die Implementierung einer Lösung, gelangte die Karte in den Kasten „Nachhaltigkeitscheck“. Die verantwortliche Führungskraft hatte nun die Aufgabe, das Ergebnis der implementierten Lösung zu überprüfen. Dieser Check bestand aus Beobachtungen vor Ort, Gesprächen mit Mitarbeitern sowie der Bewertung der relevanten Maschinendaten. Wurde die Nachhaltigkeit der Maßnahme von dieser Führungskraft bestätigt, konnte die Karte archiviert werden. Mittel- und langfristig wurden zusätzlich die Auswirkungen auf die notwendigen Kennzahlen bewertet.

Die Mitarbeiter der jeweiligen Gruppe sind durch ihre eigenen Vertreter in der täglichen Besprechung unmittelbar in diesen Prozess mit-eingebunden. Sie können je nach Thema auch die Verantwortung für die Definition und Implementierung der notwendigen Veränderungen tragen. Durch den Nachhaltigkeitscheck soll gewährleistet sein, dass nicht nur an den Symptomen gearbeitet wird, sondern dass die Ursachen tatsächlich beseitigt wurden. Diese beiden Punkte stellen einen wichtigen Bestandteil zur Definition und Implementierung der richtigen Lösungen dar.

Kennzahlen stellten die dritte Komponente des Shopfloor Managements dar. Ausgehend von den unternehmensweiten Kennzahlen wurde durch einen Top-Down-Ansatz diese auf die einzelnen Produktionsbereiche heruntergebrochen. Wichtige Werte für die Produktion beinhalteten Zahlen für Arbeitseffizienz, Bestände, Lieferperformance oder Kundenreklamationen. Durch den richtigen Mix an Kennzahlen sollte die ganzheitliche Optimierung aller Prozesse gewährleistet werden.

Anwendung:

Nachdem über einen längeren Zeitraum positive Erfahrungen mit diesen rein analogen Regelkreisen gesammelt wurden, sollten diese durch digitale Hilfsmittel unterstützt werden. Als Bestandteil eines unternehmensweiten Digitalisierungsprogramms wurde auch eine Transformation des Shopfloor Managements eingeleitet. Über die gesamte Wertschöpfungskette wurden Potenzialanalysen durchgeführt, um mögliche Handlungsfelder zu bestimmen. Die Komponenten, die für das Shopfloor Management relevant sind, werden in dieser und folgenden Praxisbeispielen dargestellt. Zwei Punkte sollten in diesem Zusammenhang von besonderer Bedeutung sein. Die digitalen Hilfsmittel sollten einerseits die Verwendung von Echtzeitdaten ermöglichen. Daher musste ermittelt werden, an welchen Punkten wer welche live-Daten benötigen würde. Der zweite Punkt sollte die Transparenz des Auftragsstandes über die gesamte Wertschöpfung darstellen. Somit sollte es für alle Betroffenen möglich sein, über das System sofort den jeweiligen Status eines Auftrages einsehen zu können.

Eine weitere Entscheidung des Managements bezog sich auf die Definition und den Aufbau des gesamten Systems. Die komplette Entwicklung und Implementierung sollte intern durch ein eigenes Projektteam erfolgen. Ein Zukauf eines fertigen Systems von einem externen Dienstleister kam daher nicht in Frage. Zwei Punkte wurden dafür als ausschlaggebend angesehen:

- Die Einbindung aller betroffenen Bereiche konnte damit besser gewährleistet werden. Das Projektteam hatte komplette Kontrolle darüber, in welcher Form und wie intensiv sie alle Mitarbeiter mit einbeziehen würden. Für die Akzeptanz sollte es wichtig sein, dass der Input der Betroffenen uneingeschränkt in die Lösung berücksichtigt werden konnte. Als zusätzliche Herausforderung kam hier hinzu, dass die Werkzeuge an allen Standorten gleichermaßen implementiert werden mussten.

- Der Kostenfaktor musste natürlich auch beachtet werden. Auch bei vermeintlichen Standardlösungen müssen immer Anpassungen durchgeführt werden. Entweder muss das System an das Umfeld angepasst werden oder umgekehrt; beziehungsweise muss der goldene Mittelweg gefunden werden. Die interne Bewertung führte letztendlich zur Entscheidung, dass eine Standardlösung zu keinen nennenswerten Einsparungen führen würde.

Das gesamte Projekt wurde als typische, agile Softwareentwicklung aufgesetzt und hatte eine Prämisse: „Einfach halten!".

Agiles Projektmanagement

Der Begriff stammt aus dem Projektmanagement und beschreibt eine Vorgehensweise, in dem Teams als kleine, selbst-organisierte Einheiten arbeiten. Diese bekommen von außen nur eine Richtung vorgegeben. Sie selbst bestimmen aber die Vorgehensweise, wie sie das gemeinsame Ziel erreichen.

Den Rahmen für ein Entwicklungsprojekt liefern die Kundenanforderungen als Eigenschaften des Endproduktes, also keine detaillierte Beschreibung in Form etwa eines Lastenheftes. Das gesamte Projekt wird dann in sogenannte Sprints unterteilt. Dies sind definierte, kurze Zeiträume, in denen das Team vorab festgelegte Teile des gesamten Projektes entwickelt. Diese Teile sollten zumeist in sich abgeschlossene Einheiten des Gesamtprojektes darstellen und funktionstüchtig sein. Am Ende jeden Sprints erfolgt eine Vorstellung der Ergebnisse, um Input von Stakeholdern oder den Kunden einzuholen. Damit entwickelt sich das gesamte Projekt Schritt für Schritt weiter und das Team erhält kontinuierliches Feedback, um die weiteren Abschnitte und Details zu definieren. (Humble; Molesky; O'Reilly 2017)

Von Anfang an sollte es von besonderer Bedeutung sein, dass alle betroffenen Bereiche so intensiv als möglich in den Entwicklungsprozess mit eingebunden sind. Dies sollte die Akzeptanz auf allen Ebenen garantieren. Die Sprints wurden demnach mit drei Wochen festgelegt. Dadurch konnten alle drei Wochen wieder neue Komponenten oder Funktionen anwendbar sein. Am Ende jeden Sprints gab es mit den betroffenen Bereichen Review Meetings, in denen die Mitarbeiter die Ergebnisse selber testen konnten. Somit erhielt das Projektteam in kurzen und regelmäßigen Abständen Feedback der zukünftigen Anwender. Durch diese enge Zusammenarbeit mit den Produktionsbereichen wurden zwei Punkte garantiert:

- Es wurden nur Funktionen entwickelt, die die Anwender wirklich unterstützen. Die also einen tatsächlichen Mehrwert für den internen Kunden darstellten.

- Jeder in der Produktion konnte seinen Input geben, was für die Identifikation mit und der Akzeptanz des Endproduktes von Bedeutung war. Es wurde Nichts von außen aufgezwungen.

Die Entwicklung zum Beispiel des digitalen Auftragsinfo-Systems betrug etwa 30 Wochen. Die Produktionsbereiche sollten anschließend für den Roll-Out innerhalb ihres Bereiches jeweils selber die Verantwortung übernehmen. Letztendlich wurden im Gesamtkonzept vier Projekte mit Relevanz zum Thema Shopfloor Management definiert, die mit den folgenden Praxisbeispielen beschrieben werden sollen:

- Problemlösungstafel (Praxisbeispiel 4.11)
- Planungstafel (Praxisbeispiel 6.3)
- Auftragsinfo-System (Praxisbeispiel 6.3)
- Interne Logistik (Praxisbeispiel 6.3)

Die digitale Problemlösungstafel ersetzte die analogen Hilfsmittel, wie in der Ausgangssituation beschrieben, komplett. An jeder Anlage wurden Touchscreens angebracht, über die die Mitarbeiter direkt die Informationen zu einer Abweichung in eine digitale Problemlösungskarte eintragen können. Der Prozess selber hat sich nicht verändert. Statt einer analogen Problemlösungstafel werden diese Karten nun in digitalen „Fächern" abgelegt und über einen Monitor angezeigt. Die wesentlichen Vorteile der digitalen Lösung gegenüber der analogen Tafel sind:

- Das manuelle Handhaben der Karten entfällt komplett. Durch vordefinierte Felder auf den digitalen Karten ist das Ausfüllen wesentlich einfacher und es findet kein manueller Transport statt. Die potenzielle Gefahr, dass Karten verlegt werden oder verloren gehen wurde dadurch ebenfalls eliminiert.

- Durch die vordefinierten Felder gestalten sich Auswertungen wesentlich einfacher. Somit wurde eine Grundlage geschaffen, eine Wissensdatenbank zu möglichen Störungen und deren Behebung zu erstellen. In der analogen Form wurden die Karten archiviert und mussten bei Bedarf manuell durchsucht werden.

- Die Problemlösungstafel ist auch direkt verknüpft mit einem Maßnahmenplan. Aus der morgendlichen Besprechung werden die Aufgaben direkt in diesen übernommen und können jederzeit über die Monitore oder die Tablets der Führungskräfte eingesehen werden. Ändert sich zum Beispiel ein Status einer Maßnahme, so ist diese Information unmittelbar für alle verfügbar.

Praxisbeispiel 4.12 – Rückkehr zu analogen Werkzeugen der Visualisierung

Ausgangssituation:

In einem metallverarbeitenden Betrieb wurden Gehäuseteile für Pumpen produziert. Die zentralen Fertigungsbereiche stellten die Gießerei und die anschließende mechanische Bearbeitung dar. Über die Jahre hinweg wurden Regelkreise zur kontinuierlichen Verbesserung in den einzelnen Fertigungsstufen aufgebaut. Bevor die Bedeutung der Erhebung, Auswertung und Visualisierung von Daten als Grundlage des Verbesserungsmanagements erkannt wurde, wurden diese zumeist nur manuell aufgezeichnet und abgelegt. Dazu hatte jeder Arbeitsplatz verschiedene Schichtblätter, in denen die wichtigsten Produktionsinformationen festgehalten wurden. (Bild 4.33) Die somit festgehaltenen Informationen wurden allerdings nie ausgewertet und dienten hauptsächlich zur Dokumentation.

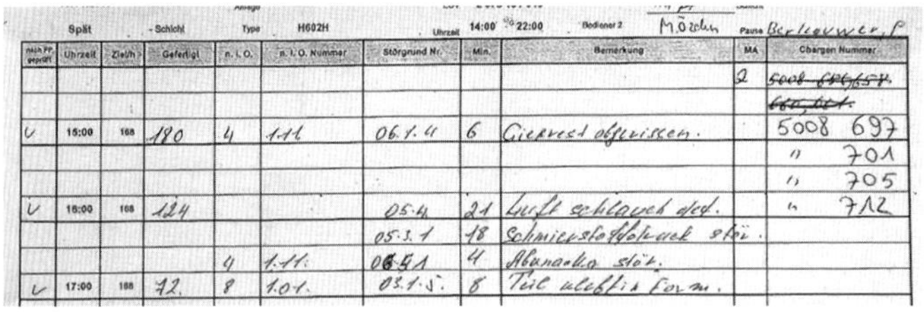

Bild 4.33 Beispiel Schichtblatt zur Erfassung von Produktionsinformationen

Auf diese Blätter konnte nun aber aufgebaut werden. Das Positive sollte sein, dass die Mitarbeiter es gewohnt waren, Daten aufzuzeichnen. Mit der Einführung eines Verbesserungsprozesses wurden diese Blätter abgeschafft und Produktionstafeln an die Anlagen gehängt. (Bild 4.34) Für die Mitarbeiter entstand durch die Tafeln im ersten Schritt kein zusätzlicher Aufwand. Statt den Aufschrieben mit den Blättern mussten sie nun die Daten in einer Tafel erfassen. Mit dem Aufbau des Verbesserungsprozesses wurden ähnliche Tafeln und Regelkreise erstellt, wie sie in den vorherigen Abschnitten beschrieben wurden. Die Maschinenbediener wurden damit auch schrittweise stärker in diesen Prozess eingebunden und nahmen aktiv an den Verbesserungen Teil.

Bild 4.34 Produktionstafeln zur Erfassung der Produktionsdaten

Über die Jahre wurde ein aktives Verbesserungsmanagement gelebt, welches von allen Ebenen der Produktion getragen wurde und auch hervorragende Ergebnisse lieferte. Als größter Nachteil dieser Vorgehensweise wurde der relativ große Aufwand für die Erfassung und Übertragung der Daten gesehen. Vom Management wurde es daher als klare Weiterentwicklung angesehen, soviel als möglich vom gesamten Datenmanagement zu digitalisieren.

Anwendung:

Gemeinsam mit einer Softwarefirma, die unter anderem auf die Digitalisierung der Datenerfassung und des Datenmanagements in der Produktion spezialisiert war, wurde ein Projekt aufgesetzt. Ziel sollte es sein, den bereits vorhandenen Prozess zu 100 % in eine digitale Form zu bringen. Dazu wurden unter anderem das bereits existierende BDE (Betriebsdatenerfassung) verwendet, um Maschinendaten direkt aus der Anlage in das neue System zu übernehmen. Nur nicht-maschinenbezogene Abweichungen wie zum Beispiel fehlendes Material mussten von den Mitarbeitern noch in das System manuell eingetragen werden. Die Produktionstafeln entfielen komplett und ihr Aufwand reduzierte sich damit drastisch.

Auch für die Teamleiter stellte das neue System eine klare Erleichterung dar. Sie hatten in der analogen Vorgehensweise zwei administrative Tätigkeiten. Am Ende einer Schicht mussten sie die Daten von den Tafeln in eine Datenbank übertragen. Zusätzlich mussten der Teamleiter aus der ersten Schicht vor der täglichen Produktionsbesprechung die notwendigen Daten auf die Bereichstafel übertragen. Diese Zahlen stellten die Grundlage für die tägliche Besprechung dar und zeigten auch die Trends auf. In der digitalen Version wurden dieselben Daten und Informationen automatisch generiert und auf einem Monitor dargestellt.

Nach einigen Monaten wurden allerdings zwei negative Entwicklungen festgestellt. Zuerst kam immer weniger direkter Input von den Mitarbeitern und Teamleitern zu Abweichungen und speziell zu möglichen Abstellmaßnahmen. Das Engagement auf dieser Ebene, Probleme zu erkennen und zu beseitigen, schwand mit der Zeit. Dies hatte letztendlich auch direkte Auswirkungen auf alle Kennzahlen der Produktionsbereiche. Langsam aber stetig konnte ein Abfallen von Produktivität, Rüstzeiten etc. beobachtet werden. Eine Analyse der Situation brachte folgende Erkenntnisse zu Tage:

Die Mitarbeiter und Teamleiter setzten sich nicht mehr im selben Maße mit den Abweichungen bzw. den Zahlen auseinander wie früher. Vom Prinzip her wurde die Produktionstafel auch digital abgebildet. An den Anlagen befanden sich Monitore und den Teamleiter standen Tablets zur Verfügung. Es hatte demnach jeder die Möglichkeit, alle aktuellen Daten über diese Medien abzurufen. Einige Punkte machten den großen Unterschied für die Personen am Shopfloor aus:

Durch das stündliche Eintragen beschäftigten sich die Mitarbeiter in regelmäßigen Abständen mit den Zahlen. Die Abweichungen und ihre Gründe wurden ihnen ständig vor Augen geführt. Über die Tafel an der Anlage konnten sie auch visuell wahrnehmen, wie sehr diese Störungen ihre Zielerreichung beeinflussten. Dies führte dazu, dass sie sich mehr Gedanken darüber machten, wie sie in den grünen Bereich kommen könnten.

Für die Mitarbeiter stellten die stündlichen Aufschreibungen eine kontinuierliche Kommunikation mit dem Teamleiter und den Kollegen dar. Auf der einen Seite konnte der Teamleiter relativ zeitnah erkennen, und das mit einem Blick für den ganzen Bereich, wo Unterstützung benötigt wurde und wo nicht. Auf der anderen Seite konnte der Mitarbeiter auch den Kollegen aufzeigen, dass er einen guten Job machte, wenn die Zahlen auf Grün standen. Für die meisten Maschinenbediener stellte es eine zusätzliche Motivation dar, dass jeder sehen konnte, wenn sie ihre Ziele erreichten.

Die Maßnahmenpläne stellten einen Teil der Bereichstafel dar. Auch sie konnten jederzeit digital im neuen System abgerufen werden. Die Inhalte und die Aktualität wurden durch die elektronische Version sogar erheblich verbessert. Der analoge Maßnahmenplan hatte allerdings den Vorteil, dass er für alle sehr transparent an der Tafel zu sehen war. Und somit konnte jeder Mitarbeiter sofort erkennen, falls eine für ihn wichtige Maßnahme nicht fristgerecht bearbeitet wurde. Sie forderten dann häufig auch eine rasche Umsetzung ein, damit sie ihre Arbeit richtig machen konnten.

Über die Jahre entwickelten sich die Mitarbeiter hin zu einem wichtigen, integralen Bestandteil im Prozess der Stabilisierung und Verbesserung von Prozessen. Die Digitalisierung der Erhebung und Auswertung der Daten hätte ihr Leben eigentlich einfacher machen sollen. Sie wurden allerdings soweit aus dem Prozess genommen, dass sie ihren Input als nicht mehr wichtig ansahen. Sie fielen relativ schnell wieder auf rein ausführende Tätigkeiten zurück - Maschinenbediener, die dafür zu sorgen hatten, dass die Anlagen produzierten.

Nach zahlreichen Gesprächen mit den Mitarbeitern wurde beschlossen, einige analoge Komponenten wieder einzuführen. Im ersten Schritt wurden die Produktionstafeln erneut aufgehängt. Sie sollten ein wichtiger Baustein in der Kommunikation zwischen Mitarbeitern und Shopfloor Manager bleiben. Damit existierten die Daten in analoger (für einen Tag) und digitaler Form, was von allen akzeptiert wurde. Das digitale Bereichsboard wurde auf mehrere, kleinere Monitore aufgeteilt. Der Maßnahmenplan zum Beispiel wurde auf einem, eigenen Bildschirm dargestellt. Es konnten durch das Anklicken bestimmter Felder immer noch mehr Details aufgerufen werden. Wurde mit einer Seite für einen bestimmten Zeitraum nicht mehr gearbeitet, so wurde automatisch wieder der Maßnahmenplan dargestellt. Mit diesen Kompromissen wurden die Übersichtlichkeit der analogen Tafel und der Informationsgehalt und die Aktualität der digitalen Systeme kombiniert. Letztendlich konnten dadurch die Mitarbeiter wieder in den Prozess integriert werden, damit die kontinuierliche Stabilisierung und Verbesserung der Abläufe ermöglicht wurde.

Fazit aus den Fallbeispielen

- Selbst wenn fundierte Informationen und Daten über digitale Medien jederzeit verfügbar sind, ist dies keine Garantie, dass damit auch richtig Aktionen abgeleitet werden. Zumeist stellen sie nur eine Abweichung schneller und transparenter dar, womit eventuell die Grundursachen einfacher ermittelt werden können. Ein klar definierter Prozess, wie mit diesen Daten und Informationen gearbeitet werden soll, muss auch in einem digitalen Umfeld gelebt werden. Die Abstellmaßnahmen müssen zumeist immer noch von qualifiziertem Personal daraus abgeleitet und vor allem auch implementiert werden.

- Informationen und Daten, die aus Systemen der Anlagen generiert werden, sollten mit dem Fachwissen des Personals vor Ort kombiniert werden. Die Mitarbeiter können zumeist weiteren, wertvollen Input liefern, der über die aufgezeichneten Daten der Anlage hinausgeht.

- Die Einbindung aller betroffenen Mitarbeiter bei der Definition und Einführung von digitalen Hilfsmitteln der Visualisierung und der entsprechenden Regel-kreise ist für den Erfolg kritisch. Es muss von allen Betroffenen verstanden werden, dass damit keine Kontrollinstrumente eingeführt werden. Der Prozess der Identifikation von Abweichungen und damit der Bestimmung von Lösungs-ansätzen soll schneller, transparenter und effizienter ablaufen.

- Analog oder digital sind keine Entweder-oder-Entscheidungen. Eine Kombina-tion aus beiden Formen macht in den meisten Situationen Sinn. Sie müssen für sich und Ihr Unternehmen entscheiden, bei welchen Komponenten eines Shopfloor Management Regelkreises eine digitale Unterstützung tatsächlich einen Mehrwert kreiert.

- Hat ein Unternehmen kaum oder nur sehr wenig Erfahrung mit Shopfloor Management Regelkreisen und damit verbunden dem Arbeiten mit Daten, wird auch die Einführung von digitalen Hilfsmitteln zumeist nicht den erhofften Erfolg liefern. In solchen Fällen sollte mit einfachen, analogen Werkzeugen wie zum Beispiel der Produktionstafel begonnen werden, um einen funktionie-renden Prozess aufzubauen. Erst dann sollte überlegt werden, wo und wie eine Digitalisierung eingeführt werden soll. Die Digitalisierung selber wird ihnen keinen Prozess und vor allem keine Kultur der kontinuierlichen Stabilisierung und Verbesserung der Abläufe ins Leben rufen.

5 Mitarbeiterführung

In diesem Kapitel werden einige der wichtigsten Aufgaben beschrieben, die ein Shopfloor Manager im Zusammenhang mit Mitarbeiterführung durchführen sollte. Für die meisten davon muss eine wichtige Grundvoraussetzung erfüllt sein, die Führungskraft muss einen nicht unerheblichen Anteil seiner Zeit auch tatsächlich in der Produktion verbringen. Es ist leider nach wie vor überraschend, wie wenig Zeit Führungskräfte aus Produktionsbereichen tatsächlich am Ort der Wertschöpfung verbringen. Wenn sie ein, zwei Stunden am Tag in der Produktion anzutreffen sind und/oder sich unmittelbar mit ihren Mitarbeitern auseinandersetzen, ist das viel. Es scheitert zumeist nicht immer an ihrem Willen, sondern es ist ein Phänomen, das sich im gesamten Werk finden lässt. Natürlich gibt es auch Fälle, in denen es eine willkommene Entschuldigung oder Ausrede ist, sich nicht am Shopfloor aufzuhalten. Einige typische Begründungen, warum eine Führungskraft nicht im ausreichenden Maße am Shopfloor anzutreffen ist, sind:

- *Firefighting:* Für manche Führungskräfte mag es ein eigener Managementstil sein, für andere wiederum eine Notwendigkeit, um die operativen Ziele mit erheblichem Zusatzaufwand zu erreichen. Wenn nicht die geeigneten Rahmenbedingungen für eine nachhaltige Stabilisierung und Verbesserung von Prozessen gegeben sind, so werden Vorgesetzte kontinuierlich von einem Feuer zum nächsten springen. Für die Mitarbeiter kann damit auch der Eindruck entstehen, dass sie so gut wie nie in der Produktion anzutreffen sind. Sie sind häufig mit Dingen beschäftigt wie Material und Aufträge zu suchen, Reparaturen von Anlagen zu koordinieren oder beschädigtes Werkzeug auszuwechseln.

- *Besprechungswahn:* Wenn man sich manche Terminkalender von Meistern oder Bereichsleitern ansieht, kann man verstehen, dass sie keine Zeit für die Anwesenheit am Shopfloor haben. Von ihnen wird verlangt, dass sie an allen Besprechungen teilnehmen, die eventuell ihren Bereich tangieren könnten. Es gibt keine klare Definition und Struktur, wer an welcher Besprechung teilnehmen sollte. Hilfreich kann in diesem Zusammenhang auch sein, dass zum Beispiel alle Produktionsbesprechungen der einzelnen Bereiche zur selben Zeit stattfinden. Damit wird sichergestellt, dass die Leute bei den Terminen teilnehmen, die sic auch wirklich betreffen. Fixe Zeiten, in denen keine Besprechungen stattfinden dürfen, haben sich ebenfalls als wirkungsvoll erwiesen.

- *Remote Management:* Bereits im ersten Kapitel wurde das Thema mit Remote Management diskutiert. Manche Führungskräfte sind der Meinung, dass die Daten und Informationen, die sie über ein System erhalten, zur Leitung eines Bereiches ausreichen. Anhand von Kennzahlen und Berichten können sie alle notwendigen Entscheidungen treffen. Entweder unterschätzen sie die Bedeutung des unmittelbaren Kontaktes mit den Mitarbeitern oder sie unterschätzen die Erkenntnisse, die sie vor Ort gewinnen können. Nur eine Kombination aus den richtigen Daten und dem Verständnis der Abläufe vor Ort kann eine gute Grundlage für die richtigen Entscheidungen ermöglichen.

- *Übermäßiger, administrativer Aufwand:* Viele Führungskräfte in der Produktion müssen einen nicht unerheblichen Teil ihrer Zeit am Schreibtisch verbringen, um administrative Tätigkeiten auszuführen. Erstellen von Schichtplänen, Auswerten von Produktionsdaten oder Verfassen von Berichten gehören zum Alltag. In zahlreichen Fällen sollte es sicher Möglichkeiten geben, diese Fachkräfte von einigen dieser Aufgaben zu befreien. Die in diesem Kapitel beschriebenen digitalen Hilfsmittel sollten auch ihren Beitrag leisten können, damit die Shopfloor Manager mehr Zeit in der Produktion verbringen können.

- *Mangelndes Verständnis der Prozesse:* Häufig meiden Führungskräfte einen Bereich auch, weil sie nur ein sehr eingeschränktes Verständnis der Prozesse haben. Einerseits kann es sich um Abschnitte mit Mitarbeitern handeln, die schon sehr viele Jahre zusammenarbeiten und eine fast eingeschworene Gemeinschaft bilden. Diese wollen sich auch zumeist von einer Führungskraft nichts sagen lassen, die nicht auf einer fachlichen Ebene mit ihnen kommunizieren kann. Es kann allerdings natürlich auch sein, dass sich ein Vorgesetzter nicht die Blöße geben will, als nicht kompetent zu erscheinen. Das Wissen zu den Prozessen und den Respekt der Mitarbeiter kann man sich allerdings nur vor Ort wirklich aneignen. Ein Verstecken in Besprechungen oder hinter dem Schreibtisch fördern das nicht unbedingt.

Was auch immer der Grund sein mag, Mitarbeiterführung im traditionellen Lean Shopfloor Management lässt sich nicht vom Büro oder einem Besprechungszimmer aus umsetzen. Wir werden in den folgenden Seiten immer wieder hervorheben, wie wichtig die Präsenz vor Ort ist. Zusätzlich können digitale Medien manche Aktivitäten unterstützen oder erleichtern. Diese Möglichkeiten werden wir in diesem Kapitel ebenfalls behandeln.

Der erste Abschnitt beschäftigt sich hauptsächlich mit den täglichen Aufgaben eines Shopfloor Managers in Bezug auf die Führung der Mitarbeiter und dem Erreichen der operativen Ziele. Was sind die einzelnen Tätigkeiten, die standardmäßig durchgeführt werden sollen? Wie kann der Shopfloor Manager die Mitarbeiter dabei unterstützen, dass sie die geplanten Stückzahlen entsprechend der Planung fertigen. Je besser das tägliche Shopfloor Management entwickelt ist, umso geringer wird der Aufwand für viele dieser Aktivitäten sein. Teilweise kommt es auch zu einer Überschneidung mit den Inhalten der Aufgaben aus dem zweiten Abschnitt.

Dieser konzentriert sich eher auf das Erreichen der strategischen Ziele. Dabei geht es im Zusammenhang mit diesem Kapitel hauptsächlich um die Weiterentwicklung jedes einzelnen Mitarbeiters sowie der Prozesse. Der Shopfloor Manager muss erkennen, wo die Defizite und Potenziale der Mitarbeiter liegen. Daraus müssen der Schulungsbedarf und entsprechende Maßnahmen abgeleitet werden, um sie mit ihren Aufgaben wachsen zu lassen. In Bezug auf die Weiterentwicklung der Prozesse wird es im Kern darum gehen, wie Ziele dazu entstehen und welche Aufgabe jede einzelne Hierarchieebene beim Erreichen dieser hat. Es gibt auch sicherlich hier wieder Aspekte, die mit digitalen Hilfsmitteln vereinfacht oder unterstützt werden können. Auch diese Möglichkeiten sollen beschrieben werden.

Zum Abschluss kommt noch ein kurzer Abschnitt, der sich mit dem Thema der Führungsspanne auseinandersetzt. Die Aufgaben aus den ersten beiden Abschnitten können von einer Führungskraft nur für eine begrenzte Anzahl von Mitarbeitern sinnvoll durchgeführt werden. Je nach Struktur eines Produktionsabschnittes und der Verteilung der einzelnen Aktivitäten können Unternehmen unterschiedliche Richtlinien für die Führungsspanne definieren.

■ 5.1 Standardtagesablauf des Shopfloor Managers

Je stabiler die Abläufe in der Produktion sind, umso weniger muss der Shopfloor Manager auf Abweichungen reagieren und kann einer gewissen Routine an Tätigkeiten folgen. Diese Routinen können in einem Standard beschrieben werden, in dem fixe Aktivitäten und flexibel gestaltbare Zeiträume enthalten sein können. Bild 5.1 zeigt beispielhaft einen Tagesstandardablauf für einen Meister. Dieser ist auf eine Karte gedruckt, die er ständig mit sich führt. Auf der Rückseite sind die wöchentlichen, monatlichen und anderen regelmäßig durchzuführenden Aktivitäten aufgelistet. Diese sind zum Beispiel Durchführen von 5-S Audits oder Teilnahme an Kaizen-Workshops. Wie bei jedem Standard erfordert auch dieser Disziplin, um ihn einhalten zu können. Allerdings liegt es in diesem Fall nicht nur in der Hand des Shopfloor Managers, dass solch ein Standard funktionieren kann. So müssen zum Beispiel die vorgesehenen Zeiten für Besprechungen auch von den anderen Bereichen und speziell den Vorgesetzten respektiert und eingehalten werden. Eine werksweite Koordination der Standardzeiten kann in diesem Fall notwendig sein.

Bereich:	xxx
Meister:	yyy
	Tägliche Aktivitäten
06:00-06:30	Start der Schicht
06:30-07:45	Flexible Zeit
07:45-08:30	Produktionsbesprechung (inkl. Vor- und Nachbereitung)
08:30-09:00	Flexible Zeit
09:00-09:30	1. Gemba-Walk
09:30-10:00	Mitarbeitergespräche
10:00-11:00	Zeitpuffer für sonstige Besprechungen
11:00-11:30	2. Gemba-Walk inkl. Kreidekreis
11:30-12:00	Mittagspause
12:00-13:00	Administrative Tätigkeiten
13:00-13:30	3. Gemba-Walk
13:30-14:00	Schichtende

Bild 5.1 Beispiel Tagesstandardablauf „Meister"

Mit T-Karten wird solch ein Tagesstandardablauf verfeinert und visualisiert. Zumeist im Zusammenhang mit Bereichstafeln gibt es eine eigene Tafel, in die Karten in T-Form gesteckt werden können. Jede einzelne Karte steht für eine ganz bestimmte Tätigkeit, die durchgeführt werden soll. In diesem Zusammenhang werden zum Beispiel die täglichen Aktivitäten des Meisters wie der Gemba-Walk noch in einzelne, sehr konkrete Aufgaben unterteilt. Zumeist ist die eine Seite der Karte rot, womit angezeigt wird, dass diese Aktivität noch offen ist. Nach deren Erledigung wird die Karte umgedreht, wobei diese Seite dann grün ist. Dadurch entsteht Transparenz und Verbindlichkeit für die Aufgaben des betroffenen Shopfloor Managers. Eine T-Karten-Tafel stellt ein sehr dynamisches Konzept dar, die Inhalte der Karten ändern sich je nach Bedarf. Wurden zum Beispiel an einer Anlage Maßnahmen zur Reduzierung von Ausschuss umgesetzt, kann eine Karte für die Kontrolle der Ausschusszahlen während des Gemba-Walks stehen. Wurde das Ziel der Reduzierung nachhaltig erreicht, so kann diese Aufgabe gestoppt werden.

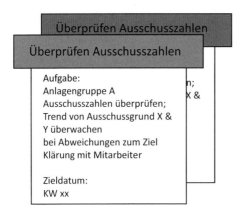

Bild 5.2 Beispiel T-Karte (Vorder- und Rückseite)

Natürlich gibt es auch die Möglichkeit, diese Tafel und die T-Karten im digitalen Format zu verwenden. Die Anzeigen erfolgen dann entsprechend über einen Bildschirm bzw. mobiler Geräte. Die teilweise aufwendige Handhabung der Karten entfällt damit. Der besondere Vorteil liegt sicher darin, dass der Shopfloor Manager über sein mobiles Gerät automatisch an eine Aufgabe erinnert werden kann. Ein Nicht-Erfüllen dieser kann genauso transparent gemacht werden, wie bei einer Tafel in der Produktion. Die verschiedensten digitalen Möglichleiten sind teilweise so gestaltet, dass sie wie die physische Tafel in der Produktion aussehen können (Bild 5.3). Auch hier können verschiedene Farben verwendet werden, die sich auf einzelne Themenblöcke beziehen.

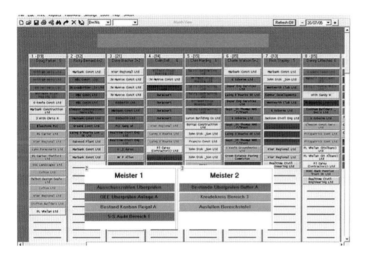

Bild 5.3 Beispiel digitale Version einer T-Karten-Tafel

5.1.1 Managen der täglichen Abläufe

In einem perfekten Produktionsumfeld würde es diese Aufgaben des Shopfloor Managers nur sehr eingeschränkt geben. Jeder Mitarbeiter wüsste genau, was, wann, wo zu machen sei. Es würde keine Störungen oder Abweichungen geben. Standards würden von jedem eingehalten werden. Jeder Mitarbeiter würde seinen Beitrag leisten, um die operativen Ziele zu erreichen. Eine Hauptaufgabe des Shopfloor Managers besteht demnach darin, die Mitarbeiter zu unterstützen, damit sie das Tagesgeschäft vollbringen können. Oder anders ausgedrückt, wie können sie beim Bewältigen der täglichen Prozessmängel unterstützt werden. Dieser Abschnitt folgt entsprechend dem Tagesablauf in der Produktion.

Schichtbeginn/-übergabe

Auf der einen Seite gibt es Unternehmen, die klare Standards haben für den Start bzw. das Ende einer Schicht. Zu Beginn können Themen wie Einteilung der Mitarbeiter oder Austausch von Informationen zu Herausforderungen der vorhergehenden Schicht am Plan stehen. Zum Abschluss einer Schicht steht den Mitarbeitern häufig Zeit zum Reinigen der Arbeitsplätze zur Verfügung. Auf der anderen Seite gibt es Produktionsbereiche, in denen die Schichtübergabe nur sehr vage geregelt ist. Es ist immer wieder überraschend, wie viel Zeit in solchen Unternehmen zu Beginn und auch Ende einer Schicht als nicht-wertschöpfend einzustufen ist. Insgesamt 20 Minuten an Produktionszeit können durchaus verloren gehen, bei einer Schichtzeit von 8 Stunden sind das über 4 %. Hier ein paar typische Aufgaben und Situationen zu diesem Thema:

Informationsaustausch zwischen Schichtverantwortlichen: Während einer Schicht können Themen aufkommen, deren Auswirkungen die nächste Schicht betreffen. Anlagen oder Werkzeuge funktionieren nicht richtig, mit einem speziellen Los gibt es Materialprobleme oder ein Auftrag muss kurzfristig vorgezogen werden. Falls diese Informationen nicht visuell festgehalten werden, muss ein Informationsaustausch zwischen den Shopfloor Managern erfolgen. Eine Visualisierung über die Produktions- oder Bereichstafeln oder per digitaler Medien erleichtert dies natürlich. In Bild 5.4 ist ein Beispiel für eine digitale Unterstützung zum Informationsaustausch zwischen den Schichten dargestellt. In diesem kann zum Beispiel ein Schichtleiter wichtige Maßnahmen und andere Themen dokumentieren, die für die folgende Schicht von Bedeutung sind. Diese können zusätzlich mit Bildern und kurzen Videos unterstützt werden.

Beschreibung	Gemeldet	Typ	Bis	Verantwortlicher	Bemerkungen	Status	Datei
Grat entfernen	Mrs Dagmar Königstein	●	2019-05-31 10:12:00	Mrs Bernd Tester	macht ...	50	
Ölleck		●	2018-09-27 12:00:00	Mr Karsten Königstein	asap	75	
wegräumen	Mr Martin Hummel	●	2018-02-23 09:05:00	Mr Jörn Ruthsatz	asap	50	
Ölleck	Mrs Dagmar Königstein	●	2018-02-20 20:14:07	Mr Karsten Königstein		0	
fehlende Praline	Mrs Dagmar Königstein	●	2018-02-28 12:53:00	Mr Karsten Königstein		0	

Bild 5.4 Digitale Erfassung von Maßnahmen zur Schichtübergabe

Einteilen der Mitarbeiter: In vielen Unternehmen sind Mitarbeiter nicht unbedingt fix an einen Arbeitsplatz gebunden. Je nach täglich anfallender Auftragslage erfahren sie erst zu Beginn der Schicht, wo sie welche Tätigkeiten durchführen sollen.

An manchen Tagen kann es auch sein, dass ein Bereich nicht ausgelastet ist. Entsprechend muss der Shopfloor Manager entscheiden, wo die freien Mitarbeiter wert-schöpfend eingesetzt werden können.

Informationen an die Mitarbeiter: Im Lean Shopfloor Management ist es wichtig, dass die Mitarbeiter über mehr als nur ihre unmittelbaren Arbeitsinhalte informiert sind, also das Was und Wie ihrer Tätigkeiten. Das Warum und zusätzliche Informationen zur Entwicklung des Wertstroms sollen die Identifikation mit der Arbeit und damit die Motivation erhöhen. Ein Vehikel dafür kann die Schichtübergabe sein, während der relevante Informationen mit allen Mitarbeitern geteilt werden. Wenn es um die direkte Interaktion zwischen einzelnen Mitarbeitern und den unmittelbar verantwortlichen Shopfloor Managern geht, werden wir diesen Punkt noch vertiefen.

Praxisbeispiel 5.1 – Visualisierung von Informationen zur Schichtübergabe

In einer Gießerei für Motorenkomponenten war die Weitergabe von Informationen zu Auftrags- und Anlagenstatus zwischen den einzelnen Schichten von besonderer Bedeutung. Dazu wurde eine eigene Tafel aufgebaut, in der zu jeder Anlage alle benötigten Informationen eingetragen wurden (Bild 5.5). Die Shopfloor Manager wussten anhand der Tafel, welche Anlage freigegeben war, welche Artikel darauf produziert werden sollten und ob es eine Störung gab. Damit wurde eine Grundlage geschaffen, was in der Schicht von allen Mitarbeitern besonders berücksichtigt werden sollte.

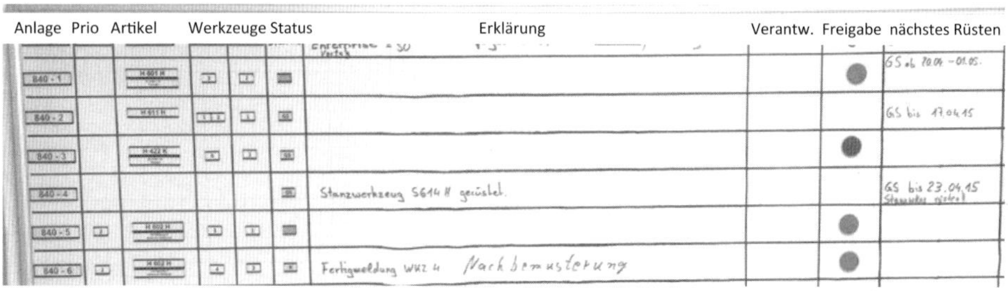

Bild 5.5 Tafel zur schichtübergreifenden Information

Aus der Tafel in Bild 5.5 konnte der Schichtleiter je nach Bedarf die Mitarbeiter unterschiedlich einteilen, was in der Tafel in Bild 5.6 visualisiert wurde. Für jeden Namen gab es eine Magnetkarte, die der Shopfloor Manager entsprechend der Auftragslage und den entsprechenden Qualifikationen verteilte. Die erste Station zu Schichtbeginn für alle Mitarbeiter sollte diese Tafel sein. Sie zeigte ihnen an, für welchen Arbeitsplatz sie eingeteilt wurden.

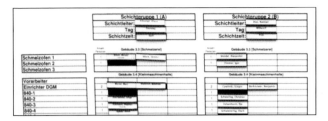

Bild 5.6 Tafel zur Schichteinteilung

Abschluss der Schicht: Eine der Hauptaufgaben zum Abschluss einer Schicht ist häufig das Reinigen und Aufräumen der Arbeitsplätze. Diese Aktivitäten sollten Teil eines 5-S Gesamtkonzeptes sein. Es sollte nicht nur darum gehen, dass am Ende der Schicht einmal mit dem Besen gekehrt wird.

5-S

Beim 5-S-Programm handelt es sich um einzelne Schritte für die Schaffung einer sauberen, geordneten und sicheren Arbeitsumgebung (Imai 1997). Die fünf Komponenten sind:

- Seiri: Entfernen von Unnötigem
- Seiton: Ordnen der verbliebenen Dinge
- Seiso: einen Sauberen Arbeitsplatz beibehalten
- Seiketsu: Sauberkeit und Ordnung als tägliche Routine
- Shitsuke: 5-S als Teil der Managementkultur

Durch 5-S soll nicht nur ein sauberer Arbeitsplatz geschaffen und erhalten werden, an dem es angenehmer ist zu arbeiten und der repräsentativer wirkt. Sarkastische Kommentare zu 5-S bezeichnen es auch als „schöner Wohnen". Es werden damit auch sehr messbare Ziele verfolgt. Einerseits kann 5-S positive Auswirkung auf die Produktivität haben, wenn z. B. durch eine bessere Ordnung Suchzeiten reduziert werden. Anderseits ist 5-S auch eine Grundvoraussetzung für das Produzieren von Qualität.

Leider gibt es auch Bereiche, in denen es Spannung zwischen einzelnen Schichten gibt. Am Ende einer Schicht wird zum Beispiel das letzte Material an einer Anlage aufgebraucht, damit die nächste Schicht zuerst Zeit mit dem Besorgen der benötigten Teile verbringen muss. Oder eine Schicht fertigt alle anstehenden Aufträge, die wenig Rüstaufwand benötigen. Die Mitarbeiter in der Folgeschicht müssen dann die Aufträge abarbeiten, die mit mehr Rüstzeiten verbunden sind und weisen dadurch eine schlechtere Produktivität aus. Was auch immer die Gründe für solche Probleme zwischen einzelnen Schichten sein mögen, das Shopfloor Management hat die Verantwortung, diese abzustellen. Wenn es persönliche Differenzen zwischen den Shopfloor Managern der ersten Ebene gibt, dann müssen deren Vorgesetzte einschreiten. Das Shopfloor Management hat die Aufgabe, dass eine Schicht ordentlich abgeschlossen wird, damit die folgende das best-mögliche Umfeld vorfinden kann. Auch hier sollten sie so den Bereich managen, dass der nicht-wertschöpfende Anteil während der Schichtübergabe reduziert wird.

Ob es Standards für die Schichtübergabe bez. Dauer und Inhalten gibt und wie diese eingehalten werden, kann sehr viel über einen Bereich aussagen. Es könnte zum Beispiel festgeschrieben sein, dass die letzten 10 Minuten einer Schicht zum Aufräumen vorgesehen sind. Stoppen die Mitarbeiter ihre Arbeit allerdings regelmäßig 15 oder 20 Minuten vor Schichtende und benötigen nur fünf Minuten für das Reinigen, dann ist die Wahrscheinlichkeit groß, dass auch andere Standards sehr flexibel gehandhabt werden. Es ist auch ein guter Hinweis, dass das Shopfloor Management nicht konsequent gelebt wird. Ein Blick auf ein paar Schichtübergaben kann schon sehr viel aussagen zum Shopfloor Management in dem betreffenden Bereich.

5.1.2 Regelmäßige Rundgänge am Ort der Wertschöpfung

Ein Meister oder Schichtleiter wird auch bei besten Intentionen nur einen gewissen Anteil der Arbeitszeit unmittelbar am Ort der Wertschöpfung verbringen können. Viele Unternehmen versuchen die Präsenz der Shopfloor Manager in der Produktion zu verstärken, indem ihre Arbeitsplätze unmittelbar in die Produktion verlagert werden. Auch ein Schreibtisch in der Produktion reduziert nicht die Vielzahl an Besprechungen, die Koordination mit den Schnittstellen, oder, oder, oder. Wie schon eingangs erwähnt, kann ein voller Terminkalender auch eine willkommene Begründung sein, weshalb man als Shopfloor Manager nicht in der Produktion sein kann (will). Was auch immer der Grund für mangelnde Anwesenheit in der Produktion sein mag, machen fixe Zeiten für einen Rundgang als Teil eines Tagesstandardablaufes Sinn. So könnte zum Beispiel die Frequenz der Aufzeichnungen auf den Produktionstafeln als Vorgabe für die Rundgänge dienen. Sollen die Ist-Werte zum Beispiel alle zwei Stunden eingetragen werden, so kann dies auch die Zeit für den Shopfloor Manager sein (Bild 5.1).

Die wichtigsten Inhalte der Rundgänge sollten sein:

- Unterstützung der Mitarbeiter
- Beobachtungen der Abläufe
- Kommunikation mit den Mitarbeitern

 Unterstützung der Mitarbeiter

Anhand der Produktionstafeln sollte der Shopfloor Manager relativ einfach feststellen können, ob es an einem Arbeitsplatz zu Abweichungen gekommen ist. Falls durch einen definierten Eskalationsprozess noch keine Reaktion ausgelöst wurde, kann während des Rundganges beim Mitarbeiter nachgefragt werden, ob Bedarf für Unterstützung vorliegt. Der erste Schritt hier ist, gemeinsam Maßnahmen zu ergreifen, damit die Arbeit nach den definierten Standards und Vorgaben durchgeführt werden kann. Längerfristig sollten die Mitarbeiter so weit sein, dass sie Abweichungen in einem bestimmten Rahmen selber beheben können, wollen und dürfen. Der Shopfloor Manager sollte nur noch eingreifen müssen, wenn es um Themen geht, die außerhalb des unmittelbaren Wirkungskreises des definierten Arbeitsbereiches liegen.

Falls die Unterstützung zeitnaher erfolgen soll, als über die regelmäßigen Rundgänge möglich ist, sind Andons ein wichtiges Hilfsmittel. Je nach Art der verwendeten Anzeige, kann der Inhaltsgehalt sehr unterschiedlich sein. Über die klassischen Lichter an Maschinen kann nur der aktuelle Status angezeigt werden. Es kann auch eine Farbe definiert sein, die Unterstützungsbedarf anzeigt. Der Vorteil im Vergleich zur Tafel ist, dass sie zumeist auch von weiter weg erkennbar sind. Die Erfahrung zeigt allerdings, dass diese Lichter nur in sehr wenigen Produktionsbereichen tatsächlich genutzt werden, selbst wenn sie an allen Anlagen angebracht sind. Entweder wurden sie funktionsunfähig gemacht oder werden ganz einfach ignoriert.

 Andon

Das japanische Wort Andon bedeutet Laterne. Sinn und Zweck eines Andons ist es, Störungen anzuzeigen. Es kann entweder automatisch oder durch einen Mitarbeiter aktiviert werden. An Anlagen kann durch verschiedene Farben an Lichtern, wie in Bild 5.7 der aktuelle Status angezeigt werden, z. B. rot für eine Störung. Eine Anzeigetafel oder App kann auch in Textform angeben, wo und welche Störung aufgetreten ist.

Bild 5.7 Andon zum Anzeigen des Maschinenstatus

Als weit effektiver haben sich Anzeigetafeln oder Monitore bewährt, die an unterschiedlichen Punkten in der Fabrikhalle angebracht sind. (Bild 4.26 in Praxisbeispiel 4.10) Auf diesen werden wichtige Informationen zeitnah angezeigt. Unter anderem kann über diese kommuniziert werden, ob an einem Arbeitsplatz Unterstützung durch den Shopfloor Manager benötigt wird.

Praxisbeispiel 5.2 - Anfordern von Unterstützung über digitale Medien

Im Rahmen der Digitalisierung können diese natürlich auch direkt auf ein mobiles Gerät übertragen werden. In Bild 5.8 ist der gesamte Prozessfluss eines Fertigungsbereiches dargestellt. Für einen Prozessschritt wird ein roter Status angezeigt, was verdeutlichen soll, dass Handlungsbedarf für den Shopfloor Manager besteht. Es wurden als Farben definiert:

- Grün: Prozess innerhalb der Parameter
- Gelb: Abweichungen, die von den Mitarbeitern gehandhabt werden können
- Rot: Unterstützung durch das Shopfloor Management ist notwendig. Dieser Status kann von manchen Prozessschritten automatisch ausgelöst werden und an anderen muss der Mitarbeiter die Unterstützung anfordern.

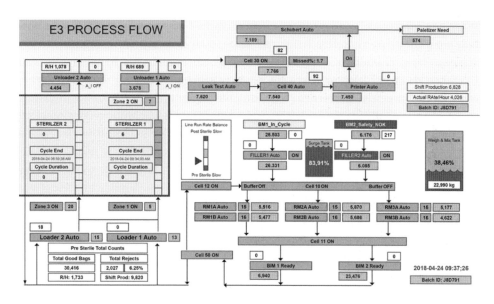

Bild 5.8 Prozessübersicht mit Statusanzeige

Diese Übersicht ist auf Monitoren im gesamten Produktionsbereich dargestellt. Zusätzlich haben sie die Shopfloor Manager auch auf ihren Tablets verfügbar. Verändert sich der Status auf Rot, so bekommen sie eine Meldung, dass an diesem Prozessschritt Unterstützung angefordert wurde. Die Mitarbeiter haben in diesem System auch die Möglichkeit, die Anforderung zu spezifizieren. Sollte es sich zum

Beispiel um ein elektronisches Problem handeln, geht eine Meldung an den entsprechenden Mitarbeiter der Instandhaltung. Grundvoraussetzung für das Funktionieren solch eines Systems sind auch bei den digitalen Medien klar definierte Regeln, in welchen Fällen der Status auf Rot gesetzt werden kann oder soll. Für die Mitarbeiter ist damit gewährleistet, dass sie relativ zeitnah die richtige Unterstützung bekommen.

 Beobachtungen der Abläufe

Eine weitere zentrale Aufgabe des Shopfloor Managers liegt darin, die Abläufe in der Produktion zu beobachten. Der erste Punkt hängt dabei unmittelbar mit der Mitarbeiterführung und der Erreichung der operativen Ziele zusammen. Zwei weitere sind eher im Zusammenhang mit der Weiterentwicklung und den strategischen Zielen zu sehen.

- Folgen die Mitarbeiter den Standards?
- Gibt es Möglichkeiten, die Standards zu verbessern?
- Bringen die eingeführten Änderungen der Standards die gewünschten Erfolge?

Die Einhaltung aller Standards muss vom Shopfloor Manager ständig eingefordert und kontrolliert werden. Das Befolgen von Standards erfordert Disziplin, und für diese ist der unmittelbare Vorgesetzte verantwortlich. Steht ein Behälter nicht am gekennzeichneten Platz, so muss die verantwortliche Person für diesen Materialfluss darauf hingewiesen werden. Folgt ein Mitarbeiter nicht der Arbeitsanweisung, so muss festgestellt werden, ob dies wegen mangelnder Schulung oder bewusst geschieht. Standards wurden zumeist aus einem gewissen Grund in der Weise definiert, wie sie sind. Ein Nicht-Einhalten dieser Standards führt häufig zu Verschwendung. Allerdings sollte damit natürlich nicht impliziert werden, dass Standards nicht kontinuierlich hinterfragt werden sollten. Vielleicht weicht ein Mitarbeiter auch vom Standard ab, weil er eine bessere Vorgehensweise gefunden hat. Trotzdem sollte ständig ein Auge darauf geworfen werden, dass Standards eingehalten werden.

Während dieser Beobachtungen sollte kontinuierlich durch den Shopfloor Manager hinterfragt werden, ob es Möglichkeiten gibt, einen Standard zu verbessern. Es sollte zahlreiche Quellen für Verbesserungsideen geben. Gerade während der regelmäßigen Rundgänge sollte immer wieder einmal ein Stopp eingelegt werden, um sich durch Beobachtungen inspirieren zu lassen. In Bild 5.1 wurde während eines Zeitabschnittes für einen Gemba-Walk auch der Punkt „Kreidekreis" berücksichtigt. In diesem Tagesablauf sollte sich der Shopfloor Manager während des Rundgangs um 11:00 immer wieder einen Punkt aussuchen, von dem aus er in Ruhe die Prozesse für 15 Minuten beobachten konnte. Wenn dies über mehrere Tage gemacht wird, kann ein sehr gutes Verständnis gewonnen werden, was eventuell an einem bestimmten Arbeitsplatz Verschwendung verursacht oder ob es Potenziale gibt.

 Kreidekreis

In dieser von Taiichi Ohno entwickelten Methode wird ein Kreidekreis um eine Person gezogen. Für eine bestimmte Zeit durfte eine Führungskraft diesen Kreis nicht verlassen und musste die Vorgänge um sich herum beobachten. Diese Übung soll helfen, durch Beobachten Verschwendung zu erkennen und deren Gründe zu erfahren. (Peters 2017)

In diesem Zusammenhang soll noch einmal besonders hervorgehoben werden, wie wichtig es ist, dass sich Shopfloor Manager immer wieder die Zeit nehmen für Beobachtungen vor Ort. Einfach einmal einzelne Prozesse in Ruhe zu beobachten, kann manchmal mehr Erkenntnisse bringen als detaillierte Datenauswertungen. Zwei Gründe werden zumeist angeführt, warum dies nicht gemacht wird. Einerseits sind die meisten Vorgesetzten davon überzeugt, dass sie die Abläufe zur Genüge kennen. Andererseits ist ihr Terminkalender zu voll für solche Aktivitäten. Sie sehen also keinen Mehrwert darin und finden auch nicht die Zeit dazu. Wenn man natürlich von einem Feuer zum nächsten springt, kann man auch nicht die Ruhe aufbringen, sich für eine halbe Stunde hinzustellen und einfach zu beobachten. Aber gerade diese Beobachtungen sollen helfen, die Feuer zu vermeiden. In der Praxis hat es immer wieder Erkenntnisse geliefert, wie Shopfloor Manager ihre Mitarbeiter bei der Stabilisierung und Verbesserung der Prozesse unterstützen können.

Letztendlich kann der Rundgang dazu genutzt werden, den Umsetzungsgrad und die Auswirkungen von Verbesserungsmaßnahmen zu beobachten und mit den betroffenen Mitarbeitern zu besprechen. Dies kann zeitlich und inhaltlich durch die Verwendung von T-Karten geregelt sein. Von besonderer Bedeutung in diesem Zusammenhang ist, dass der Shopfloor Manager mit den Mitarbeitern kommuniziert, die auch an diesen Maßnahmen beteiligt waren. Sehr oft ist es nicht nur die Kennzahl, die beeinflusst werden sollte, die als Gradmesser für Erfolg oder Misserfolg einer Verbesserung dienen kann. Auch das unmittelbare Feedback der beteiligten Mitarbeiter muss in die Betrachtung miteinbezogen werden. Einerseits kann damit aus erster Hand erfahren werden, welche Auswirkungen die Änderungen auf die tägliche Arbeit haben. Andererseits sollte es die Möglichkeit bieten, ob es bei der Umsetzung Probleme gibt und ob die Mitarbeiter Unterstützung benötigen.

In der Praxis habe sich zwei Formen bewährt, wie Verbesserungsmaßnahmen unmittelbar am Shopfloor dokumentiert und visualisiert werden können. Diese sollen die Beobachtungen und Gespräche vor Ort unterstützen, damit klar nachvollzogen werden kann, was das Thema und die Entwicklung einer Veränderung ist. Diese zwei Werkezuge sind der A3-Report und der 4-Windows-Report.

A3-Report

Der A3-Report stammt wie viele der beschriebenen Werkzeuge in diesem Buch aus dem Umfeld von Toyota. Der A3-Report stellt ein zweiseitiges Dokument dar, in dem standardmäßig der Projektverlauf dokumentiert werden soll (Bild 5.9). Die Limitierung auf zwei Seiten bedingt, dass so kurz als möglich jeder einzelne Punkt beschrieben wird. In jeder einzelnen Phase eines Projektes wird der entsprechende Inhalt ergänzt, womit es zu einem lebenden Dokument und damit zur Kommunikation für alle Beteiligten wird. Zumeist werden die zwei Seiten wie folgendermaßen strukturiert:

- Hintergrundinformation
- Aktuelle Information
- Problemanalyse
- Verbesserungsziel
- Implementierungsplan
- Nachverfolgung

Der A3-Report kann auch als Coaching-Instrument für Führungskräfte verwendet werden. Dazu mehr im nächsten Abschnitt zur kontinuierlichen Weiterentwicklung der Mitarbeiter.

A3-Report	4. Verbesserungsziel
1. Hintergrundinformation	Quantitatives Ziel für die Verbesserung; es soll auch nachvollziehbar sein, wie dieses Ziel definiert wurde. Eventuell eine Beschreibung der gewünschten Situation.
Kurze Beschreibung der Situation, um die Sachlage besser zu verstehen	
2. Aktuelle Information	**5. Implementierungsplan**
Möglichst visuelle Darstellung der aktuellen Situation; z.B. mit einem Wertstrom, Layout etc.	Klassischer Maßnahmenplan mit Aufgaben, Verantwortlichkeiten, Zielen, Terminen, etc.
3. Problemanalyse	**6. Nachverfolgung**
Die wichtigsten Analysedaten und -zahlen, die ebenfalls wenn möglich visuell dargestellt werden sollten (z.B. Pareto-Diagramm)	Nachverfolgung der Ergebnisse, wie sie in den weiteren Abschnitten dieses Kapitels dargestellt werden.

Bild 5.9 Prinzipieller Aufbau des A3-Reports

4-Windows-Report

Mit dem 4-Windows-Report soll der aktuelle Projektstatus anhand von vier Blättern, die zumeist für alle sichtbar an einem speziellen Punkt in der Produktion aufgehängt werden, kommuniziert werden.

Bild 5.10 Struktur des 4-Windows-Reports

Wie in Bild 5.10 dargestellt ist, besteht die grundsätzliche Struktur zumeist aus jeweils einem Blatt für

- eine Trendkurve, um die Auswirkungen der Veränderung zu zeigen
- den zugrundeliegenden Analysedaten wie ein Pareto, Zykluszeitaufnahmen etc.
- dem Maßnahmenplan, um alle Verbesserungsschritte aufzuzeigen
- dem Umsetzungsstatus, in dem anhand eines Zeitplans der Status jeder einzelnen Maßnahme gezeigt wird.

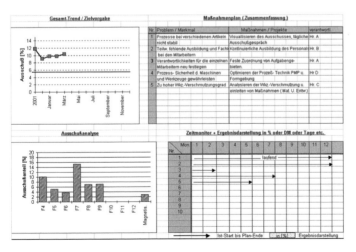

Bild 5.11 Beispiel eines 4-Windows-Reports

Kommunikation mit den Mitarbeitern

Jährliche oder halbjährliche Mitarbeitergespräche sind in den meisten Unternehmen die Norm. Gibt es zwischendurch Rückmeldung vom Vorgesetzten, so ist dies häufig die Reaktion auf ein nicht-konformes Verhalten. Im Lean Shopfloor Management gibt es hingegen kontinuierliches, konstruktives Feedback für Mitarbeiter. Damit soll Verhalten positiv bekräftigt werden oder ein Lernprozess eingeleitet werden. Der Shopfloor Manager kann bereits während eines regelmäßigen Rundgangs eine besonders gute Leistung eines Mitarbeiters hervorheben. Auf der anderen Seite kann das Abweichen vom Standard kurzfristig angesprochen werden, um gegebenenfalls eine Weiterentwicklung einzuleiten. Speziell im zweiten Fall sollte durch das unmittelbare Feedback ein Denkprozess beim Mitarbeiter ausgelöst werden, dass die Abweichung selbst erkannt und daraus die notwendige Korrektur eingeleitet wird.

Von Bedeutung ist dabei nicht nur der Inhalt der Kommunikation sondern auch die Form. Wird zum Beispiel das Nicht-Einhalten eines Standards während des Rundgangs festgestellt, so geht es nicht darum, dem Mitarbeiter ein Fehlverhalten aufzuzeigen und zu belehren. Es soll sich um einen respektvollen Umgang handeln, mit dem das Verständnis durch die richtigen Fragen geweckt werden soll, dass die Einhaltung des Standards für alle Beteiligten sinnvoll ist. Wenn dies gefunden wurde, können auch gemeinsam Lösungen definiert werden. Mittelpunkt des Gespräches sollte nicht sein, dass ein Shopfloor Manager seine Kompetenz beweist. Ziel sollte es sein, die Mitarbeiter durch die richtigen Fragen und Kommunikation zu unterstützen. Zusammenfassend lassen sich einige Grundregeln für diese Art der Gespräche zwischen Mitarbeiter und Vorgesetztem aufstellen: (Laufer 2018)

- Gespräche werden mit einem Verständnis der Situation an diese in Form und Inhalt angepasst. Zwei verschiedene Möglichkeiten müssen unterschieden werden:
  - Der persönliche Reifegrad des Mitarbeiters. Bei unerfahreneren Mitarbeitern wird ein Anordnen und fachliches Erklären öfters notwendig sein. Mit erfahrenen Kollegen ist es häufiger ein Delegieren und damit unterstützen bei der Umsetzung. Das Verantwortungsbewusstsein für das eigene Handeln und die eigenen Möglichkeiten soll je nach Entwicklungsgrad durch regelmäßige Gespräche mit den Mitarbeitern gefördert werden.
  - Die aktuellen Umstände: Handelt es sich um akute, dringliche Situationen, so ist zumeist ein anderer Stil der Gesprächsführung notwendig als in Routinesituationen. Muss zum Beispiel eine rasche Entscheidung bez. eines Auftrages mit Terminverzug getroffen werden, so sind längere Gespräche eher nicht von Vorteil. Der Vorgesetzte wird eine schnelle Entscheidung treffen und anordnen, was zu tun sei. Anders sieht es hingegen mit einem Gespräch aus, wenn

ein gewisser Standard nicht eingehalten wurde und nach einer potenziellen Lösung gesucht wird. Dann rückt das Coaching wieder in den Mittelpunkt, um das selbstständige, verantwortungsbewusste Einhalten von Standards bei den Mitarbeitern zu fördern.

- Über Abweichungen, Fehler oder Störungen soll sachlich und mit Respekt diskutiert werden. Ein konstruktives Gespräch wird schwierig, wenn die Debatten emotionell werden beziehungsweise nach Schuldigen gesucht wird. Mit Fehlern muss offen umgegangen werden, damit man sich auf Lösungen in den Prozessen und nicht auf Personen konzentrieren kann. Die Argumente der Mitarbeiter sollen dabei mit Respekt aufgenommen werden, um auch deren Sicht der Lage zu verstehen.

- Der Shopfloor Manager übernimmt nicht die Verantwortung, dem Mitarbeiter unmittelbare Lösungen vorzugeben. Vielmehr unterstützt er durch die richtigen Fragen, dass dieser selbstständig Vorschläge entwickeln kann. Jedes Gespräch kann auch Teil des kontinuierlichen Coachings sein.

- Mit den Gesprächen und dem Feedback soll eine Wertschätzung vermittelt werden, damit auch ein Gefühl der Sicherheit und des Vertrauens entstehen kann. Dies ist eine Grundvoraussetzung, dass Mitarbeiter auch Freude an ihrer Arbeit haben können und danach bestrebt sind, sich weiterzuentwickeln.

- Für den Shopfloor Manager sollte es dabei eine wichtige Grundregel geben – Nichts annehmen! Wenn während des Rundgangs etwas auffällt, nachfragen, warum es so ist. Es sollte nicht angenommen werden, dass man den Grund weiß. Entweder man weiß es oder nicht. Wenn man es nicht weiß, nachfragen!

Auch wenn es zahlreiche Theorien und Konzepte zur Führung und Kommunikation mit Mitarbeitern gibt, so wird kein einziger Stil in allen Situationen sinnvoll sein. Dieses situative Führen und Kommunizieren stellt für viele Shopfloor Manager eine nicht zu unterschätzende Herausforderung dar. Sie müssen sich also genauso wie ihre Mitarbeiter entsprechend weiterentwickeln. Dies führt uns zum nächsten Thema, der Weiterentwicklung der Mitarbeiter, der Prozesse und damit des gesamten Bereichs.

■ 5.2 Kontinuierliche Weiterentwicklung

Mitarbeiter und das Shopfloor Management sehen sich in der Produktion kontinuierlich neuen Herausforderungen ausgesetzt. Einerseits können diese Teil des täglichen Ablaufs sein und damit zur Stabilisierung der Prozesse dienen. An einer Anlage tritt ein neuer Stillstandsgrund auf, den es so vorher noch nicht gegeben hat. Oder Komponenten weisen eine Qualitätsabweichung auf, mit der die Mitarbeiter noch nicht vertraut sind. Andererseits werden die Herausforderungen durch die Weiterentwicklung von Standards verursacht. Das Management hat zum Beispiel als Ziel für den gesamten Produktionsdurchlauf die Reduzierung der Durchlaufzeit von x Wochen auf y Tage vorgegeben. Und jeder Bereich muss zur Zielerreichung seinen Beitrag leisten. Oder eine Komponente in einem Montagebereich wurde geändert, was unmittelbaren Einfluss auf den Montageprozess hat. Die Herausforderung kann also durch veränderte Umstände erzwungen sein oder Teil eines geplanten Veränderungsprozesses sein.

Unabhängig ob erzwungen oder geplant, die Mitarbeiter werden vor neue Herausforderungen gestellt. Um Prozesse weiterentwickeln zu können, sollten auch die Mitarbeiter befähigt sein, diese Veränderung voranzutreiben. Für viele Unternehmen hängt die Weiterentwicklung von Prozessen immer noch damit zusammen, dass eine neue Anlage bestehende Arbeitsplätze ersetzen soll oder dass neue Technologien die Abläufe effizienter gestalten. Im Lean Shopfloor Management geht es aber hauptsächlich um die schrittweise Weiterentwicklung der Prozesse, also nicht um „revolutionäre" Veränderungen. Und dies soll von jedem Mitarbeiter innerhalb seines Schaffensbereiches mitgetragen werden. Eine der wichtigsten Fähigkeiten in diesem Zusammenhang ist es demnach, dass sie relativ selbstständig neue Situationen meistern können. Für den Shopfloor Manager obliegt dabei die Aufgabe, die Mitarbeiter zu befähigen, dies auch zu können, zu wollen und zu dürfen. Genau dies wurde von Mike Rother bei Toyota als Kata bezeichnet.

 Kata

Kern des Kata ist die Befähigung einer Organisation, sich Schritt für Schritt zu einem gewünschten Zustand zu verändern. Die wichtigsten Komponenten dabei sind:

- Jeder in der Organisation trägt innerhalb seines Bereiches zu diesen Veränderungen bei. Es liegt auch in der Verantwortung jedes Mitarbeiters, Lösungen für neu auftretende Abweichungen auf den Weg zum Zielzustand zu finden. Eine wichtige Kernkompetenz für alle Mitarbeiter liegt demnach in den unterschiedlichen Problemlösungsmethoden.

- Eine zentrale Aufgabe des Vorgesetzten liegt darin, die Mitarbeiter zu befähigen, auf diese Veränderungen und Abweichungen die richtigen Lösungen zu finden. Dies geschieht durch Coaching und aktive Beteiligung an tatsächlichen Verbesserungsaktivitäten innerhalb des eigenen Bereiches.

- Es existiert ein erwünschter Zielzustand, zu dem sich das Unternehmen und seine einzelnen Einheiten hin entwickeln wollen. Dieser Zielzustand wird auf die einzelnen Ebenen heruntergebrochen.

- Der Weg zu diesem Zielzustand soll durch kleine Verbesserungsschritte erreicht werden. Diese passen sich an die jeweilige Situation und mögliche Änderungen des Umfeldes an.

(Rother, 2009)

Die ersten zwei Punkte konzentrieren sich mehr auf die Personen im Unternehmen und sollen im folgenden Abschnitt „Kontinuierliche Weiterentwicklung der Mitarbeiter" vertieft werden. Die beiden anderen Punkte beziehen sich eher auf die Prozesse und werden in „Kontinuierliche Weiterentwicklung der Prozesse" detailliert.

Damit diese Weiterentwicklung allerdings nicht zum Selbstzweck wird, sollte sie im Kontext der Erreichung eines Zielzustandes gesehen werden. Für jeden Mitarbeiter sollten realistische Ziele gesetzt werden, was in welchem Zeitraum erreicht werden kann bezüglich der persönlichen Weiterentwicklung. Dasselbe gilt für die Prozesse, die er unmittelbar beeinflussen kann. Je mehr der Mitarbeiter in diese Definition der Ziele miteinbezogen ist, umso eher kann er sich damit identifizieren und strebt danach, sie zu erreichen. Die Ziele sollten einen wünschenswerten Zustand darstellen, indem er eine gewisse Anerkennung findet.

5.2.1 Kontinuierliche Weiterentwicklung der Mitarbeiter

Egal welche Art von Produktion wir betrachten, ob vollautomatisiert oder rein manuell, wir werden immer noch Mitarbeiter vorfinden, die sich unterschiedlichen Anforderungen gegenüber sehen. Für manche sind sie einfacher zu meistern als für andere. Zusätzlich wird sich das Umfeld kontinuierlich verändern, was unmittelbare Auswirkungen auf die Anforderungen haben wird. Und dann kommt noch dazu, dass Mitarbeiter selber das Verlangen haben, sich in ihrem Arbeitsumfeld weiterentwickeln zu können. Es wird immer wieder darauf hinauslaufen, dass es ein Defizit entweder im Können, Wollen oder Dürfen geben wird. Die Shopfloor Manager spielen eine bedeutende Rolle, die Mitarbeiter dabei zu unterstützen, diese Defizite zu erkennen und zu beheben. Eine wichtige Methode dazu liegt im Coaching.

Bild 5.12 Shopfloor Manager coachen zur Weiterentwicklung

Können

Beim Können geht es nicht nur um die rein fachlichen Kenntnisse, die notwendig sind für die Erfüllung der Tätigkeiten. Sehen wir aber zunächst einmal diese an. Zuerst muss klar sein, was die geforderten Qualifikationen für einen Arbeitsplatz genau sind. Dem gegenüber muss gestellt werden, was davon die einzelnen Mitarbeiter können. Die Anforderungen müssen mit dem Angebot verglichen werden. Bereits auf dieser Ebene gibt es zahlreiche Unternehmen, die kein besonders klares Bild dazu haben. Auf der einen Seite können Beschreibungen der Qualifikationsanforderungen eines Arbeitsplatzes kaum oder nur sehr oberflächlich dokumentiert sein. Den Mitarbeitern wird damit nur sehr wenig Unterstützung beim Entwickeln der notwendigen Fähigkeiten geboten. Andererseits gibt es auch Firmen, die jede einzelne Tätigkeit über Seiten detailliert beschreiben. Den Mitarbeitern werden zumeist seitenlange Unterlagen in die Hand gedrückt, mit denen sie herausfinden sollen, was sie wie zu machen haben. Nicht selten sind zahlreiche dieser Tätigkeiten nicht wirklich relevant für einen bestimmten Aufgabenbereich und wurden nur aus einem ganz spezifischen Fall heraus definiert. In beiden Fällen wurde nicht klar definiert, welche Qualifikationen in welchem Umfang notwendig sind, um eine gewisse Arbeit erledigen zu können. Damit kann auch nicht davon ausgegangen werden, dass weder die Qualifikationsanforderungen noch das Angebot am Shopfloor visuell dargestellt sind. Als bewährtes Werkzeug wird dazu die Qualifikationsmatrix verwendet.

 Qualifikationsmatrix

Die Qualifikationsmatrix ist ein einfaches Werkzeug, um den Qualifikationsbedarf eines Arbeitsplatzes den jeweiligen Kenntnissen der Mitarbeiter gegenüberzustellen.

Aus dieser Gegenüberstellung werden zwei Punkte abgeleitet:

▪ Schulungsbedarf für jeden einzelnen Mitarbeiter

▪ Einsatzmöglichkeit der Mitarbeiter an den einzelnen Arbeitsschritten.

Praxisbeispiel 5.3 – Aufbau einer Qualifikationsmatrix

Die Erstellung und Anwendung einer Qualifikationsmatrix soll an einem kurzen Beispiel erklärt werden. Die ersten Schritte beim Aufbau waren:

▪ Definition der notwendigen Kenntnisse und Qualifikationen

▪ Ermittlung des aktuellen Standes jedes einzelnen Mitarbeiters bez. seiner Kenntnisse und Qualifikationen

▪ Erstellung eines Schulungsplanes und Durchführung der Schulungen zum Erreichen des notwendigen Qualifikationsniveaus jedes Mitarbeiters.

Für die Definition der notwendigen Kenntnisse und Qualifikationen waren die Shopfloor Manager mit dem Input ihrer erfahrensten Mitarbeiter verantwortlich. Wenn es um speziellere Abschnitte, wie z. B. Instandhaltungsthemen, ging, sollten auch die Vorgesetzten aus diesen Bereichen miteinbezogen werden. Bei der Einschätzung des Wissensstandes jedes einzelnen Mitarbeiters waren ebenfalls die Bereichsverantwortlichen federführend, es mussten allerdings auch Rücksprachen mit den jeweils Betroffenen gehalten werden. Vier verschiede Einstufungen wurden hier getroffen, die jeweils eine Punktzahl hinterlegt hatten:

- Einarbeitung begonnen (1)
- braucht noch Übung (2)
- beherrscht Tätigkeit voll (3)
- kann andere einarbeiten (4).

Arbeitsplätze:		Umformanlagen 1 - 5															
		Rüsten				Produktion				IH				Sonstiges			
MitarbeiterInnen:		Auftrag und Arbeitsplan besorgen (evtl. aus SAP)	auftragsbezogene Werkzeuge bereitstellen und einbauen	Einstelltabellen lesen und Anlage entsprechend einstellen	⋮	Qualitätsvorschriften einhalten (gemäß Prüfung zur Erstabnahme)	Abweichungen erkennen und Anlage nachstellen	Rückmeldung in SAP	⋮	Verschleißteile wechseln	vorbeugenden Wartung und Betriebsmittel besorgen	Ersatzteilbedarf klären und weiterleiten	⋮	Schichtübergabe	Dokumentation der Maschinen- und Produktionsdaten	Ordnung und Sauberkeit	⋮
Soll:		19	19	19	19	19	19	19	19	19	19	19	19	19	19	19	19
Ist:		5	6	5	5	6	5	5	5	5	3	5	3	4	4	5	4
Mitarbeiter 1	Schicht 1	1	2	1	1	2	1	1	1	2	1	2	1	2	1	1	1
Mitarbeiter 2		4	4	4	4	4	4	4	4	3	2	3	2	2	3	4	3
Mitarbeiter 3																	
Mitarbeiter 4																	
Mitarbeiter 5																	

Bild 5.13 Ausschnitt aus der Qualifikationsmatrix

Für jeden einzelnen Punkt in der Qualifikationsmatrix wurde ein Sollwert definiert, der in allen Schichten erreicht werden musste. In Bild 5.13 musste z. B. ein Sollwert von 19 erfüllt sein, d. h. dass alle Mitarbeiter dieser Schicht zusammen mindestens 19 Punkte erreichen mussten. Dadurch sollte gewährleistet werden, dass jede Schicht ausreichend mit einem Minimum an Wissen besetzt war. Es sollte allerdings auch vermieden werden, dass sich alle erfahrenen Mitarbeiter in einer Schicht befanden. Jede Schicht sollte also ein ähnlich – am besten – hohes Niveau erreichen.

Das Ergebnis der Beurteilung aller Mitarbeiter setzte dann auch den Fokus der ersten Schulungsmaßnahmen. Beginnend mit Fähigkeiten, die die geringste gesamte Punktczahl erhalten hatten, wurden schrittweise die ersten Trainings erstellt und durchgeführt. Ziel war es, innerhalb von vier Wochen die größten Diskrepanzen zwischen Qualifikationsanforderung und -stand zu beseitigen. Damit sollte erreicht werden, dass in jeder Schicht innerhalb dieses Zeitraums das Qualifikationsniveau der anwesenden Mitarbeiter ausreiche, um alle Qualitätsmängel zu erkennen und zu beseitigen. Als Übergangslösung wechselten Mitarbeiter in andere Schichten, um einen temporären Ausgleich zu schaffen bzw. um auch Schulungen durchführen zu können.

Eingangs wurde erwähnt, dass die rein fachliche Qualifikation zuerst im Mittelpunkt stehen würde. Beim Können muss zusätzlich unterschieden werden zwischen den Qualifikationen spezifisch für einen Arbeitsplatz und den eher allgemein gehaltenen. Beim Lean Shopfloor Management sind bei den allgemeinen besonders typische Methoden der Problemlösung hervorzuheben. Unterschiedlichste Fähigkeiten der Mitarbeiter sollen so weiterentwickelt werden, um selbst neue Situationen und Herausforderungen in kleinen Schritten meistern zu können. Anfangs sollen sie allmählich dahin geführt werden, dass sie bekannte Abweichungen in einem definierten Rahmen selbst beheben können. Je weiter ihre Entwicklung fortgeschritten ist, umso mehr von komplexeren und neu auftretenden Herausforderungen können sie selbstständig beheben. Um diese bewältigen zu können, müssen auch die entsprechenden Werkzeuge dazu geschult werden. Für Mitarbeiter, die tägliche Abweichungen unmittelbar an ihrem Arbeitsplatz bewältigen müssen, reicht im Regelfall die 5-Warum-Fragetechnik aus. Die Teamleiter werden zumeist zusätzlich in der Anwendung des Ishikawa-Diagramms geschult. So wachsen die Werkzeuge mit den Herausforderungen.

Eine Schulung zu den 5-W's oder dem Ishikawa-Diagramm ist zumeist recht schnell erledigt. Die tatsächliche Anwendung und speziell damit verbunden das Finden der richtigen Lösungen ist die größere Herausforderung. Hier kommt eine wichtige Aufgabe des Shopfloor Managers ins Spiel - dem Coaching seiner Mitarbeiter. Sie tragen letztendlich mit die Verantwortung, dass die Mitarbeiter ihre Fähigkeiten entsprechend ihrem Potenzial weiterentwickeln können. Dies sei an einem kurzen Praxisbeispiel erklärt.

Praxisbeispiel 5.4 – Coaching in Kaskaden

Im Rahmen der Ausweitung des Verbesserungsprozesses eines Unternehmens sollten alle Mitarbeiter in der Produktion in den typischen Problemlösungsmethoden von Lean Production geschult werden. Bis dahin wurden alle Verbesserungsmaßnahmen durch die Mitarbeiter des Process Engineerings definiert und umgesetzt. Da die Erfolge nicht das gewünschte Ausmaß annahmen, sollten alle Ebenen der Fertigung miteinbezogen werden. In den folgenden Methoden sollten auf einander aufbauend die jeweiligen Hierarchien eine Schulung erhalten:

- Anlagenbediener: 5-Warum-Fragetechnik
- Einsteller und Teamleiter: 5-Warum-Fragetechnik, Ishikawa-Diagramm
- Bereichsleiter: 5-Warum-Fragetechnik, Ishikawa-Diagramm, A3-Report

Die Anlagenbediener sollten mit der 5-Warum-Fragetechnik befähigt werden, Lösungen für kleine Abweichungen selber definieren zu können. Die Einsteller und Teamleiter wurden ihnen als Coaches zur Seite gestellt, die sie anfangs bei der Arbeit mit dieser Methode unterstützen sollten. Nach einer bestimmten Zeit wurde von den Coaches bestimmt, ob die Anlagenbediener selbstständig damit arbeiten konnten. Sie sollte allerdings weiterhin als Ansprechpartner bei Fragen dienen. Einsteller und Teamleiter stellten damit die Experten für die 5-Warum-Fragetechnik in ihren Bereichen dar. Derselbe Gedanke würde auf die nächste Ebene getragen. Die Bereichsleiter würden die Einsteller und Teamleiter in der Anwendung des Ishikawa-Diagramms coachen. Letztendlich brauchten die Bereichsleiter einen Coach für den A3-Report. Dies sollten die Abteilungsleiter sein. Bereichsleiter mussten den Stand ihrer A3-Reports in regelmäßigen Updates ihrem Abteilungsleiter vorstellen. Für die Abteilungsleiter sollte eine Hauptaufgabe darin bestehen, diese kritisch zu hinterfragen und als Coaches für den richtigen Aufbau zu fungieren. Sie würden die Bereichsleiter in der Aufgabe als Coaches begleiten bei

- der Definition der korrekten Schlussfolgerungen
- der Umsetzung der Maßnahmen zum Beseitigen der Ursachen, nicht der Symptome
- dem effektiven „Verkaufen" der Lösungen im Unternehmen

Selbst wenn ein Mitarbeiter alle notwendigen Qualifikationen besaß oder sogar die Anforderungen übertraf, hieß es noch lange nicht, dass die Arbeit auch entsprechend erledigt wurde. Bisher ging es nur um das Handwerkzeug, also um die inhaltlichen Qualifikationen. Die notwendige Basis wurde damit geschaffen. Dazu kam im nächsten Abschnitt das Wollen ins Spiel.

 Wollen

Das zentrale Thema hier ist die Motivation, warum ein Mitarbeiter eine gewisse Tätigkeit ausführen will. Im vorherigen Abschnitt haben wir ihm die notwendige Qualifikation gegeben. Mit dem Lean Shopfloor Management soll ein Mitarbeiter Tätigkeiten ausführen, die über die klassischen Anforderungen hinausgehen. Gerade dieser Punkt ist sehr stark vom jeweiligen kulturellen Umfeld beeinflusst. Trotzdem lässt es sich nicht mehr so einfach auf diese Fragen reduzieren. Leben wir, um zu arbeiten? Oder arbeiten wir, um zu leben? Es sollen nicht mehr nur die notwendigen Arbeiten zur Erstellung des Produktes oder der Leistung erfüllt werden. Es geht darum, dass sich jeder Mitarbeiter auch Gedanken über seine Arbeit macht, die weiter gehen:

- Wie kann ich Abweichungen vom Standard an meinem Arbeitsplatz vermeiden?
- Welche Möglichkeiten gibt es, den Standard an meinem Arbeitsplatz zu verbessern?
- Wo kommen meine Teile her? Wie entstehen sie? Kann ich dem Lieferanten (zumeist intern) Feedback geben, damit ich weniger Probleme mit den Teilen habe?
- Dieselben Fragen gehen in Richtung Kunden.

Die Kernfrage hier ist nun, warum sollte sich ein Mitarbeiter darüber Gedanken machen und Aktionen daraus ableiten wollen? Wir wollen hier nicht die zahlreichen Theorien und Publikationen zum Thema Motivation wiedergeben. Aus der Erfahrung mit zahlreichen Unternehmen, die ganz unterschiedliche Entwicklungsstufen bei Lean Shopfloor Management erreicht haben, lassen sich allerdings einige praxisnahe Erkenntnisse ableiten:

Manche Führungskräfte haben den Eindruck von ihren Mitarbeitern, dass sie am Beginn ihrer Schicht auch ihr Gehirn am Eingang abgeben. Sie wollen nur stupide Teile einlegen. Nicht selten stellt sich heraus, dass gerade diese Mitarbeiter sehr viel Engagement in irgendwelchen Vereinen oder Organisationen zeigen. Sie sind allerdings von dem Umfeld frustriert, das sie und ihre Meinung nicht ernst nimmt.

Unabhängig von der Art und dem Umfang einer Arbeit, wollen die Mitarbeiter diese zumeist auch entsprechend der Anforderungen erfüllen. Selbst wenn sich diese Arbeit nur auf ein Einlegen von Teilen beschränkt, frustriert es sie, wenn sie durch ständige Unterbrechungen davon abgehalten werden. Wenn sie die richtige Unterstützung bekommen, diese Unterbrechungen zu vermeiden oder abzustellen, sind sie auch gewillt, an den entsprechenden Lösungen mit ihrem Input zu arbeiten.

Sehr häufig kommen bei Diskussion mit Mitarbeitern zu Potenzialen in ihrem Arbeitsbereich Aussagen wie folgende: „Das sage ich schon lange, aber keiner hört auf mich!" oder „Den Vorschlag habe ich schon öfters gemacht, interessiert nur keinen!" Diese Mitarbeiter laufen zumeist gegen eine Wand, an der ihre Ideen abprallen. Nach einiger Zeit verlieren sie natürlich die Motivation, sich einzubringen.

Die härtesten Fälle kommen aus Bereichen, in denen die Mitarbeiter schon lange Zeit zusammenarbeiten und mit ihrer Arbeit gute Ergebnisse erzielt haben. Es können sich schon fast eingeschworene Einheiten bilden, die mit allen Mitteln versuchen, Veränderung zu vermeiden. Manche würde es zusammenfassen mit: „Die wollen nicht." Zumeist kommen Aussagen von den Mitarbeitern wie: „Das machen wir immer schon so." oder „Das funktioniert so nicht." Dies ist aber auch zumeist das Ergebnis von mangelnder Führung. Es handelt sich dann um Bereiche, die von einer Führungskraft vernachlässigt wurden. Die Gründe sind dann häufig in der mangelnden Kompetenz - fachlich wie persönlich - der jeweiligen Person zu finden. Falls es allerdings gelingt, die Schwachstellen der aktuellen Arbeitsweise aufzuzeigen, sodass es alle akzeptieren, dann kann mit solchen Einheiten auch viel er-

reicht werden. Gerade in solchen Situationen ist es wichtig, folgendes Mitarbeitermodell als Richtlinie zu bedenken. (Bild 5.14)

| 25% positiv | 50% unentschlossen | 25% negativ |

Bild 5.14 Mitarbeitermodell

Die Prämisse dabei ist, dass ca. 25 % der Mitarbeiter für Veränderungen offen sind
und diese unterstützen - sie wollen also. Auf der anderen Seite gibt es 25 %, die
negativ sind und eventuell nie von der Notwendigkeit überzeugt werden können.
Dazwischen liegen die restlichen 50 %, die bei überzeugenden Argumenten auf die
eine oder andere Seite gezogen werden können. Zumeist wird davon ausgegangen,
dass sie mit den 25 % Positiven besser fahren und sie ihren Bereich mitziehen können. In einem herausfordernden Fall einer „eingeschworenen Einheit" mag es hilfreich sein, sich auf die 25 % der Negativen zu konzentrieren, und dann vielleicht
auch nur auf eine oder zwei Personen. Können diese davon überzeigt werden, dass
ein Aufbau von Lean Shopfloor Management für sie Sinn macht, ist das Wollen
kein Problem mehr für den gesamten Bereich. Die Herausforderung liegt darin,
den richtigen Hebel mit ihnen zu finden.

Durch positive Beispiele und schnelle Erfolge kann eine Dynamik ausgelöst werden, die auch so manch skeptischen Mitarbeiter mitzieht. Zeitnahe Lösungen müssen positive Auswirkungen auf die Arbeitsplätze bringen, die Mitarbeiter müssen
unmittelbar eine Verbesserung bemerken. Diese Anfangsdynamik beizubehalten
ist zumeist eine große Herausforderung. Nach einigen Jahren wird es immer
schwieriger, spürbare Veränderungen zu erzielen. Es muss also in dieser Anfangsphase gelingen, die Beteiligung aller Mitarbeiter zu einem Teil der täglichen Arbeit
zu machen.

Je enger die Mitarbeiter in den Aufbau und die anschließenden Zielsetzungen mit
eingebunden sind, umso größer ist die Chance, dass sie wollen. In Praxisbeispiel
4.11 wurde bereits darauf eingegangen, wie beim Aufbau eines digitalen Shopfloor
Managements die Mitarbeiter miteinbezogen wurden. Dies muss sich auch in den
folgenden Zielsetzungen für Verbesserungspotenziale fortsetzen. Zur Definition
von solchen Zielen mehr im folgenden Abschnitt unter Weiterentwicklung der Prozesse.

Zusammenfassend lässt sich sagen, dass eine frühzeitige Einbindung der Mitarbeiter im Aufbau und der Umsetzung von Shopfloor Management das Wollen fördert.
Können rasche Erfolge gemeinsam mit ihnen erzielt werden, die unmittelbare Verbesserungen für ihre tägliche Arbeit bringen, ist der nächste, wichtige Schritt getan. Nach den Anfangserfolgen muss über die Zeit das Shopfloor Management und

damit seine Ziele und Werkzeuge Teil des Alltags werden. Wie aber auch aufgezeigt wurde, wird das Wollen sehr stark vom Dürfen beeinflusst.

 Dürfen

Selbst wenn Mitarbeiter Experten im Problemlösen sind und die richtige Motivation für Shopfloor Management haben, muss ihnen vom Unternehmen und den Vorgesetzten die Möglichkeit dazu gegeben werden. Sie müssen also auch dürfen. Für das richtige Dürfen gibt es einige wichtige Grundlagen:

Vom Management muss eine klare Vision kommuniziert werden, warum Shopfloor Management eingeführt wird und was damit erreicht werden soll. Bestandteil dessen ist auch, dass Strukturen, Rollen und Aufgaben darin klar definiert sind. Damit es keine leeren Phrasen bleiben, muss das Beschriebene auch vorgelebt werden. Die Shopfloor Manager müssen sich auch an das halten, was in der Vision vorgegeben wurde. Wird dort die Einbindung der Mitarbeiter in den Verbesserungsprozess umrissen, so müssen sie ihnen auch die Möglichkeit bieten, dies zu erfüllen.

Daraus folgt, dass die Vorgesetzten als Vorbilder für ihre Mitarbeiter dienen müssen. Sie müssen mit Worten und Taten kommunizieren, dass alle Aspekte des Shopfloor Managements ihre Wichtigkeit haben. Und das muss sich über alle Hierarchieebenen hindurchziehen. Es hilft dabei nichts, wenn ein Meister für seinen Bereich euphorisch Shopfloor Management mit seinen Mitarbeitern umsetzen möchte und nicht die notwendige Unterstützung bekommt. Wichtige Bestandteile dieser Unterstützung müssen sein: (Rother 2009)

Bereitstellen der notwendigen Ressourcen an Zeit: Sehr oft scheitert es schon daran, dass die notwendige Zeit zur Verfügung gestellt wird. Es mag vielleicht eine Anfangsphase geben, in der Mitarbeiter für einzelne Workshops oder Aktivitäten freigestellt werden. Nachdem die erwarteten Ergebnisse erzielt wurden, werden auch immer weniger Mitarbeiter zur Unterstützung von Verbesserungsmaßnahmen zur Verfügung gestellt.

Soll es allerdings wirklich ein permanent funktionierendes Shopfloor Management sein, so muss in allen Ebenen auch die notwendige Zeit dafür eingeplant sein. Mitarbeiter in der Produktion müssen die Freiheiten haben, sich mit Verbesserungsmaßnahmen innerhalb ihres Arbeitsbereiches zu beschäftigen. Dies erfolgt zumeist durch die Teilnahme an Qualitätszirkeln oder dem Vorschlagswesen. Von den Mitarbeitern kann nicht verlangt werden, dass sie während ihrer regulären Arbeit einen höchst-möglichen, wertschöpfenden Anteil haben und dann noch dabei Verbesserungen umsetzen. Shopfloor Manager der ersten Ebene (z. B. Teamleiter) wiederum müssen es als Teil ihrer täglichen Arbeit ansehen, Verbesserungen zu identifizieren und umzusetzen. Ihnen muss allerdings auch der zeitliche Spielraum gewährt werden, dies zu leben. Indirekte Bereiche wie Instandhaltung oder Logistik müssen ihre Mitarbeiter als integralen Bestandteil zur Unterstützung des Shopfloor Managements sehen. Eine besondere Aufgabe kommt hierbei den Prozessingenieuren zu. Für sie sollte die kontinuierliche Suche nach Verbesserungenpotenzialen in Kooperation mit den Shopfloor Managern zum Alltag gehören.

Allerdings müssen auch die höheren Hierarchieebenen Zeit für das Shopfloor Management aufbringen. Dies beginnt mit ihrer wichtigen Aufgabe, die Vision und den Zielzustand der Produktion mit zu definieren. In einigen Praxisbeispielen wurden verschiedene Regelkreise beschrieben. Das obere Management ist zumeist Teil der dritten Ebene dieser Regelkreise. Sie haben demnach genauso ihre Funktion und Rolle im Shopfloor Management wie alle anderen Mitarbeiter. Shopfloor Management zu wollen und dann zu sagen, die Produktion soll das machen, wird nicht funktionieren.

Häufig werden einzelne Mitarbeiter komplett abgestellt, um sich um Verbesserungsmaßnahmen innerhalb des Unternehmens zu kümmern. Sie bilden eine Lean- oder Kaizen-Abteilung, die Maßnahmen definieren und umsetzen soll. Sie können als Methodenspezialisten die einzelnen Produktionsbereiche in ihren Bemühungen zum Stabilisieren und Verbessern unterstützen. Der Prozess muss allerdings von den Produktionsbereichen gelebt werden. Lean-Experten in einem Unternehmen können und dürfen das nicht komplett übernehmen. Nicht zu selten haben wir erlebt, dass ein Werk einige Mitarbeiter Vollzeit für Lean-Aktivitäten abgestellt hat. Sie leisten auch oft sehr gute Arbeit innerhalb ihrer Möglichkeiten. Das ist aber nicht, worum es bei Lean Shopfloor Management geht.

Bereitstellen der notwendigen Ressourcen an Geld und Sachmittel: Innerhalb von Lean Shopfloor Management wird zumeist versucht, einfache Lösungen zu finden, die auch mit relativ geringen Mitteln auskommen. Umfangreiche, technische Lösungen werden dabei nicht angestrebt. Trotzdem müssen in einem gewissen Umfang auch die notwendigen finanziellen und Sachmittel für Veränderungen zur Verfügung gestellt werden. In vielen Fällen handelt es sich um eher kleinere Beträge. Trotzdem haben die meisten Unternehmen klare Regeln, wie diese Mittel freigegeben werden können oder dürfen. Es muss allerdings berücksichtigt werden, dass bei einzelnen Maßnahmen nicht unmittelbar ein finanzielles Ergebnis damit verbunden ist. Solange sie einen von den Betroffenen akzeptierten Vorteil für einen Prozess bringen, sollte hier eine gewisse Flexibilität gezeigt werden.

Letztendlich entscheidet die jeweilige Führungskultur, ob das Dürfen auch wirklich gelebt werden kann. Wie im Abschnitt zum Wollen bereits erwähnt, scheitert eine stärkere Beteiligung der Mitarbeiter nicht selten an den Vorgesetzten. Auch heute noch gibt es Führungskräfte, für die das Delegieren von Entscheidungen, das Berücksichtigen des Inputs von Mitarbeitern oder das Konzept des Coaches als eher etwas Befremdliches angesehen wird. Auch sie müssen sich weiterentwickeln und neue Ansätze der Mitarbeiterführung erlernen. Manchmal muss das Top-Management beim Aufbau eines Lean Shopfloor Managements auch beurteilen, ob wirklich alle Führungskräfte bereit sind, diesen Weg zu gehen. Eventuell muss für einzelne Personen eine neue Herausforderung im Unternehmen gefunden werden.

Ein weiterer, wichtiger Aspekt zum Thema Führungskultur bezieht sich auf den Umgang mit Fehlern. Im Lean Shopfloor Management wird eine Abweichung oder ein Fehler zumeist als Potenzial zum Lernen und Weiterentwickeln gesehen. Aufgabe aller Beteiligten ist es, die Grundursache dafür zu identifizieren und geeignete Abstellmaßnahmen umzusetzen. Aus den Fehlern soll gelernt werden, wie es besser gemacht werden kann. Dies setzt allerdings auch voraus, dass offen Fehler kommuniziert werden und nicht das Suchen nach Schuldigen im Vordergrund steht. In solch einem Umfeld werden Mitarbeiter eher versuchen, Abweichungen zu vertuschen und damit werden sie wohl immer wieder auftreten. Eine aktive Verbesserungskultur mit der Beteiligung aller Mitarbeiter kann hier nicht entstehen. Veränderungen können zu Ergebnissen führen, die in dieser Art nicht angestrebt wurden. Aus einem vermeintlichen Rückschlag sollte gelernt und ein neuer Versuch gestartet werden. Können Fehler nicht offen kommuniziert werden, werden die Mitarbeiter auch nicht willens sein, zu viel Risiko mit Veränderungen eingehen zu wollen. Sie müssen also auch Fehler machen dürfen.

Praxisbeispiel 5.5 – Vom Maschinenbediener zum Maschinenführer

Ausgangssituation:

In einer Produktion für Motorenkomponenten wurden in einem Bereich Rohrstücke umgeformt und mit weiteren Bauteilen verschweißt bzw. montiert. Besonders im Umformungsbereich gab es an den Anlagen zwei Herausforderungen:

- Die Prozesse waren nicht sehr stabil, was in zahlreichen kleinen Störungen resultierte. OEEs von weniger als 50 % an manchen Anlagen stellten keine Ausnahmen dar.

- Die Variantenvielfalt stieg ständig und damit einher ging eine Reduzierung der Losgrößen. Noch mehr Zeit musste für das Rüsten aufgebracht werden.

Um die Personalkosten in der Produktion so gering als möglich zu halten, wurden als Maschinenbediener Hilfsarbeiter eingesetzt. Ihre Aufgabe bestand hauptsächlich darin, Teile einzulegen und zu entnehmen. Störungsbehebung und Rüstvorgänge wurden ausschließlich von den gut ausgebildeten Einstellern durchgeführt. Durch den immer größer werdenden Umfang der oben beschriebenen Herausforderungen überstieg der Kapazitätsbedarf bei Weitem das Angebot. Besonders beklagt wurde von den Einstellern, dass sie kontinuierlich Rüstvorgänge und das Beheben von größeren Störungen unterbrechen mussten, um sich um alle „Kleinigkeiten" an den Anlagen kümmern zu müssen. In zahlreichen Fällen konnten kleine Stillstände durch einen Knopfdruck oder einen anderen kleinen Eingriff behoben werden.

Bei den Maschinenbedienern wiederum gab es eine sehr hohe Fluktuation. Neben der sehr geringen Bezahlung wurden einige weitere, wichtige Punkte angeführt:

Sie fühlten sich von ihren Vorgesetzten nicht unterstützt. Wie schon weiter oben erwähnt, waren die wenigen Einsteller mit den Umfängen der Aufgaben überfordert. Mitarbeiter mussten nicht selten 30 Minuten oder mehr warten, bis sie endlich Hilfe bei einer Störung erhielten. Zumeist konnten sie nur herumstehen und nichts tun. Dies stellte natürlich auch einen gravierenden Anteil der Verluste des OEE dar. Wurden die Vorgesetzten darauf von den Mitarbeitern angesprochen, kam zumeist nur die Antwort, dass die Einsteller ihr Möglichstes tun würden.

Sie konnten während der Wartezeiten keine anderen Tätigkeiten ausführen. Im gesamten Bereich kam es kontinuierlich zu Personalmangel, der sehr eingeschränkt durch Verschieben von Mitarbeitern ausgeglichen werden konnte. Die Maschinenbediener hätten während der oben erwähnten Wartezeiten an diesen Arbeitsplätzen aushelfen können. Sie konnten oder durften allerdings nicht. Manche von ihnen ergriffen manchmal die Selbstinitiative und gingen von sich aus an Arbeitsplätze, die ihnen vertraut waren. Dort versuchten sie, ihren Kollegen auszuhelfen.

Es gab kaum einen Tag, an dem sie die vorgegebenen Stückzahlen auch nur annähernd erreichten. Allmählich breitete sich die Frustration aus, dass es nichts brachte, sich besonders zu bemühen. Es gab zu viele Faktoren, die sie nicht beeinflussen konnten.

Manche Stillstände könnten problemlos von den Maschinenbedienern selbst behoben werden. Trotz der hohen Fluktuation gab es auch einige Mitarbeiter, die schon seit einigen Jahren in diesem Produktionsbereich tätig waren. Sie wussten, dass zahlreiche kleine Störungen immer wieder auftraten und dass diese sehr einfach zu beheben waren. Ihnen wurde allerdings nie erklärt, was sie genau machen sollten und vor allem durften sie es auch nicht.

Bei diesem Punkt würde der Lean-Ansatz natürlich sein, diese Störungsursachen komplett zu beseitigen. Es gab in der Technik auch schon technische Lösungen dazu. Die Kosten-Nutzen-Analyse ergab jedoch, dass sich die Investitionen nicht rechneten. Die OEE-Verluste in dieser Berechnung reflektierten die tatsächlichen Zeiten nicht, da das Warten auf den Einsteller nicht berücksichtigt wurde.

Zusammenfassend gab es einige wenige Mitarbeiter, die gut qualifiziert und überfordert waren. Ihnen gegenüber standen zahlreiche Hilfsarbeiter und Anlagen, die viel Zeit damit verbrachten, auf die qualifizierten Mitarbeiter zu warten. Dies resultierte in einer Ausbringung, die weit unter den operativen Zielen lag.

Anwendung:

Prinzipiell wurden drei Lösungen zur Erhöhung der Ausbringung diskutiert:

- Komplette Überarbeitung der Anlagen, um die Stabilität und Flexibilität zu erhöhen. Dieser Ansatz wurde schnell als nicht realistisch angesehen, da die Gelder dafür nicht zur Verfügung standen.

- Rekrutierung von mehr Einstellern, um den erhöhten Kapazitätsbedarf abzudecken. Auch dieser Vorschlag wurde sehr schnell wieder verworfen. Einerseits war das Angebot an qualifiziertem, technischem Personal in dieser Gegend nicht sehr hoch. Andererseits erforderten die sehr anwendungsspezifischen Anlagen eine lange Einlehrzeit, die nicht zur Verfügung stand.

- Die Qualifikation der Maschinenbediener sollte weiterentwickelt werden, damit sie mehr Verantwortung übernehmen könnten. Mehrere Herausforderungen wurden in diesem Zusammenhang gesehen, auf die im Detail noch eingegangen werden soll. Dies stellte den Ansatz dar, der umgesetzt werden sollte.

Die Qualifikation der Mitarbeiter sollte allmählich weiterentwickelt werden, um die wichtigsten Punkte wie beschrieben in der Ausgangssituation anzugehen und damit die Ausbringung zu erhöhen. Die Möglichkeiten der Maschinenbediener sollten schrittweise ausgebaut werden, um immer mehr einfachere Tätigkeiten im unmittelbaren Umfeld ihrer Anlagen übernehmen zu können. Dies sollte die höher qualifizierten Einsteller von kontinuierlich auftretenden, einfachen Störungen und Rüstvorgängen befreien. Sie hätten damit Zeit, sich mehr auf die tatsächliche Beseitigung der Ursachen zu konzentrieren. Letztendlich sollten einfache, schnell umsetzbare Änderungen an den Anlagen und Vorrichtungen teure Investitionen ersetzen. Dazu wurde die Umsetzung in mehrere Schritte unterteilt:

1. Die Maschinenbediener sollten kleine Störungen selber beseitigen können und dürfen. Dazu wurden gemeinsam mit den Einstellern alle Aktivitäten identifiziert und beschrieben, die mit einem geringen Schulungsaufwand von den Mitarbeitern selber durchgeführt werden könnten.

2. Der Aufwand von manchen Rüstvorgängen beinhaltete nur kleine Adaptionen an den Parametern. Auch diese Anpassungen konnten durch einen geringen Schulungsaufwand übermittelt werden.

3. Das Wissen der Mitarbeiter zu den Prozessen sollte besser genutzt werden. Dazu mussten sie in den grundlegenden Werkzeugen der Problemlösung und der Lean-Ansätze geschult werden. In Zusammenarbeit mit den Einstellern und den Shopfloor Managern sollten sie die Möglichkeit haben, Lösungen für die täglichen Herausforderungen innerhalb ihres Arbeitsbereiches zu erarbeiten.

4. Weiterentwicklung der Einsteller, um bekannte und neue Störungen an den Anlagen nicht nur zu beheben, sondern auch nachhaltig zu beseitigen. Für sie sollten noch weitergehende Schulungen im Bereich von Problemlösungstechniken durchgeführt werden. Sie sollten gemeinsam mit dem Engineering kreative Lö-

sungen entwickeln können, wie die Prozesse an den Anlagen stabilisiert werden könnten.

Die Weiterentwicklung des Personals wurde als Lösungsweg gewählt, um die vorhandenen und zukünftigen Herausforderungen der Produktion meistern zu können. Wie allerdings schon weiter oben erwähnt, stand die tatsächliche Umsetzung einigen Herausforderungen gegenüber. Diese folgen aus den Punkten aus Bild 5.12. – Können, Wollen, Dürfen.

Die Veränderungen hatten im ersten Schritt den Fokus auf dem Können und Dürfen. Diese bargen in sich schon große Herausforderungen. Das Wollen stellte sich allerdings als mindestens genauso wichtig heraus.

a) *Können:* Die Maschinenbediener hatten, wie bereits eingangs erwähnt, keinerlei Ausbildung in produktionsrelevanten oder technischen Bereichen. Nicht alle Mitarbeiter sollten auch das Potenzial haben, selbst mit begleitenden Schulungen und Coaching durch die Einsteller und Shopfloor Manager, die anstehenden Aufgaben zu bewältigen. Innerhalb des Unternehmens konnten durch Umbesetzungen genügend Mitarbeiter gefunden werden, die auch für etwas größere Herausforderungen geeignet waren.

b) *Wollen:* Das Wollen sollte durch zwei Aspekte gefördert werden. Einerseits bekamen die Maschinenbediener mehr Möglichkeiten, ihre eigene Arbeit zu beeinflussen. Wie in der Ausgangssituation bereits beschrieben, gab es mehrere demotivierende Faktoren durch die zahlreichen Störungen. Nun bekamen sie die Möglichkeit, aktiv an stabileren Abläufen mitzuwirken. Begleitet wurde diese Aufwertung der Arbeit auch mit einer entsprechenden Erhöhung der Entlohnung. Beides zusammen stellte für zahlreiche Mitarbeiter die notwendige Motivation dar, um die neuen Herausforderungen anzunehmen. Es gab allerdings auch einige Personen, die nicht mehr als Teile einlegen wollten. Auch für sie mussten alternative Arbeitsplätze gefunden werden oder vereinzelt verließen sie auch das Unternehmen.

c) *Dürfen:* Eigentlich wurde das Dürfen durch die Beschreibung der einzelnen Tätigkeiten, die von den Maschinenbedienern durchgeführt werden sollten, definiert. Für die Einsteller und Shopfloor Manager sollte es nicht so einfach sein, dies auch wirklich leben zu lassen. In manchen Fällen dauerte es mehr als ein Jahr, bis jeder tatsächlich das machen durfte, was ursprünglich definiert wurde. Zumeist lag es daran, dass die jeweilige Ebene darüber nicht wirklich loslassen konnte. Gerade hier war ein intensives Coaching durch die Abteilungs- und Bereichsleiter notwendig.

Letztendlich stellte sich heraus, dass für das Können die Einsteller und Shopfloor Manager erster Ebene die meisten Aufgaben und Verantwortung hatten. Für das Wollen musste die geeigneten Rahmenbedingungen aus Stellenbeschreibungen und Entlohnung entwickelt werden, die auch so gelebt werden mussten. Für das

Dürfen mussten sich besonders die Einsteller und Shopfloor Manager bemühen. Es dauerte über 12 Monate, bis die Prozesse auf dem gewünschten Niveau stabilisiert wurden.

Praxisbeispiel 5.6 – Einführung eines Digitalen Shopfloor Managements

Ausgangssituation:

Die Firma Peka ist ein kleines Unternehmen, das Küchen- und Möbelbeschläge produziert. Die Produktion ist grundsätzlich in die drei Bereiche Vorfertigung (Stanzen, Schneiden und Biegen), Lackierung und Montage unterteilt. Über viele Jahre hinweg gab es nur eine sehr eingeschränkte Kommunikationskultur in der Fertigung. Kam es zu Abweichungen, wurden diese von den Mitarbeitern zwar aufgezeichnet, zu nachhaltigen Prozessverbesserungen kam es trotzdem nur sehr selten. Einerseits wurden die vorhandenen Informationen und Problemlösungswerkzeuge von den Vorgesetzten nur sehr eingeschränkt verwendet. Andererseits wurden Fehler und Abweichungen von den Mitarbeitern als Probleme angesehen, die entweder andere verursacht haben oder von anderen zu lösen wären. Damit traten natürlich dieselben Abweichungen und Störungen immer wieder auf. In der Produktion mangelte es am Verständnis, dass vorhandenes Verbesserungspotenzial gemeinsam mit allen Beteiligten gehoben werden könnte. Ein neuer Fertigungsleiter, der aus den eigenen Reihen kam und daher die Situation aus persönlicher Erfahrung kannte, erkannte die Notwendigkeit eines Wandels. Gemeinsam mit dem gesamten Managementteam wurde beschlossen, diesen mit einem Mix aus Automatisierung und Digitalisierung einzuleiten. Damit sollte zugleich auch eine Veränderung der Mitarbeiterführung und Verbesserungskultur einhergehen.

Im ersten Schritt wurden Abweichungen durch die Mitarbeiter manuell protokolliert. Dazu standen ihnen Listen an jedem Arbeitsplatz zur Verfügung, in die sie die wichtigsten Informationen zu Verlustzeiten eintragen sollten. In eher unregelmäßigen Zeitabständen wurden diese Listen vom Produktionsleiter ausgewertet. Er hatte dadurch ein ungefähres Bild, wo die größte Verschwendung an den einzelnen Arbeitsplätzen lag. Einerseits kam diese Erkenntnis mit einiger Verzögerung nach dem Auftreten. Es konnte also nicht unmittelbar darauf reagiert werden. Andererseits gab es auch keinen klar definierten Prozess, wie diese Abweichungen nachhaltig abgestellt werden könnten. Der erste Schritt in die richtige Richtung wurde damit allerdings gemacht und es konnten auch schon die ersten Produktivitätsverbesserungen erzielt werden.

Anwendung:

Wesentlich weiterreichende Änderungen mussten nun folgen. Unter anderem sollte dies durch mehr Transparenz, eine stärkere Einbindung der Mitarbeiter und eine offenere Führungskultur erreicht werden. Um diesen Wandel zu unterstützen, wurde mit der Einführung von digitalen Werkzeugen des Shopfloor Managements begonnen. Dazu ging Peka eine Partnerschaft mit einem Systemhaus ein, welches auf digitale Lösungen für die Produktionsplanung und das Shopfloor Management spezialisiert ist. Wie schon eingangs erwähnt, sollte die Veränderung auf drei Kernelementen aufbauen:

- Transparenz von Abweichungen direkt am Arbeitsplatz und zum Zeitpunkt des Entstehens
- Regelmäßige Abstimmungen zu den Abweichungen mit der notwendigen Visualisierung
- Unterschiedliche Regelkreise zur Erhöhung der Produktivität

Diese drei Punkte werden auf den folgenden Seiten detaillierter beschrieben.

 Transparenz von Abweichungen

Die Mitarbeiter sollten unmittelbar beim Auftreten einer Abweichung diese auch protokollieren, und dies mit dem geringstmöglichen Aufwand. Jede Anlage wurde dazu mit Touchscreens ausgerüstet, die mit den Anlagen und dem System vernetzt wurden. (Bild 5.15) Über die Anlagen selber wurden nur einige der wichtigsten Statusmeldungen wie „Produktion" registriert. Abweichungen mussten zumeist durch vordefinierte Felder begründet werden. Zur besseren Visualisierung wurden einzelnen Gruppen an Ursachen (Grün zum Beispiel für Produktion) Farben zugeordnet. Änderte sich der Status der Anlage, die Produktion wurde zum Beispiel durch eine Qualitätsprüfung unterbrochen (Detaildarstellung in Bild 5.15), so wurde eine neue Zeile in der Übersicht generiert. Damit konnte relativ schnell erkannt werden, was die größten Abweichungen aktuell verursachte. Dies unterstützte den Anlagenbediener bei einer rascheren Fehlerbehebung.

Bild 5.15 Touchscreens zur Eingabe der Abweichungen

Für lange Zeit stellten das Handhaben des Materials und weitere, einfache Tätigkeiten die Hauptaufgaben der meisten Mitarbeiter dar. Probleme an Anlagen in einem gewissen Umfang unmittelbar zu beheben, gehörte nicht zum Tagesgeschäft. Für die meisten Mitarbeiter in der Produktion reduzierte sich ihre Arbeit demnach auf Aufgaben, für die nicht unbedingt eine weiterreichende Ausbildung an den Arbeitsplätzen benötigt wurde. Mit dieser Veränderung und einer rasch voranschreitenden Automatisierung in der Produktion, mussten auch die Anforderungen an die Mitarbeiter angepasst werden. Das Qualifikationsniveau wurde schrittweise an die Arbeitsinhalte angepasst. Es erhöhten sich allerdings nicht nur die Inhalte an den einzelnen Anlagen selber. Sie mussten auch immer flexibler eingesetzt werden können, also auch an mehreren unterschiedlichen Anlagen arbeiten können. Manche Mitarbeiter entwickelten sich so weit, dass sie selbst in anderen Abteilungen eingesetzt wurden. Sie zeigten von sich aus Interesse daran, den gesamten Wertstrom kennenzulernen. Diese Entwicklung musste natürlich durch die notwendigen Schulungen begleitet werden. Manche Mitarbeiter wollten oder konnten diesen Wandel nicht mitgehen, für sie mussten Alternativen innerhalb des Unternehmens gefunden werden.

Neben den fachlichen Qualifikationen mussten sich die Mitarbeiter mit dem Umfeld in Bezug auf Führung und Kommunikation weiterentwickeln. Wie schon eingangs erwähnt, war das Arbeitsumfeld nicht durch eine offene Kommunikation geprägt. Es musste also schrittweise eine neue Vertrauensbasis geschaffen werden, in der auch offen über Fehler und Abweichungen gesprochen werden konnte. Von allen Hierarchieebenen mussten sie dabei unterstützt werden, gemeinsam nach Lösungen zu suchen und nicht nach Schuldigen. Ein Schritt dahin sollte auch sein, dass den Mitarbeitern vertraut wurde, dass sie die korrekten Gründe für Abweichungen im System eintragen würden. Es sollte keine Gründe mehr geben, warum Fehler und die Erklärungen für Störungen nicht offen kommuniziert werden sollten.

 Regelmäßige Abstimmungen

In den jeweiligen Produktionsbereichen wurden Stationen aufgebaut, die als zentraler Punkt für den Informationsaustausch dienen sollten. Jeder Bereichsleiter hatte morgens an den Monitoren seinen ersten Stopp, um sich die Übersichten zu den Ergebnissen des Vortages anzusehen. (Abschnitt 1 in Bild 5.16) Kam es zu besonderen Abweichungen bei der Erreichung der Produktivitätsziele, so konnten weitere Details aufgerufen werden. Zumeist wurde die Darstellung in Abschnitt 2 (Bild 5.16) verwendet, in dem ein Zeitstrahl der vergangenen 24 Stunden abgebildet wurde. Dieser reflektierte die Eingaben der Anlagen und Mitarbeiter, wie sie in Bild 5.15 dargestellt wurden. Durch ein Anklicken jedes einzelnen Abschnittes in diesem Zeitstrahl konnten weitere Details zu allen Störungen angezeigt werden (Abschnitt 3). Die Mitarbeiter hatten über ihre Monitore ebenfalls jederzeit Zugang zu dieser Darstellung. Damit hatte der Bereichsleiter bereits zu Beginn der Schicht einen guten Überblick, wo und welche Abweichungen es während der vergangenen 24 Stunden gegeben hatte.

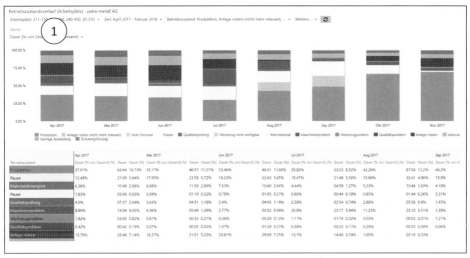

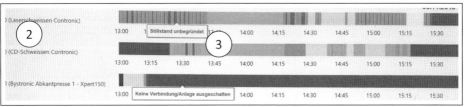

Bild 5.16 Abteilungsinformationen in digitaler Form

Jeden Morgen traf sich der Bereichsleiter anschließend mit seinen Mitarbeitern an diesem Monitor, um die Störungen des Vortages zu besprechen. Wurden diese durch interne Abläufe verursacht, so hatten hier die Mitarbeiter die Möglichkeit, die Gründe zu erklären. Im Weiteren ging es darum, ob eventuell bereits Abstellmaßnahmen getroffen wurden oder ob sie Vorschläge dazu einbringen konnten. Sie wurden aktiv dazu aufgefordert, ihr Fachwissen und Kenntnisse zu den einzelnen Prozessen zu nutzen. Zusätzlich konnten sie auch erklären, ob gewisse Vorgaben nicht realistisch waren. Sollte in diesem Kreis keine Lösung gefunden werden, so wurde sie auf die nächste Ebene weitergeleitet, die im folgenden Abschnitt erklärt wird. Wurden die Abweichungen durch andere Bereiche verursacht, so wurde die Information durch die Teamleiter ebenfalls in der zweiten Ebene eingebracht. So wurden diese Regelkreise zum Beispiel auch genutzt, um Feedback an das Engineering zu kommunizieren. Konnten Vorgaben bei neuen Produkten nicht eingehalten werden, mussten diese anhand der Informationen aus der Produktion überprüft werden. So konnte ein Ergebnis daraus sein, dass in der Nachkalkulation gewisse Parameter angepasst werden mussten. Mit diesen Regelkreisen profitierten demnach auch alle anderen Bereiche, da sie unmittelbar Rückmeldung über Mängel in ihren Prozessen erhielten.

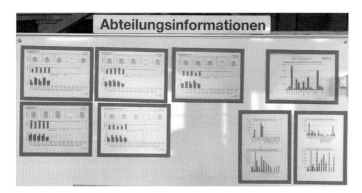

Bild 5.17 Abteilungsinformationen in analoger Form

In der Montage war der Automatisierungsgrad nicht so fortgeschritten wie in der Vorfertigung. Die Mitarbeiter hatten dieselben Monitore an ihren Arbeitsplätzen wie in dem maschinellen Fertigungsbereich. Die morgendliche Besprechung wurde allerdings an einer klassischen Wand mit analogen Informationen durchgeführt. (Bild 5.17)

Für die Vorgesetzten in den einzelnen Fertigungsbereichen stellte dieser neue Ansatz des Shopfloor Managements ebenfalls eine sehr große Herausforderung dar. Ihr Fokus lag nun nicht mehr nur darin, die Produktion am Laufen zu halten und die Stückzahlen zu erreichen. Die größten Veränderungen lassen sich mit zwei Punkten zusammenfassen:

- Die Art der Kommunikation innerhalb der Produktion veränderte sich komplett. Dies sollte sich nicht nur auf die Offenheit im Umgang mit Fehlern ausdrücken. Es ging prinzipiell um einen wesentlich respektvolleren Umgang miteinander. Die Vorgesetzten sollten die Mitarbeiter in ihren Aufgaben unterstützen und nicht kontrollieren und zurechtweisen bei Fehlern.

- Die Qualifikationsanforderungen auf der Teamleiterebene mussten neu durchdacht werden. In der Vergangenheit wurden Mitarbeiter aus der Abteilung befördert, weil sie ihren Job besonders gut gemacht hatten. So konnte es vorkommen, dass man einen guten Anlagenbediener verloren und einen schlechten Teamleiter gewonnen hatte. Auf der einen Seite mussten alle Teamleiter ein formelles Teamleitertraining durchlaufen. Neben Themen der Führung, Kommunikation etc. stellten Problemlösungsmethoden eine wichtige Komponente dieser Schulungen dar. Zusätzlich mussten sie ausgebildete Techniker sein, um den technischen Anforderungen der Arbeit und speziell der Problemlösung gerecht zu werden. Sie sollten letztendlich die Spezialisten sein, die die Mitarbeiter bei der Findung und Umsetzung von Verbesserungsmaßnahmen unterstützen.

 Unterschiedliche Regelkreise

In den zwei vorangegangen Punkten wurden bereits die ersten zwei Regelkreise beschrieben. Der erste besteht aus der unmittelbaren Reaktion der Mitarbeiter und Teamleiter vor Ort. Die morgendlichen Besprechungen der Mitarbeiter und den Shopfloor Managern bildeten den zweiten Regelkreis. Zusätzlich gab es eine wöchentliche Runde aus Team- und Bereichsleitern mit dem Produktionsleiter. Neben den Verantwortlichen aus der Produktion kamen zu diesen Terminen auch die entsprechenden Vertreter aus den unterstützenden Abteilungen wie Qualität oder Logistik. Diese Besprechung, die ebenfalls an den Monitoren der einzelnen Fertigungsbereiche durchgeführt wurde, hatte drei Kernelemente:

- Die wichtigsten Abweichungen der vergangenen Woche wurden besprochen. Was waren die Hauptgründe, dass die gesetzten Produktivitätsziele nicht erreicht wurden? Wurden bereits Maßnahmen dazu eingeleitet und welche?
- Die Shopfloor Manager informierten den Produktionsleiter zum Stand von aktuellen Verbesserungsthemen. Liegen sie im Zeitplan oder gibt es Verzögerungen? Hat eine Umsetzung zu den gewünschten Ergebnissen geführt oder muss nachgebessert werden?
- Themen wurden aufgenommen, die nicht in den ersten zwei Ebenen bearbeitet oder abgeschlossen werden konnten. Welche anderen Bereiche waren betroffen und mussten die Produktion unterstützen?

Mitarbeiter aus allen notwendigen Bereichen einmal pro Woche für zumindest eine halbe Stunde zusammen zu bekommen, stellte eine große Veränderung dar. Die Arbeitsweise bis dahin gestaltete sich eher so, dass jeder in seiner eigenen Welt die Aufgaben erledigte. Da die Firma nicht so groß ist, sollte eine Abstimmung auch „so" funktionieren. Eine wirkliche Verzahnung und Koordination aller Aktivitäten kam nur schwer zustande. Es wurde anfangs in Frage gestellt, ob es wirklich notwendig sei, dass sich 6-8 Personen einmal pro Woche in der Produktion treffen müssten. Doch auch hier kam es zur Erkenntnis, dass diese direkte Runde zum Austauschen und Abstimmen seinen Wert hatte.

Neu sollte für die Teilnehmer aus den indirekten Bereichen auch sein, dass sie das direkte Feedback aus der Produktion bekamen. Als Beispiel wurde bereits das Thema mit neuen Produkten und der Rückmeldung der Fertigungsparameter genannt. Die Logistik zum Beispiel erhielt Feedback zum Materialfluss und konnte damit die eigenen Abläufe verbessern. Nachdem alle die Vorteile für ihre eigenen Abläufe verstanden, stieg auch die Akzeptanz dieser formalisierten Abstimmung.

Letztendlich wurde eine neue Kommunikationskultur aufgebaut, in der sich alle Mitarbeiter und Ebenen weiterentwickeln mussten. Die neue Transparenz und der Umgang mit Abweichungen resultierten in einem ständigen Streben nach neuen und besseren Lösungen für die Prozesse. Eine kontinuierliche Steigerung der wichtigsten Kennzahl Produktivität belegte den Erfolg dieser Weiterentwicklung. Dazu gab es eine kurz- und langfristige Darstellung, die von den Mitarbeitern auf ihren eigenen Monitoren für ihren jeweiligen Arbeitsplatz aufgerufen werden konnte. (Bild 5.18) Solch ein Veränderungsprozess dauert allerdings auch seine Zeit. Die Weiterentwicklung aller Mitarbeiter auf allen Ebenen dauerte etwa 18 Monate, bis sie sich mit den neuen Rollen identifizieren konnten.

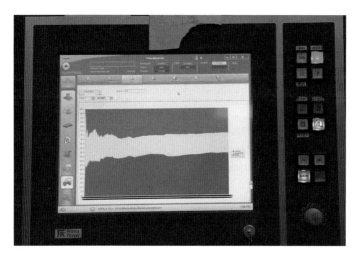

Bild 5.18 Darstellung des Trends der Produktivität an einem Arbeitsplatz

 Fazit aus den Praxisbeispielen

- Mit Shopfloor Management können nur die richtigen Ergebnisse erzielt werden, wenn auch alle Mitarbeiter ihre Rolle darin haben. Um diese ausfüllen zu können, muss im Prozess der Einführung bestimmt werden, was ihre notwendigen Qualifikationen sein müssen und dass sie diese auch einsetzen wollen und dürfen. Die entsprechenden Maßnahmen zur Weiterentwicklung müssen daraus definiert werden, um dies auch zu erreichen.

- Eine der wichtigsten und zumeist neuen Qualifikationen auf allen Ebenen sind Problemlösungsmethoden. Dazu muss zuerst definiert sein, welche Regelkreise es gibt und wo, welche Methoden verwendet werden müssen. Anschließend müssen die betroffenen Mitarbeiter entsprechend geschult werden. Zur Unterstützung beim Erlernen und Verinnerlichen dieser Methoden dienen die unmittelbaren Vorgesetzten als Coaches. Dies setzt voraus, dass diese selbst sich zu Experten dieser Methoden entwickelt haben.

- Die Art und Weise der Kommunikation verändert sich häufig durch die Einführung von Lean Shopfloor Management. Diese ist durch einen offenen und respektvollen Umgang miteinander geprägt. Fehler oder Abweichung werden als Potenzial zur Verbesserung gesehen, das Suchen nach Schuldigen liegt nicht im Fokus. Dies kann eine gewaltige Umstellung für alle bedeuten und resultiert in einem langwierigen Prozess.

5.2.2 Kontinuierliche Weiterentwicklung der Prozesse

Im ersten Kapitel haben wir in Bild 1.2 bereits zwischen operativen und strategischen Zielen im Rahmen der Aufgaben des Shopfloor Managements unterschieden. In den folgenden Kapiteln wurde im Detail auf die einzelnen Werkzeuge eingegangen, die zur Erreichung dieser Ziele beitragen. Dieser Abschnitt soll als Teil der Mitarbeiterführung aufzeigen, wie die strategischen Ziele eigentlich zustande kommen. Bei den operativen ist es einfacher. Der Kunde bestellt etwas und daraus entstehen auf die eine oder andere Art Fertigungsaufträge. Dieses Thema sehen wir uns auch noch einmal im folgenden Kapitel zu den Schnittstellen an. Die Entstehung der strategischen Ziele sieht schon etwas anders aus. Als Rahmen soll wieder die Methode des Kata aus der Einleitung zu diesem Kapitel dienen.

Startpunkt sollte ein fundiertes Verständnis sein, was die konkrete Situation in der Produktion ist. Und dies sollte mit den notwendigen Zahlen, Daten und Fakten untermauert sein. Als wertvolles Werkzeug hat sich dazu die bereits beschriebene Wertstromanalyse (VSM – Value Stream Map) erwiesen. Daraus folgt eine Vision und damit verbunden die Vorstellung eines gewissen Zielzustandes. Dies stellt eine Beschreibung dar, wie man sich den zukünftigen Zustand eines Prozesses oder Wertstromes vorstellt. Aus der Wertstromanalyse entsteht also ein Wertstromdesign (VSD – Value Stream Design) mit all seinen Details wie Zykluszeiten, Anzahl Mitarbeiter und Anlagen oder Rüstzeiten. Diese werden ergänzt durch Ergebniskennzahlen wie Produktivität oder Durchlaufzeit. Im Endeffekt werden die Erkenntnisse der Analyse für ein VSM in die angestrebten Werte des VSD abgeleitet.

Bevor es allerdings an die Arbeit zum Erreichen des Zielzustandes des VSD kommen kann, sollte ein Unternehmen an der Stabilisierung der Prozesse arbeiten, was dem Erreichen der operativen Ziele entspricht. Häufig kann es vorteilhafter sein, wenn dieser erste Schritt erreicht wurde. Eine Verbesserung von instabilen Prozessen stellt eine wesentlich größere Herausforderung dar. Gehen wir einmal davon aus, dass die Prozesse zu einem akzeptablen Niveau stabilisiert wurden und eine tatsächliche Verbesserung angegangen werden kann. Wie kommen nun die Details für den Zielzustand oder dem VSD zustande? An einem kurzen Praxisbeispiel soll erklärt werden, wie es nicht gehen sollte.

Praxisbeispiel 5.7 – Definition eines Zielzustandes

Ausgangssituation:

Bei einem Produzenten von Komponenten für die Maschinenbauindustrie erlebte ein Werk über zehn Jahre hinweg ein außergewöhnliches Wachstum. Die Halle wurde erweitert und neue Anlagen hinzugefügt. Durch dieses rasche, organische Wachstum der Fabrik hatte niemand die Zeit, sich Gedanken zu machen, wie das Layout und der Wertstrom vernünftig organisiert werden sollte. Dies resultierte in jeder Art von Verschwendung, die man sich nur vorstellen konnte. Teilweise war es nicht mehr möglich, Maschinen und Arbeitsplätze zu sehen, da sie so von Behältern verstellt waren. Mitarbeiter liefen ständig herum, um sich das notwendige Material, Werkzeuge und Informationen zusammenzutragen. Durchlaufzeiten, die im Bereich von Tagen liegen sollten, wurden in Wochen gemessen. Dass sich etwas ändern müsste, wurde von Niemandem bezweifelt.

Ein Mitarbeiter des Bereiches Prozesstechnik, der sehr gut mit dem verwendeten Layout Programm vertraut war, wurde mit der Aufgabe der Erstellung eines neuen Layouts betraut. Damit verbunden sollte auch die Definition eines neuen Materialflusskonzeptes sein. Er erstellte eine Variante nach der anderen. Immer wieder bekam er aus den unterschiedlichsten Abteilungen eine Begründung, warum die aktuelle Version so nicht funktionieren könnte. Als er die entsprechenden Änderungen eingearbeitet hatte, kam wieder ein Einwand von einem anderen Bereich, weshalb diese so auch wieder nicht funktionieren könnte. Nach etwa sechs Monaten und über 20 verschiedenen Varianten einer Lösung wurde erkannt, dass ein anderer Ansatz gewählt werden musste.

Anwendung:

Zum Neustart wurde ein Management-Workshop durchgeführt, in dem die Vision und ein Grobkonzept definiert werden sollte. Mit dem gesamten Managementteam wurden folgende Punkte zum Layout und dem Materialfluss erarbeitet:

- Was sind die Anforderungen der jeweiligen Bereiche?
- Welche Restriktionen aus strategischer Sicht müssen berücksichtigt werden?
- Wie sieht ein gemeinsames Konzept des Managements aus?

Aus diesem Workshop wurden Vorgaben erarbeitet, die durch die einzelnen Abteilungen verfeinert werden mussten. Die Richtung wurde durch das Management vorgegeben, nun mussten alle daran arbeiten, wie dies etwas konkreter in den jeweiligen Abschnitten aussehen könnte. Dies bedeutete, dass jede Abteilung zumindest drei Vorschläge erstellen musste, wie ihr Teil des Wertstromes als Abteilung in dieses Konzept passen könnte. In dieser Stufe wurde noch nicht auf die einzelnen Arbeitsplätze im Detail eingegangen. Anschließend wurden die verschiedenen Vorschläge als Lösungen in das Gesamtkonzept eingearbeitet, wodurch nun die Richtung für die einzelnen Arbeitsplätze stand. Für die Ausarbeitung der Details und der Umsetzung konnten jetzt die Mitarbeiter miteinbezogen werden. Schrittweise wurde innerhalb der einzelnen Abteilungen mit der Umsetzung begonnen. Was sich genau wie ändern sollte, wurde im Laufe der Veränderung angepasst. Jede einzelne Anpassung sollte die eigene Abteilung näher an die Vision bringen. Letztendlich konnte diese Vorgehensweise mit dem agilen Projektmanagement aus Kapitel 4 verglichen werden. Für das Management sollte es von besonderer Bedeutung sein, dass alle Mitarbeiter verstanden, was gemacht wurde und dass sie die Veränderung mittragen würden. Der gesamte Prozess der Planung dauerte etwa zwei Monate. Die gesamte Umsetzung zog sich über einen wesentlich längeren Zeitraum hin.

 Fazit aus den Praxisbeispielen

- Eine Weiterentwicklung der Prozesse startet mit der Definition einer Vision oder eines zukünftigen Zustandes. Diese gilt als Orientierung für alle Beteiligten, wie zum Beispiel ein Prozess in der Zukunft aussehen soll. Eine Detaillierung der notwendigen Veränderungen in den einzelnen Abschnitten oder Arbeitsplätzen innerhalb des Wertstromes hat damit eine Richtung vorgegeben bekommen. Eine Priorisierung von Maßnahmen fällt so wesentlich einfacher.

- Die Vision wird schrittweise heruntergebrochen, bis eine Ebene erreicht wurde, aus der realistische Maßnahmen erarbeitet werden können. Wie ein Abschnitt des Wertstromes letztendlich aussehen wird, entwickelt sich in Schritten mit der Umsetzung. Es erfolgen also während der Implementierung kontinuierlich Anpassungen der Details, die aber im Rahmen des Zielzustandes liegen sollten.

■ 5.3 Führungsspanne

Häufig wird der Gedanke von Lean Production auch mit flachen Hierarchien gleichgesetzt. Die Reduzierung von einzelnen Managementebenen wurde als ein Ansatz angesehen, schlanke Strukturen aufzubauen. Damit wurde ein wichtiger Aspekt vom Lean Shopfloor Management ignoriert. Es müssen auch die geeigneten Ressourcen zur Verfügung stehen, um Prozesse zu verbessern und Mitarbeiter zu entwickeln. Der Fokus wurde zu sehr darauf gelegt, dass nur noch wertschöpfende Tätigkeiten verbleiben. Es wurde zu viel als nicht-wertschöpfend abgebaut. Dies entstand aus dem falschen Verständnis, dass ein schlankes Unternehmen nur aus wertschöpfenden Tätigkeiten bestehen sollte. Ein schlankes Unternehmen besteht allerdings auch aus dem Streben, sich ständig zu verbessern. Und dazu müssen die Gelegenheit und die Ressourcen verfügbar sein.

Wie schon weiter oben beschrieben, kommen den Teamleitern und Prozessingenieuren zentrale Aufgaben beim Identifizieren und Umsetzen von Verbesserungsmaßnahmen zu. Der Teamleiter ist komplett in einen Fertigungsbereich integriert
und hat dabei drei wichtige Aufgaben:

- Sicherstellen, dass die Mitarbeiter Standards einhalten
- Identifizieren und Reagieren auf Abweichungen
- Identifizieren von Verbesserungspotenzialen und -maßnahmen mit Unterstüt-
  zung von z. B. Prozessingenieuren

Die Frage stellt sich häufig, wie stark diese Teamleiter in die wertschöpfenden Prozesse eingebunden sein sollen. Im Lean-Sprachgebrauch lässt sich für diese Person die Bezeichnung des Hancho finden. Dieser hat primär die oben aufgeführten
Aufgaben, wechselt bei Bedarf allerdings auch unmittelbar in den wertschöpfenden Prozess. (Peters 2017) Damit kann er auch teilweise die klassischen Funktionen eines Springers ausfüllen. Die Größe des Teams hängt zumeist auch von der
Art der Prozesse ab. Als Richtlinie kann eine Anzahl an Mitarbeitern von 8 – 12
dienen. Wie mit Ausnahmen umgegangen werden kann, zeigt das folgende Praxisbeispiel.

Praxisbeispiel 5.8 – Definition einer Standardführungsspanne

Ausgangssituation:

Bei einem Zulieferer der Automobilindustrie hatte sich über die Jahre ein Wild-
wuchs an unterschiedlichen Organisationsstrukturen und Größen der direkten
und indirekten Einheiten in den verschiedenen Werken ergeben. In einer Fabrik
gab es eine rein zentrale Instandhaltung, in einer anderen wurde sie komplett in
die Produktion integriert. Auch der Anteil an indirekten Mitarbeitern wie Qualität
oder Logistik aus den unterschiedlichen Standorten variierte sehr stark. Was im
Zusammenhang mit diesem Kapitel am interessantesten sein sollte, ergab sich
durch die unterschiedliche Struktur und Führungsspanne der Produktionseinheiten. In manchen gab es Teamleiter, in anderen nicht. Dann hatte ein Schichtleiter
in einem Bereich nur ein Team mit 20 Personen, in einem anderen sechs mit insgesamt über 150 Mitarbeitern. Zusätzlich gab es in manchen Werken Nachtschich-
ten ohne Schichtleiter, in anderen sollten alle Schichten durchgängig besetzt sein.

Durch ein Projektteam sollte eine Standardorganisationsstruktur definiert werden,
die auf alle Werke übertragen werden könnte. Damit sollten unter anderem Richtlinien für das Verhältnis Anzahl direkter zu indirekter Mitarbeiter oder auch Größe
von Produktionsteams erstellt werden. Eine flexible Anpassung an die jeweilige
Produktionsstruktur einer Einheit sollte jedoch immer noch möglich sein. In diesem Praxisbeispiel konzentrieren wir uns nur auf das Ergebnis in Bezug auf die
Führungsspanne innerhalb der Produktion.

Anwendung:

Bild 5.19 gibt einen Überblick zu dem Ergebnis der Definition einer Standard-
struktur der Produktionseinheiten inklusive der Führungsspannen. Als Richtlinie
sollte ein Team aus 8 – 12 Mitarbeitern bestehen und durch einen Teamleiter geführt werden. Es gab allerdings auch Montagelinien, die aus mehr als 12 Mitarbeitern bestanden. Zum Beispiel arbeiteten in einer Linie 17 Personen. Für solch
einen Fall sollten die Spezialisten zur Verfügung stehen. In diesem konkreten Beispiel wurden zwei Linien eine Person als interner Logistiker zugeordnet. Dieser
sollte die Teamleiter komplett von allen Aufgaben im Zusammenhang mit Material-
bewegungen befreien. Dadurch konnte die Führungsspanne auf 17 Personen ausgeweitet werden.

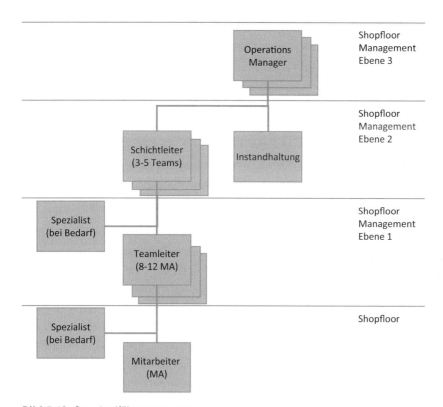

Bild 5.19 Standardführungsspanne

Die Teamleiter sollten 10 – 20 % ihrer täglichen Arbeitszeit mit wertschöpfenden
Aufgaben verbringen können. Bei Bedarf übernahmen sie Montagetätigkeiten an
der Linie. Dies setzte natürlich voraus, dass sie an allen Arbeitsplätzen geschult
waren. Der Hauptfokus ihrer Tätigkeiten wurde auf folgende Themenbereiche gelegt:

- Unterstützung der einzelnen Montagabschnitte bei Abweichungen
- Schulungen von neuen und Weiterbildung der eingearbeiteten Mitarbeiter
- Aufzeichnung und Auswertung der produktionsrelevanten Daten des Bereiches
- Teilnahme an den Produktionsbesprechungen und Verbesserungsmaßnahmen

In einigen Werken dieser Firma hatten manche Teamleiter 20 oder mehr Mitarbeiter zu betreuen. Durch Mehrmaschinenbedienungen konnte die Anzahl der eigentlichen Arbeitsplätze wesentlich höher liegen. Selbst wenn sie nicht aktiv in die wertschöpfenden Prozesse eingebunden wurden, konnten sie die oben aufgeführten Tätigkeiten nur sehr eingeschränkt durchführen. Der Fokus wurde dann zumeist auf das Beseitigen von Symptomen von Abweichungen gelegt. Sie sprangen also nur von einer Störung zur nächsten. Damit sind wir auch wieder bei dem Punkt, der im vorherigen Abschnitt angeführt wurde. Shopfloor Manager müssen auch die zeitliche Flexibilität haben, um sich um die oben aufgelisteten Aufgaben kümmern zu können. Daher muss es wohl überlegt sein, wie viele Mitarbeiter oder Arbeitsplätze sie betreuen können.

Derselbe Ansatz sollte für die Schichtleiter fortgesetzt werden. Für einige Werke ergab sich die erste gravierende Änderung darin, dass sie nicht in allen Schichten einen Schichtleiter hatten. Durch die Neudefinition der Aufgaben im Rahmen der Standardisierung des Shopfloor Managements wurde dies notwendig. Prinzipiell sollte hier die Führungsspanne drei bis fünf Teams betragen, was in einem Minimum von 24 bis zu einem Maximum von 60 Mitarbeitern resultieren würde. Je Schicht konnte dies zu einer unterschiedlichen Zusammensetzung der Schichtleiterbereiche führen. Nicht alle Fertigungsbereiche wurden mit derselben Anzahl an Schichten besetzt. In manchen Fabriken liefen nur einzelne Abschnitte in 3 Schichten, andere wiederum nur einschichtig. Um die Richtlinie von drei bis fünf Teams einhalten zu können, musste demnach die Anzahl der Schichtleiter entsprechend angepasst werden. In der Frühschicht könnte es zum Beispiel 20 Teams geben, für die 5 Schichtleiter eingesetzt würden. In der Nachtschicht arbeiteten allerdings nur 10 Teams, die von drei Schichtleitern begleitet wurden.

Diesen Schichtleitern wurden bei Bedarf wieder einzelne Spezialisten zur Seite gestellt. Eine der Hauptaufgaben für die Schichtleiter bestand in der Definition und Umsetzung von Verbesserungsmaßnahmen, die über die Ebene 1 hinausgingen. Sehr oft handelte es sich demnach um umfangreichere oder team- bzw. bereichsübergreifende Inhalte. Bestand in einem Verantwortungsbereich eines Schichtleiters sehr großer Bedarf an solchen Maßnahmen, konnte ihm ein Prozessingenieur als Spezialist direkt zur Verfügung gestellt werden. In vielen Fällen sollte diese Unterstützung nur temporär sein, bis gewisse Aktivitäten abgearbeitet wurden.

Fazit aus den Praxisbeispielen

- Es gibt gewisse Richtlinien, wie umfangreich die Führungsspanne sein sollte auf jeder einzelnen Ebene. Diese Zahlen sollten flexibel an die jeweilige Situation angepasst werden und wirklich nur als Richtlinien gesehen werden. Je nach Struktur der jeweiligen Produktion (z. B. Mehrmaschinenbedienung vs. Einzelarbeitsplätze) können diese Werte variieren. Eine Definition und Anwendung dieser Richtlinien macht in jedem Produktionsumfeld Sinn.

- Die Aufgabe der jeweiligen Ebene des Shopfloor Managements sollte als Grundlage für die Definition dieser Richtlinien dienen. Je aktiver sich ein Shopfloor Manager in die Aufgabe der Problemlösung und des Coaching einbringen soll, umso geringer sollte diese Spanne sein.

6 Schnittstellenmanagement

Für den Shopfloor Manager stellt sein Bereich kein abgeschlossenes System dar, das nicht auch von anderen Akteuren im Unternehmen beeinflusst wird. Sowohl die operativen als auch strategischen Ziele können zumeist nur erreicht werden, wenn alle Teile des Wertstroms aufeinander abgestimmt sind. Der wichtigste Input für einen gegebenen Shopfloor Bereich besteht aus Informationen, Material und Werkzeugen (Bild 6.1). Als Teil eines Wertstromes verändert der Bereich diese zu einem Output. Stimmt der Input nicht mit den Anforderungen des Shopfloor Bereiches überein, so hat dies einen negativen Einfluss auf die Erreichung der Ziele. Entweder erhöht sich der Aufwand zur Erstellung des gewünschten Outputs oder dieser wird nicht erreicht. Wie auch immer die Auswirkung sein mag, die Abweichung wird das Shopfloor Management beschäftigen. Deshalb stellt das Schnittstellenmanagement auch ein eigenes Werkzeug für das Shopfloor Management dar. Welche Ansätze gibt es daher, damit durch Mängel im Input kein zusätzlicher Aufwand für das Shopfloor Management und den gesamten Bereich entsteht?

Bild 6.1 Übersicht zum wichtigsten Input und Output eines Shopfloor Bereiches

■ 6.1 Schnittstellen Input

 Informationen

Der Auslöser für eine Fertigung in einem Bereich ist eine Information. Diese kann zum Beispiel in Form eines Fertigungsauftrages aus der Produktionsplanung kommen oder durch ein Signal in einem Kanban-System. Egal welche Art gewählt wird oder vielleicht auch möglich ist, für das Shopfloor Management sind folgende Faktoren wichtig, um zuerst einmal die operativen Ziele zu erreichen.

Das Shopfloor Management sollte so wenig Aufwand mit der Verarbeitung oder auch Interpretation der Informationen zu einem Auftrag haben als möglich. Es sollte ohne großes Nachfragen klar sein, was bis wann zu machen ist. Alle notwendigen Informationen müssen entsprechend zur Verfügung gestellt werden, um jeden nicht-wertschöpfenden Aufwand so gering als möglich zu halten.

Unterscheiden müssen wir dabei zwischen zwei verschiedenen Ursachen für einen zusätzlichen Aufwand für das Shopfloor Management. Einerseits kann er verursacht werden durch mangelhafte oder fehlende Informationen zu einem Auftrag. Es muss zum Beispiel in der Produktionsplanung nachgefragt werden, da ein Fertigungsauftrag einer falschen Anlage zugeordnet wurde. Andererseits kann der Aufwand Teil des eigentlichen Planungs- und Steuerungsvorganges sein. Der Shopfloor Manager kann zum Beispiel Aufträge so sortieren, dass der Rüstaufwand innerhalb eines Tages so gering als möglich wird. Transparenz, Visualisierung und selbststeuernde Kreisläufe sollen sicherstellen, dass der Aufwand minimal gehalten wird. In den folgenden Praxisbeispielen wird aufgezeigt, welche Möglichkeiten es gibt, dies zu erreichen.

Nicht selten spiegelt der geplante Aufwand zur Fertigung eines Auftrages nicht den tatsächlichen am Shopfloor wider. Zykluszeiten sind zu lang oder zu kurz. Der aktuelle OEE einer Anlage stimmt nicht mit dem in der Planung überein. Und damit stimmt entsprechend auch der Produktionsplan nicht. Dies hängt mit den Parametern für die Planung zusammen, die veraltet oder vielleicht von Anfang an nie korrekt waren. Dies kann in vielen Fällen mit dem Prozess zur Aktualisierung von Stammdaten zusammenhängen. Je nach Größe der Abweichung hat dies natürlich auch eine unmittelbare Auswirkung auf das Erreichen der operativen Ziele des Bereiches.

Um die Korrektheit der Planung zu verbessern, ist ein Feedback aus der Produktion hilfreich. Der Informationsoutput kann dazu genutzt werden, um Abweichungen der Parameter aufzuzeigen und zu korrigieren. Durch den Einsatz von digitalen Hilfsmitteln lässt sich diese Feedback-Schleife in vielen Fällen erst realisieren. Anhand von einigen Beispielen soll aufgezeigt werden, welche Möglichkeiten es dazu gibt.

Ein nicht unerheblicher Aufwand in der Produktion wird durch die Instabilität des Produktionsplanes verursacht. Prioritäten und Reihenfolgen werden ständig geändert. Die Ursachen dazu können vielfältig sein und können in allen Bereichen eines Unternehmens gefunden werden. Wie schon in den anderen Kapiteln erwähnt, stellt Stabilität einen wichtigen Faktor der Lean-Philosophie dar. In diesem Abschnitt behandeln wir aber nur die Instabilität des Produktionsplanes, der von anderen Bereichen verursacht wurde.

Der Shopfloor Manager ist zuerst einmal für die Stabilität der Prozesse im eigenen Bereich verantwortlich. Er muss also bis zu einem gewissen Grad Schwankungen und Abweichungen über die Schnittstellengrenzen hinaus als gegeben hinnehmen. Auch hier können Transparenz, Visualisierung und selbststeuernde Kreisläufe als Puffer dienen, um die Auswirkungen abzufedern.

Zusätzlich hilft ein sehr kurzer Planungshorizont. In einem Extremfall kann sich dieser nur auf den aktuellen Auftrag beziehen. Plane ich also nur das, was ich gerade machen muss, so bin ich gegen Änderungen völlig immun. Je weiter mein Planungshorizont allerdings in der Zukunft liegt, umso anfälliger gegen Änderungen ist ein Produktionsbereich. Es stellt sich also in diesem Zusammenhang immer die Frage, wie weit im Voraus ein Produktionsplan in die Fertigung gegeben wird. Dies ist ein Punkt, der natürlich sehr stark vom jeweiligen Produktionsumfeld abhängt. Sehr leicht kommt man allerdings in einen Teufelskreis. Sind die Prozesse und die Planung nicht stabil, so werden die Durchlaufzeiten erhöht. Je länger jedoch die Durchlaufzeiten sind, umso größer ist die Gefahr einer Änderung. Und damit wird wieder mehr Instabilität verursacht. Und so weiter.

 Material

Ein Fertigungsbereich sollte im Normalfall davon ausgehen, dass alles benötigte Material für einen Auftrag zur Verfügung steht, wenn dieser gestartet werden soll. Und dies natürlich mit so geringen Beständen in diesem Bereich wie möglich. Leider gehört es nicht zu den Ausnahmen in vielen Unternehmen, wenn dieser Normalfall nur eingeschränkt eintritt. Mitarbeiter wollen ihren Fertigungsauftrag starten, nur um festzustellen, dass einzelne Komponenten fehlen. In den meisten Fällen wird mit der Situation folgendermaßen umgegangen:

- Der Mitarbeiter oder der Shopfloor Manager machen sich auf, um das fehlende Material zu besorgen. Eventuell wird auch die interne Logistik oder der vorgelagerte Prozessschritt kontaktiert, um das Material so schnell als möglich zu erhalten. Neben der Verschwendung durch das Suchen kommt es zur Verzögerung beim Start des Auftrages.

- Der Folgeauftrag wird gestartet. Der eigentlich zu produzierende Auftrag wird also nach hinten gereiht, bis das Material vorhanden ist. Dies hat natürlich unmittelbare Auswirkungen auf den Produktionsplan. Im Extremfall muss eventuell eine Anlage erneut gerüstet werden.

Der Ansatz sollte hier sein, dass solch eine Situation erst gar nicht entstehen darf. Die Materialverfügbarkeit sollte also zu 100 % abgesichert sein. Ein kurzer Überblick zu den gängigsten Methoden soll aufzeigen, was möglich ist. Die Details dazu folgen wieder in den Praxisbeispielen:

- *Selbststeuernde Regelkreise:* Mit Hilfe von Kanban soll unter anderem auch sichergestellt werden, dass das Material verfügbar ist, wann immer es benötigt wird. Für die entsprechenden Kanban-Artikel wird dazu ein definierter Bestand vorgehalten. Wir hatten allerdings in den vorherigen Kapiteln bereits erwähnt, dass Kanban nicht das Allheilmittel ist und einige Grundvoraussetzungen für die Anwendung gegeben sein müssen. Sind diese vorhanden, stellt es wohl das einfachste System für die Shopfloor Manager dar, um die Materialverfügbarkeit zu gewährleisten.

- *Visualisierung und Transparenz:* Häufig werden Teile einfach nur falsch abgestellt und müssen anschließend gesucht werden. Mit Hilfsmitteln der Visualisierung (z. B. markierte Abstellflächen) und Regeln der Materialbewegung soll festgelegt werden, wer welches Material wohin zu stellen hat. Durch die Visualisierung soll die notwendige Transparenz gewährleistet sein, falls Behälter falsch abgestellt worden sind. Eine wichtige Voraussetzung dazu ist, dass der notwendige Platz vorhanden sein muss, um die benötigten Stellplätze zu definieren. Die Frage ist dann in vielen Fällen, ob es diesen Platz nicht gibt, da alles mit Material vollgestellt ist?

- *Tracking des Materials:* Es wird auch immer wieder Situationen geben, in denen sich der Materialfluss nicht zu 100 % absichern lässt. Daraus folgend steht nicht immer alles Material am richtigen Platz, wenn es benötigt wird. Digitale Medien erleichtern es nun, jeden einzelnen Behälter jederzeit lokalisieren zu können. Wie diese Lösungen mit der Philosophie von Lean zu vereinbaren sind, wird im letzten Kapitel noch einmal diskutiert.

 Werkzeug

Hier wollen wir die Problematik mit Werkzeugen betrachten, welche aus einem anderen Bereich des Unternehmens für einen oder mehrere Aufträge kommen und anschließend wieder an eine Stelle außerhalb des betrachteten Bereichs gehen. Die zwei Hauptprobleme, die sich dabei ergeben, sind:

- *Verfügbarkeit des Werkzeugs:* Wenn es gebraucht wird, steht es nicht zur Verfügung.
  - Das Werkzeug befindet sich gerade in einem anderen Bereich im Einsatz. Zwei Aufträge sollten an unterschiedlichen Arbeitsplätzen zeitgleich bearbeitet werden, die dasselbe Werkzeug benötigen.

- Es gibt ein zentrales Lager für Werkzeuge, in dem es nach der Verwendung abgelegt wird. Fehlt die Transparenz, was wo liegt, kann es vorkommen, dass es bei Bedarf nicht unmittelbar gefunden wird.

- *Zustand des Werkzeugs:* Die Einsatzfähigkeit des Werkzeuges ist nicht gegeben.

  - Das Werkzeug befindet sich zum Beispiel im Werkzeugbau und muss noch repariert oder überarbeitet werden. Die Planung des Fertigungsauftrages wurde demnach nicht mit der Planung dieses Servicebereiches abgestimmt.

  - Nach dem Einbau in die Anlage wird eine Beschädigung oder ein anderer Funktionsmangel festgestellt. Zumeist sind die Anforderungen bezüglich der Wartung nicht klar definiert oder wurden nicht eingehalten. Eine Beschädigung konnte natürlich auch übersehen werden.

Für das Shopfloor Management entsteht aus all diesen Gründen zusätzlicher Aufwand und zumeist hat es negative Auswirkungen auf die planmäßige Bearbeitung eines Auftrages. Verzögerungen lassen sich kaum vermeiden, wenn einer der oben aufgeführten Gründe auftritt. Deshalb sind zwei Punkte besonders zu beachten im Schnittstellenmanagement in Bezug auf Werkzeuge:

- Eine klare Definition des Prozesses zur Abstimmung der betroffenen Bereiche, die diese Werkzeuge handhaben. Aus der Planung heraus muss zum Beispiel berücksichtigt werden, dass die Verfügbarkeit der Werkzeuge geklärt ist, bevor ein Auftrag gestartet werden kann.

- Ein systematischer Ansatz und die notwendige Transparenz, wo Werkzeuge abgestellt werden. Dies muss eventuell auch nach einer gewissen Unterteilung nach dem Status des Werkzeuges geschehen. So können diese zum Beispiel unterteilt sein in: „Frei gegeben"; „Verbucht", „In Reparatur".

Diese Ausführungen sollten nur einen kurzen Überblick geben, mit welchen Problemen sich ein Shopfloor Manager tagtäglich im Zusammenhang mit Input in seinen Bereich beschäftigen muss. Es folgen nun einige Praxisbeispiele, wie verschiedene Firmen mit den Herausforderungen der Schnittstellen umgegangen sind. Ziel sollte es immer sein, dass diese klar definiert und strukturiert sind. Damit soll ein Fertigungsbereich den notwendigen Input erhalten, um die operativen Ziele so reibungslos als möglich erreichen zu können.

Praxisbeispiel 6.1 – Schnittstellenmanagement in der Einzelfertigung

In den vorherigen Praxisbeispielen zu Rohde & Schwarz wurde bereits erwähnt, dass die Geräte in der Montage mit einer Losgröße 1 zusammengebaut werden. Die drei wichtigsten Schnittstellen für den Input bestehen zur Produktionsplanung, dem Lager und der Komponentenfertigung. Wie diese Schnittstellen strukturiert sind und vom Shopfloor Management koordiniert werden, damit die operativen Ziele erreicht werden, ist Inhalt dieses Praxisbeispiels.

Der Teamkoordinator managt die Schnittstelle zur Produktionsplanung. Er erhält die Fertigungsaufträge und nutzt zur Feinplanung und Steuerung ein Heijunka-Board. Für den Montagebereich in Bild 6.2 kann über einen Zeitraum von 8 Wochen (horizontale Achse) die Produktion geplant werden. Jeder einzelne Tag in einer Woche (vertikale Achse) wurde nach fixen Zeitabschnitten unterteilt, die dem Arbeitsumfang für ein Gerät entspricht. Damit wird visuell für alle dargestellt, wie die Auslastung des Bereiches ist. Kann ein Gerät aus irgendeinem Grund an dem geplanten Tag nicht gefertigt werden, so wird der Auftrag in die unterste Reihe verschoben und muss in Absprache mit der Produktionsplanung neu terminiert werden. In diesem Fall können Aufträge der folgenden Tage wieder in Koordination mit der Planung vorgezogen werden. Zusätzlich werden über diese Tafel anstehende, geplante Stillstände durch rote Karten berücksichtigt. Sie blocken die entsprechenden Zeiten und stehen damit der Planung nicht zur Verfügung.

 Heijunka

Als Heijunka wird im Toyota-Produktionssystem die Produktionsglättung bezeichnet, mit der die Nachfrage in einem bestimmten Fertigungszeitraum künstlich geglättet werden soll. Die Zeit wird dabei in fixe Abschnitte unterteilt, in denen immer konstante Inhalte gefertigt werden. So können z. B. in zehn Minuten-Intervallen entweder zwei Stück von A, vier Stück von B oder fünf Stück von C produziert werden. In welchem Mix diese drei Produkte kommen ist die Variable. Die Schwankungen und die damit verbundenen Unter- bzw. Überlastungen einer Produktionseinheit sollen so weit als möglich vermieden werden. Bedarfsspitzen nach oben als auch nach unten sollen geglättet werden. Ein Werkzeug, das für die Feinplanung und Steuerung der Produktion in diesem Zusammenhang verwendet wird, ist die Heijunka-Box. (Rother 2009)

Bild 6.2 Heijunka-Board und Steuerungstafel in der Montage

Für den aktuellen Tag werden die Aufträge aus dem Heijunka-Board entnommen und in die Tafel für die Steuerung übernommen. (rechts in Bild 6.2) Der Mitarbeiter entnimmt einen Auftrag nach dem anderen aus dieser Tafel. Über den Code auf der rechten oberen Ecke am Dokument meldet er an seinem Arbeitsplatz den Auftrag an und erhält über den Monitor wie in Kapitel 4 beschrieben alle notwendigen Informationen.

Für den Shopfloor Manager ist damit ein einfaches Hilfsmittel definiert, anhand dessen er jederzeit den Auftragsstand und damit auch die Auslastung und den Kapazitätsbedarf ersehen kann. Über die Steuerungstafel kann zusätzlich leicht erkannt werden, ob die Bearbeitung der anstehenden Aufträge nach Plan erfolgt.

Neben der Information - also dem Fertigungsauftrag und der Arbeitsanweisungen - ist das Material der zweite, wichtige Input zur Erreichung der operativen Ziele in diesem Beispiel. Die Komponenten können entweder aus dem Lager oder aus der Vorfertigung kommen. Als Verknüpfung dieser zwei Bereiche mit der Montage dient die interne Logistik. Zahlreiche Teile werden dabei über ein Kanban-System direkt an die Montagelinie in ein Kanban-Regal geliefert (Bild 6.3). Die Mitarbeiter entnehmen nach Bedarf die entsprechenden Teile aus den Behältern. Ist eine Box leer, so wird sie in die unterste Lage des Regals geschoben. Der Logistikmitarbeiter entnimmt diese leeren Boxen während seiner regelmäßigen Fahrten.

Bild 6.3 Kanban-Regal und Labels zum Scannen

Die Anwendung einer digitalen Unterstützung ist hier schon weiter vorangeschritten. Entnimmt der Logistikmitarbeiter den leeren Behälter, so scannt er den Barcode auf diesen ein. (kleine Aufnahme in Bild 6.3) Im Lager wird damit automatisch das Label für eine Nachlieferung ausgedruckt. Dort wird der nächste Behälter zur Abholung vorbereitet und mit dem Label versehen. Bringt der Logistikmitarbeiter diese Box während seiner nächsten Route, so wird die Ablage im Regal erneut durch ein Einscannen bestätigt.

In der Vorfertigung muss nicht unmittelbar nach dem Scannen nachproduziert werden. Die elektronischen Karten gelangen in eine digitale Kanban-Wand. Die Produktion entscheidet dann vor Ort nach den definierten Kanban-Regeln, welche Komponenten wann gefertigt werden.

Klassische Kanban-Systeme mit Karten sind mit so einigen Herausforderungen verbunden, die teilweise durch digitale Medien vermindert werden können. Einige Beispiele dazu sind:

- Karten werden falsch abgelegt oder gehen verloren. Da eine manuelle Handhabung entfällt, reduziert sich auch die Wahrscheinlichkeit dafür. Vollkommen ausschließen kann man dies natürlich auch nicht. Auch die ausgedruckten Labels im Lager können immer noch verloren gehen.
- Die Handhabung der Karten ist mit Aufwand für die Beteiligten verbunden. Das Tragen der Karten zu einer Kanban-Box oder das Einsammeln dieser entfällt fast gänzlich.
- Parameter eines Kanban-Systems können sich kontinuierlich verändern. Bedarfe gehen nach oben oder unten. Prozesse werden stabiler und der Sicherheitsbestand kann reduziert werden. Um nur zwei Beispiele zu nennen. Die Anzahl der Karten oder anderer Signale müssen demnach entsprechend angepasst werden. In einem manuellen Kanban kann dies mit einem erheblichen Aufwand verbunden sein. Wird das Kanban digital abgebildet, so kann sich dieser drastisch reduzieren.

Beide Ansätze zeigen, wie die Schnittstellen für den Input mit recht einfachen Konzepten gemanagt werden können. Für den Shopfloor Manager reduziert sich der Aufwand damit erheblich und die Mitarbeiter können wesentlich autarker und auch kontinuierlicher arbeiten. Der Shopfloor Manager muss sich nur noch in Ausnahmefällen darum kümmern, dass den Mitarbeitern die richtigen Informationen und das richtige Material zur Verfügung stehen. Und falls es zu Abweichungen kommen sollte, so wird dies in der täglichen Problemlösungsrunde besprochen und nach passenden Maßnahmen gesucht. Voraussetzung ist allerdings, dass die Produktion auch entsprechend strukturiert wird. Bevor diese Konzepte in dieser Art umgesetzt werden konnten, mussten Lean-Prinzipien wie zum Beispiel eine Fließfertigung realisiert werden. Für viele Fertigungen ist es ein langwieriger Veränderungsprozess, um solche Werkzeuge auch vernünftig implementieren zu können. Deswegen stand auch hier an erster Stelle das Ziel, stabile Prozesse in der Produktion zu erreichen und Abweichungen transparent zu machen. Und dies sind nur zwei Komponenten, die dazu beitragen.

Praxisbeispiel 6.2 – Visualisierung und Transparenz zur Sicherstellung der Materialverfügbarkeit

Ausgangssituation:

Dieses Praxisbeispiel baut auf Beispiel 2.5 aus dem Kapitel zu Standards auf. Wie dort bereits erwähnt wurde, lag die Liefertreue der Schweißerei unter 50 %. Zur Erinnerung, es wurden in den Bereichen der Vorfertigung aus Blechen Einzelteile geschnitten, die anschließend gebogen wurden. Im Schweißbereich wurden mehrere dieser Einzelteile aus der Vorfertigung zu Baugruppen verschweißt. Ein Schweißauftrag konnte aus einigen wenigen oder auch 20+ Einzelteilen bestehen. Einer der Hauptgründe für die Verzögerung bei der Bearbeitung eines Auftrages lag nun darin, dass nicht alle Einzelteile zum geplanten Termin verfügbar waren. Der Materialfluss muss dazu kurz erklärt werden.

Im Schneiden wurden aus Blechen die Einzelteile geschnitten. Um diese Bleche so gut als möglich zu nutzen, also nur geringen Schnittabfall zu produzieren, wurden verschiedene Einzelteile mit einem Blech produziert. Der Fokus lag demnach auf der Optimierung des Schnittbildes. Um dies zu ermöglichen, mussten einzelne Komponenten vorproduziert werden. Da es zwischen Schneiden und Biegen keinen geeigneten Pufferplatz gab, wurden diese auch sofort gebogen. Alle Teile, die aus einem Schneideauftrag entstanden, wurden gemeinsam gebogen und blieben auch auf derselben Palette.

Bei einer Aufnahme aller Materialien im Puffer zwischen der Schweißerei und dem Biegen wurde festgehalten, wie die Materialien für einzelne Aufträge verstreut waren. Alle Fertigungsaufträge, die innerhalb der kommenden zwei Tage bearbeitet werden sollten, erhielten ein blaues Post-It. Die einzelnen Aufträge wurden zusätzlich durchnummeriert. In Bild 6.4 befanden sich zum Beispiel Teile für drei verschiedene Aufträge auf der Palette, die alle in den kommenden Tagen geschweißt werden sollten.

Bild 6.4 Momentaufnahme der Bestände im Puffer

Die gesamte Planung basierte auf inkorrekten Parametern, weshalb sich kaum jemand wirklich an die ausgewiesenen Termine hielt. Nur der Startpunkt im Schneiden wurde versucht einzuhalten bzw. wurde durch die Schnittoptimierung zu früh gestartet. Damit wurde das gebogen, was gerade im Puffer stand. Dies gewährleistete allerdings nicht, dass beim Schweißen auch alle Einzelteile für einen Auftrag verfügbar sein würden. Für die drei Aufträge in Bild 6.4 zum Beispiel waren zum Zeitpunkt der Aufnahme nicht alle notwendigen Teile vorhanden. Dies wurde allerdings auch nur durch diese Aufnahme festgestellt. Die Anlagenbediener vom Biegen stellten ihre Paletten unkontrolliert in diesen Pufferbereich ab, sodass es keinen Überblick gab, was so stand.

Das Schweißen arbeitet mit einer Abarbeitungsliste. Ein Mitarbeiter sollte einzig und alleine dafür verantwortlich sein, die notwendigen Teile aus dem Pufferbereich zu einem Fertigungslos zusammenzustellen. Er musste den gesamten Bereich durchsuchen, um die richtigen Komponenten zu finden. In Bild 6.5 ist beispielhaft dargestellt, wie die Einzelteile für einen Auftrag über den Pufferbereich verteilt waren. In den meisten Fällen musste er feststellen, dass nicht alle Materialien im Puffer lagen. Ob oder wann diese kommen würden, konnte niemand sagen. Also musste er den betroffenen Auftrag zurückreihen und jede einkommende Palette kontrollieren, ob das fehlende Material dabei war.

Der verantwortliche Shopfloor Manager des Schweißens verbrachte einen nicht unerheblichen Teil seiner Zeit damit, diese Situation zu managen. Einerseits musste er die Reihenfolge der Abarbeitungsliste ständig ändern und damit auch die Einteilung seiner Mitarbeiter. Zusätzlich versuchte er kontinuierlich mit seinen internen Lieferanten und der Planung, die fehlenden Komponenten aufzutreiben. Die Liefertreue lag bei ca. 50 %, womit sie sich weit von ihrem operativen Ziel für diese Kennzahl entfernt befanden.

Bild 6.5 Verteilung der Einzelteile für einen Auftrag im Puffer

Ziel sollte es sein, den gesamten Planungsprozess und Materialfluss so zu strukturieren, dass diese Probleme nicht auftreten könnten. Die Schnittstellen mussten von Grund auf neu definiert werden. Es musste allerdings auch eine kurzfristige

Lösung als Übergang gefunden werden, wie die Schnittstellen besser koordiniert werden könnten.

Anwendung:

Sehen wir uns zuerst die kurzfristige Lösung an, wie mehr Transparenz in den Schnittstellen vom Schweißen zum Biegen und auch in die Planung zu einer Verbesserung der Liefertreue führen sollte. Als Übergangslösung am Puffer aus Bild 6.5 wurde eine Planungstafel aufgestellt. (Bild 6.6) Die Y-Achse wurde nach Produktgruppen unterteilt, die X-Achse in die einzelnen Tage der Woche. Der zuständige Planer musste immer für die nächsten drei Tage je Produktgruppe eintragen, welche Baugruppen das Schweißen abliefern sollte. In einer morgendlichen Besprechung mit den Leitern der Produktionsbereiche Schweißen, Biegen und Schneiden sowie dem Planer und jeweils einem Vertreter vom Kundendienst und dem Engineering wurde die Materialverfügbarkeit diskutiert. Zur Vorbereitung musste der Mitarbeiter aus dem Pufferbereich eintragen, für welche Aufträge alles Material im Schweißen zur Verfügung stand und welche nicht komplett waren. Im umrandeten Auftrag in Bild 6.6 sollten zum Beispiel 5 (Qty) Stück dieser Baugruppe geschweißt werden. Im Schneiden und Biegen (CD) wurden bereits alle Einzelteile gefertigt und sie befanden sich auch im Pufferbereich des Schweißens (S). Dieser Auftrag konnte also problemlos gestartet werden. Im Auftrag darüber sollten 7 Stück gefertigt werden. Sie wurden bereits geschnitten und gebogen, sie lagen allerdings noch nicht vor dem Schweißen.

Bild 6.6 Planungstafel zur kurzfristigen Transparenz und Abstimmung

Fehlten einzelne Komponenten für einen Auftrag, so wurden diese vom Leiter der Schweißerei in dieser Runde kommuniziert. Die Leiter der anderen Bereiche mussten unmittelbar den Status überprüfen. Falls notwendig mussten sie in die Reihenfolge ihrer Fertigungsaufträge eingreifen, um die fehlenden Einzelteile rechtzeitig zum Schweißen zu bekommen. Sollte dies nicht möglich sein, informierte der Vertreter des Kundendienstes den Kunden über mögliche Verzögerungen.

Mit dieser Runde sollte sichergestellt werden, dass immer für die drei folgenden Tage volle Transparenz darüber herrschte, wie der Stand der Materialverfügbarkcit war. Bci Bcdarf konnten die notwendigen Maßnahmen eingeleitet werden. Dass dies nur ein temporäres Bekämpfen des Symptoms sein sollte, war allen Beteiligten klar.

Als zweiter Schritt wurde die Schnittstelle zwischen Schweißen und Biegen neu strukturiert. Bis dahin stellten die Mitarbeiter des Biegens ihre Paletten mehr oder weniger dort ab, wo sie gerade Platz fanden. Das Layout und der Ablauf sollten so geändert werden, dass auch hier mehr Transparenz herrschen sollte.

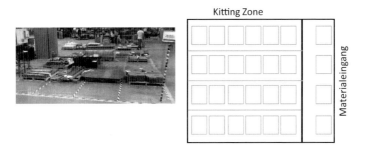

Bild 6.7 Neue Struktur der Pufferzone

Die Pufferzone wurde in zwei Bereiche unterteilt (Bild 6.7). Als Abstellplatz für das Material aus dem Biegen wurde ein Materialeingang definiert mit vier Stellplätzen. Dahinter befanden sich einzelne Kitting-Plätze, in denen die Einzelteile zu ihren entsprechenden Aufträgen zugeordnet wurden. Auf kleinen, mobilen Tafeln wurden die Fertigungsaufträge abgelegt, womit auch Stellplätze in diesem Bereich für einen Auftrag reserviert wurden. Die Fertigungsaufträge dienten auch als Checkliste, um den Status der Materialverfügbarkeit zu überprüfen. Wurde eine neue Palette am Materialeingang abgestellt, so teilte der Mitarbeiter alle Materialien unmittelbar auf die zugehörigen Aufträge auf. Somit konnte hier sehr schnell festgestellt werden, ob alle Komponenten vorhanden waren oder nicht. Die größte Schwachstelle dieser Vorgehensweise wurde im hohen Aufwand der Materialhandhabung gesehen, da auf einer Palette aus dem Biegen immer noch verschiedene Teile liegen konnten.

Mit diesen zwei Maßnahmen wurden die Schnittstellen zumindest so visualisiert, dass durch die verbesserte Transparenz zumeist rechtzeitig reagiert werden konnte, falls Material fehlen sollte. Die Liefertreue konnte in Kombination mit den Maßnahmen aus Praxisbeispiel 2.5 kurzfristig auf über 85 % gebracht werden. Bei Verzögerungen konnte zusätzlich der Kunde einige Tage vorab informiert werden. Längerfristig wurde das gesamte Thema mit Planung, Steuerung und Materialfluss beginnend vom Schneiden neu aufgesetzt.

Praxisbeispiel 6.3 – Autonome Gruppen und digitale Unterstützung

Ausgangssituation:

In Praxisbeispiel 4.11 wurde bereits die Digitalisierung des Problemlösungskreises dieses Unternehmens erklärt. In diesem Abschnitt geht es nun um die Transformation von einzelnen Bestandteilen des Schnittstellenmanagements. Jeder Produktionsbereich wurde in einzelne Gruppen aufgeteilt, die eigenständig für die Bearbeitung von Fertigungsaufträgen verantwortlich sind. Sie erhalten den notwendigen Input wie Informationen und Material und organisieren sich selbst, um den definierten Output zu erzielen. Innerhalb der Gruppe gibt es keine Hierarchien. Über diesen Gruppen ist die nächste Hierarchiestufe der Abteilungsleiter.

In solchen Strukturen gibt es demnach im klassischen Sinn keine Führung wie einen Meister oder Vorarbeiter. Damit ist es umso wichtiger, dass die Schnittstellen genau definiert werden. In einem traditionellen Arbeitsumfeld teilt zum Beispiel ein Meister die Mitarbeiter ein, um die anstehenden Fertigungsaufträge zu bearbeiten. Kommt es zu Abweichungen beim Input, Material fehlt zum Beispiel, trifft der Shopfloor Manager häufig die Entscheidung, wie damit umgegangen wird. Bei autonomen Gruppen gibt es diese klare Entscheidungsinstanz nicht. Sie müssen noch mehr davon ausgehen, dass sie den notwendigen Input in korrekter Form und Umfang bekommen, was sie zur Erfüllung eines Auftrages brauchen. Sollte es allerdings trotzdem zu Abweichungen kommen, so ist ein klar strukturierter Informationsfluss von noch größerer Bedeutung.

Ähnliche Aussagen können auch zum Output getroffen werden. Kann zum Beispiel ein Termin nicht eingehalten werden, so muss die Abweichung transparent für alle betroffenen Bereiche gemacht werden. Besonders dieses Thema stellte bei diesem Unternehmen für lange Zeit eine große Herausforderung dar. Aufträge wurden in einer Gruppe gestartet und Abweichungen wurden nicht zeitgerecht kommuniziert. Es kam nicht selten vor, dass die Planung mit erheblichem Aufwand den aktuellen Stand eruieren musste.

Anwendung:

In diesem Praxisbeispiel werden nun die drei weiteren Werkzeuge des Shopfloor Managements beschrieben, die im Rahmen des Digitalisierungs-Programms aufgebaut wurden. Mit ihnen sollen die Schnittstellen so gestaltet werden, dass die Produktion ohne größere Reibungsverluste die operativen Ziele erreichen kann:

- Planungstafel
- Auftragsinfo-System
- Interne Logistik

Für die Planungstafel soll als Einstieg die analoge Version anhand eines Beispiels kurz erklärt werden. Sämtliche Anlagen eines Fertigungsbereiches sind auf einer Tafel aufgelistet (Bild 6.8). Der jeweilige Auftragsstatus ist in Bearbeitung, Planung und Störung unterteilt. Vom Planer dieses Bereiches werden für einen bestimmten Zeitraum Auftragskarten ausgedruckt und in den Abschnitt Planung gehängt. Die Anlagenbediener kommen nach Abschluss eines Auftrages an diese Tafel und entnehmen den folgenden Auftrag aus dem Planungsbestand. Die entsprechende Auftragskarte wird auf den Status Bearbeitung verschoben. Kommt es aus irgendeinem Grund zu einer Störung, wird die Auftragskarte in das entsprechende Feld verschoben und die notwendigen Informationen werden dokumentiert. Es wird entweder eine Störungskarte (weiß) oder eine Problemlösungskarte (blau) ausgefüllt. Kommt es zu einem Stillstand an einer Anlage, so wird die weiße Karte verwendet und an die Instandhaltung weitergeleitet. Ist das Ergebnis der Störung eine Abweichung im Auftrag, dann wird die blaue Problemlösungskarte ausgefüllt, die dann zum Thema in den täglichen Besprechungen wird.

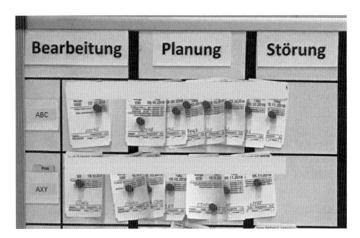

Bild 6.8 Ausschnitt der analogen Version des Auftragsboards

Durch diese Tafel haben die Planer einen visuellen Überblick, welcher Auftrag sich an welcher Anlage befindet und wo es durch eine Störung zu Verzögerungen kommen kann. Damit unterstützt diese Tafel den Informationsfluss zwischen Planung, Produktion und wieder zurück zur Planung.

Neben dem administrativen Aufwand für das Ausdrucken und Handhaben der Karten haben solche Systeme zumeist eine weitere Schwachstelle. Die Gefahr ist sehr groß, dass Karten verlegt werden bzw. auch verloren gehen können. Dies ist eine

Fehlerquelle, die sich nur sehr schwer komplett vermeiden lassen kann bei der Verwendung von analogen Karten. Ein weiterer Nachteil der analogen Tafel ergab sich, dass sie nur jeweils einen Produktionsabschnitt abbildete. Der Auftragsstand über einen kompletten Wertstrom lässt sich damit nicht darstellen. Sie stellte aber dennoch eine klare Verbesserung zum alten System dar, in dem der Status eines Auftrages nur sehr intransparent war.

Die Tafel mit den Karten sollte im Rahmen des Digitalisierungsprojektes nun ebenfalls über Monitore abgebildet werden. Der grundsätzliche Aufbau entsprach dem der analogen Tafel und wurde in vier Abschnitte unterteilt. (Bild 6.9) Statt einem manuellen Verschieben der Karten wurden nun die Aufträge am Touchscreen bewegt. Die betroffenen Mitarbeiter mussten demnach keine komplett neue Vorgehensweise erlernen.

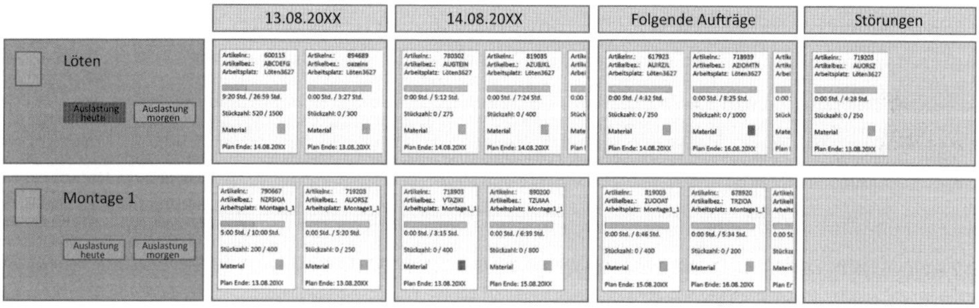

Bild 6.9 Ausschnitt der Digitalen Version des Auftragsboards

Zusätzlich wurden weitere Details eingebaut, die wieder während der einzelnen Reviews der Sprints als Kundenwünsche definiert wurden. Für jede Anlage ist die Auslastung am aktuellen und folgenden Tag angezeigt (Punkt 1 in Bild 6.10). Übersteigt die Auslastung 100 %, wechselt die Farbe von grün auf rot. In jeder einzelnen Auftragskarte wird der aktuelle Auftragsstand in Zeit angezeigt (Punkt 2). In diesem Beispiel wurden bereits 9:20 Stunden von einer gesamten Auftragsdauer von 27 Stunden abgeschlossen. Als weiterer Kundenwunsch wurde die Materialverfügbarkeit in die Auftragskarte aufgenommen. Am Auftragsboard kann demnach sofort erkannt werden, ob für einen anstehenden Auftrag alles Material zur Verfügung steht. Fehlt ein Teil, so ist das Kästchen bei Punkt 3 rot. Durch ein Antippen der jeweiligen Auftragskarten können noch weitere Details wie zum Beispiel der gesamte Arbeitsplan aufgerufen werden.

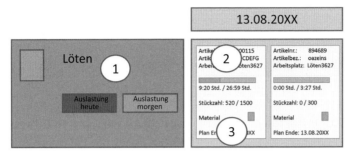

Bild 6.10 Detailansicht des digitalen Auftragsboards

Wird eine Auftragskarte in die Spalte der Störungen verschoben, wird sie automatische mit der dazugehörigen Problemlösungskarte aus Praxisbeispiel 4.11 verbunden. Damit sind über das Auftragsboard auch die jeweiligen Aktionen und deren Status einsehbar. In der Produktionsbesprechung lässt sich daraus leicht abschätzen, wann ein Auftrag mit Status Störung wieder in die Bearbeitung verschoben werden kann.

Über diesen Monitor haben die Produktion und Planung ein gemeinsames Medium, in dem alle notwendigen Informationen zu Aufträgen transparent dargestellt sind. Dieselben Informationen lassen sich natürlich auch über die mobilen Geräte abrufen. Ein Informationsaustausch ist also nicht nur auf den Standort des Monitors beschränkt.

In vielen Unternehmen müssen Mitarbeiter der Planung oder der Produktion herumlaufen bzw. telefonieren, um den aktuellen Status und Standort eines Auftrages herauszufinden. Oder Aufträge werden gestartet, obwohl nicht alle Informationen oder Material vorhanden sind. Dies kann hier nicht vorkommen.

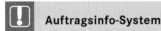 **Auftragsinfo-System**

Ein wichtiges Instrument zur Schnittstelle Mitarbeiter und Planung stellt das Auftragsinfo-System dar. An jedem Arbeitsplatz befindet sich ein Touchdisplay, das eine einfache Handhabung und Bedienung des Systems für alle Mitarbeiter gewährleisten soll. Über dieses können alle auftragsrelevanten Informationen abgerufen werden:

- Nächster Auftrag: Für jeden Arbeitsplatz gibt es eine Abarbeitungsliste, die der Reihenfolge aus dem Auftragsboard entspricht. Startet ein Mitarbeiter seine Schicht, so ruft er den nächsten Fertigungsauftrag auf. (Bild 6.11) Der Mitarbeiter des Arbeitsschrittes Montage zum Beispiel beginnt seinen Auftrag mit dem Berühren des Feldes „Start". Nach Beendigung der Arbeit wird durch „Ende" der Auftrag zurückgemeldet. Da jeder einzelne Arbeitsschritt an- und abgemeldet werden muss, besteht komplette Transparenz, welcher Auftrag sich gerade wo befindet. Sollte es zu Abweichungen kommen, muss der Mitarbeiter eine Problemlösungskarte ausfüllen, wie es im Praxisbeispiel 4.11 beschrieben wurde.

Häufig scheitert dieses Rückmelden jedes Prozessschrittes daran, dass dies an ein Terminal gebunden ist. Jeder Meldevorgang ist mit Bewegung des Mitarbeiters verbunden. Um diese Verschwendung zu vermeiden, wird nur an ausgewählten Arbeitsplätzen zurückgemeldet. Es leidet damit nicht nur die Transparenz zum aktuellen Status eines Auftrages. Auch sind detaillierte Auswertungen zu den Durchlaufzeiten nur eingeschränkt möglich.

Bild 6.11 Ausschnitt eines Fertigungsauftrags

- Detailinformationen zum Produkt: Über den Fertigungsauftrag hat der Mitarbeiter auch Zugriff auf alle relevanten Informationen zum jeweiligen Produkt. Dies beinhaltet Zeichnungen und Stücklisten. Speziell die Stückliste stellt für die Mitarbeiter einige wichtige Zusatzinformationen zur Verfügung. Beispiele dazu sind:
  - Verfügbarkeit des Materials: In der Stückliste wird für jede einzelne Komponente angezeigt, ob sie für den Fertigungsauftrag verfügbar ist oder nicht. Damit wird verhindert, dass ein Auftrag gestartet wird, nur um dann festzustellen, dass Material fehlt. Die Mitarbeiter an den Anlagen erhalten demnach noch einmal sehr detailliert auf Teileebene die Information zur Verfügbarkeit des Materials. Bereits am Auftragsboard wird für den gesamten Auftrag angezeigt, wie der Status des Materials ist (Bild 6.12)
  - Stückpreise jeder Komponente: Diese Information wurde als Ergebnis eines Reviews auf Wunsch der Mitarbeiter am Ende eines Sprints hinzugefügt. Es

sollte damit ein besseres Kostenbewusstsein geschaffen werden und um die Mitarbeiter bei Entscheidungen zu unterstützen. Es konnte vorkommen, dass die Qualität einzelner Komponenten nicht den Vorgaben entsprach. Häufig wurden diese von den Mitarbeitern entsorgt. Mit der Verfügbarkeit der Information des Stückpreises kann von ihnen nun eine bessere Entscheidung getroffen werden, ob diese Teile eventuell auch nachgearbeitet werden sollten und oder andere Maßnahmen sinnvoller wären.

Bild 6.12 Ausschnitt einer Stückliste im Auftragsinfo-System

Mit dem Auftragsinfo-System wurde den Mitarbeitern ein Werkzeug zur Verfügung gestellt, über das sie kompakt alle notwendigen Informationen zu einem Auftrag über einen Monitor abrufen können. Die gesamte Handhabung von Arbeitspapieren konnte eliminiert werden. Außerdem konnten Zusatzinformationen zur Verfügung gestellt werden, auf die sie vorher keinen unmittelbaren Zugriff hatten.

⚠ Interne Logistik

Zusätzlich wurde für das Logistikteam ein Werkzeug aufgebaut, das den Informationsfluss zum internen Transport verbessern sollte. Der An- und Abtransport zwischen den einzelnen Produktionsbereichen sollte damit schneller und transparenter gestaltet werden. Der Service der internen Transporteure kann über ein Tablet abgerufen werden. (Bild 6.13) Sie erhalten darüber die detaillierten Informationen, was abgeholt werden soll und auf einem Layout am Bildschirm wird der Abhol- und Ablieferpunkt angezeigt. Manuelle Transportaufträge oder das Suchen bzw. Warten auf Logistikmitarbeiter sind damit komplett eliminiert.

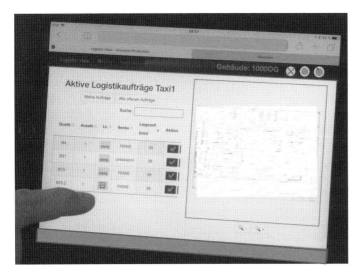

Bild 6.13 Anforderung eines internen Transports über ein Tablet

Praxisbeispiel 6.4 – Planung, Nachverfolgung und Lokalisierung von Musteraufträgen mit digitaler Unterstützung

Ausgangssituation:

Dieses Praxisbeispiel befasst sich mit einem Produzenten von Elektronikbauteilen für die Automobilindustrie. Teil dieses Standortes ist ein Bereich, in dem Muster in Losgrößen von 1 bis zu 50 Stück gefertigt werden. Diese Muster dienen allen beteiligten Bereichen der Entwicklung eines neuen Produktes als Prototypen. Damit ist dieser Musterbau einem klassischen Projektgeschäft sehr ähnlich. Im Vergleich zu einer Fertigung eines Automobilzulieferers müssen die Abläufe wesentlich flexibler gestaltet sein. Es ergeben sich zusätzlich ungleich komplexere Informations- und Materialflüsse, bis es zur Erstellung eines Musters kommt.

In der Vergangenheit hatte der Bereich in Bezug auf den gesamten Auftragsdurchfluss drei besondere Herausforderungen zu meistern:

Für die Planung eines Musterauftrages müssen im Vorfeld zahlreiche Informationen aus unterschiedlichsten Bereichen eingeholt werden. Für die Vorabplanung aller benötigten Vorrichtungen, Teile, Zeichnungen etc. gab es detailliert beschriebene Anweisungen. Da es für den Input an Informationen allerdings keinen genau definierten Standard gab, wurden je nach Abteilung und Person diese auch in unterschiedlicher Form oder Umfang zur Verfügung gestellt. In der Vorbereitung der Vormontage gab es zur Steuerung dazu eine zentrale Anlaufstelle. Durch die langjährige Erfahrung wussten die Mitarbeiter genau, für welche Art von Muster welche Informationen benötigt wurden. Als Hilfsmittel verwendeten sie eine Planungstafel, in der die Aufträge in ihrem jeweiligen Status der Vorbereitung abgebildet wurden (Bild 6.14). Da sich diese natürlich an ihrem Arbeitsplatz befand, war der aktuelle Stand nicht für alle ersichtlich. Durch die fehlenden Standards bei den Dokumenten und die Darstellung des Auftragsstandes an dieser zentralen Stelle konnte dieser Prozess nicht unbedingt als sehr transparent bezeichnet werden. Es konnte durchaus vorkommen, dass Aufträge im Musterbau gestartet wurden, für die noch nicht alle notwendigen Informationen verfügbar waren.

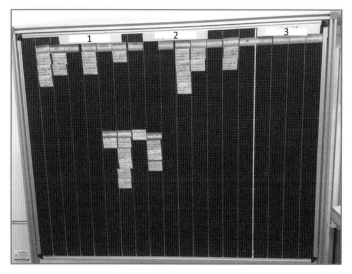

Bild 6.14 Analoge Planungstafel zur Vorbereitung von Musteraufträgen

Den Start eines Fertigungsauftrages für ein Muster stellt die Kommissionierung der einzelnen Teile dar. Für die weiteren Fertigungsschritte gab es zwar Priorisierungen in SAP und Endtermine, die allerdings nicht zuverlässig eingehalten werden konnten. Aus mehreren Gründen wie den fehlenden Informationen oder Beanstandungen (erklärt im nächsten Punkt) kam es bei zahlreichen Aufträgen zu Verzögerungen und sie mussten aus dem Fluss genommen werden. Da dieser Umstand in keiner klaren Visualisierung und Priorisierung abgebildet wurde, war es auch nicht eindeutig ersichtlich, wann welcher Auftrag genau und an welcher Anlage produziert werden sollte. In morgendlichen Abstimmungsrunden musste damit für die einzelnen Fertigungsprozesse geklärt werden, welche Aufträge Prioritäten haben sollten. Letztendlich mussten die Mitarbeiter aus der Planung noch zusätzlich eingreifen, um die Steuerung vor Ort abzusichern. Die gesamte Planung und Steuerung war gekennzeichnet durch die zentrale Darstellung auf der Planungstafel und manuelle Eingriffe.

Der zweite Punkt bezieht sich auf den Materialfluss selbst und den Suchaufwand nach Aufträgen innerhalb des Musterbaus. Mit den Jahren wuchs der Bereich so stark und veränderte sich kontinuierlich, sodass ein klarer, eindeutiger Materialfluss mit definierten Puffern nicht mehr ohne gravierende Baumaßnahmen erreichbar sein sollte. Die Platzsituation wurde mit der Zeit so kritisch, dass es oft nicht mehr klar war, wo die Fertigungsaufträge nach dem Abschluss ihrer Prozessschritte abgestellt werden sollten. Es gab zwar definierte Pufferplätze für eine bestimmte Anzahl an Aufträgen, die speziell bei Störungen aber nicht mehr ausreichten. Die Mitarbeiter mussten dann kurzfristig auf andere Flächen ausweichen. (Bild 6.15) In SAP wurde in solchen Situationen zumeist ein anderer Standort im Prozessfluss angezeigt, als der, wo sich das Material tatsächlich befand.

Bild 6.15 Beispiel eines ungeplanten Pufferplatzes für Fertigungsaufträge

Im Musterbau soll in den einzelnen Prozessschritten auch festgestellt werden, ob sich ein Teil nach den vorgegebenen Abläufen und Parametern fertigen lässt. Dadurch gehört es zur täglichen Arbeit, dass Beanstandungen zum Beispiel der Fertigungsprozesse festgestellt werden. Diese Aufträge müssen dann aus dem Fluss genommen werden, bis die weitere Vorgehensweise mit der entsprechenden Abteilung geklärt ist. Auch dafür gab es keine ausreichenden Pufferplätze, um eine geordnete Abarbeitung der Beanstandung zu gewährleisten.

Diese zwei Hauptgründe gepaart mit einer Reihe von zusätzlichen Ursachen ergaben, dass sich zahlreiche Aufträge im Musterbau befanden, die nicht unmittelbar aufgefunden werden konnten. Suchen von Aufträgen gehörte damit zum Tagesablauf zahlreicher Personen wie zum Beispiel Mitarbeitern und Shopfloor Managern aus dem Musterbau oder Produktbetreuern.

Zuletzt stellte die Nachverfolgbarkeit von Aufträgen eine große Herausforderung dar. Zum Start eines Auftrages wurden Auftragsmappen in Papierform zusammengestellt, was Teil der Vorbereitungsarbeit aus dem ersten Punkt war. Sie beinhalteten alle wichtigen Begleitpapiere für den Durchlauf und konnte 10 bis 20 Blättern umfassen. Während der Herstellung der Muster wurden alle generierten Daten und Informationen manuell von den Mitarbeitern in diese Blätter eingetragen. Am Ende liefen alle Mappen an einer zentralen Stelle zusammen, wo die Blätter gescannt und in einer Datenbank abgelegt wurden. Mehrere Dutzend solcher Mappen konnten schon im Arbeitsvorrat dieser administrativen Stelle liegen (Bild 6.16). Es kam demnach im gesamten Ablauf zu einem erheblichen, administrativen Aufwand.

Bild 6.16 Arbeitsvorrat an Mappen zur Eingabe in die Datenbank

Wichtiger sollte allerdings sein, dass eine spätere Nachverfolgung eines Musterauftrages nur mit erheblichem Aufwand möglich war. Kam eine Anfrage von einer anderen Abteilung oder einem Kunden zu einem speziellen Musterteil, so musste die SAP-Datenbank nach den relevanten Informationen durchsucht werden. Rückmeldung konnten damit auch mehrere Tage dauern. Auch gab es keine Möglichkeit einer systematischen Auswertung von Daten und Informationen zu den Abläufen. Dies erfolgte durch ein Übertragen der einzelnen Werte in Excel-Tabellen, in denen die notwendigen Graphen und Diagramme erstellt wurden. Die Behebung von Mängeln in den einzelnen Prozessen wurde damit erheblich erschwert.

Die Kombination aus den drei Punkten veranlasste die Leitung des Musterbaus, dass Veränderungen dringend nötig seien. Dazu sollten Möglichkeiten ausgelotet werden, wie mit digitalen Hilfsmitteln mehr Transparenz mit weniger administrativem Aufwand in diese Abläufe gebracht werden könnte.

Anwendung:

Entsprechend der drei recht unterschiedlichen Herausforderungen wurden auch separate Projekte definiert, die unabhängig voneinander in diesem Praxisbeispiel behandelt werden sollen:

- Transparente Fertigungssteuerung mit digitalen Werkzeugen
- Lokalisieren von Aufträgen in der Fertigung
- MES-Einführung zur transparenten Auftragsnachverfolgung

 Transparente Fertigungssteuerung mit digitalen Werkzeugen

Ausgangspunkt für die Neugestaltung der Fertigungssteuerung sollte die bereits existierende Tafel aus der Ausgangssituation sein. Die digitale Version würde demnach vom grundsätzlichen Aufbau der analogen entsprechen und durch mehrere Komponenten erweitert werden. Die Kernelemente für die digitale Fertigungssteuerung sollten sein:

- *Fertigungsschrittkarte:* Durch die Einführung eines Manufacturing Execution System (dazu mehr im folgenden Punkt) gibt es keine Notwendigkeit mehr für die analoge Auftragsmappe. Als Begleitdokument für einen Fertigungsauftrag dient nun eine Fertigungsschrittkarte. Diese ist mit einem RFDI-Transponder ausgestattet, um eine digitale Identifikation zu ermöglichen.

 RFID-Transponder und Aktive Tags

RFID-Transponder bestehen aus einem Mikrochip und einer damit verbundenen Antenne. Auf dem Chip werden zumeist Informationen zu dem Objekt gespeichert, auf dem sie angebracht sind. Über die Antenne können diese Informationen abgelesen oder übertragen werden. Es wird dabei zwischen aktiven und passiven Transpondern unterschieden. Aktive haben eine eigene Energiequelle und können selbstständig Signale aussenden. Passive hingegen können nur über ein Lesegerät gelesen werden. Ein weiteres, wichtiges Unterscheidungsmerkmal besteht zwischen ReadOnly oder Read/Write. Im ersten Fall werden sie nur einmal beschrieben und können dann nur mehr gelesen werden. Im zweiten Fall können die Informationen auf dem Chip kontinuierlich neu beschrieben werden.

Hauptaufgabe eines RFID-Transponders ist die Identifikation des Objektes, auf dem sie angebracht sind. Mit der einfachsten Version kann über kurze Distanz nur die einmal gespeicherte Information zum Beispiel des entsprechenden Produktes gelesen werden. Die umfangreicheren Lösungen ermöglichen auch ein Lokalisieren über größere Distanzen und den Austausch von Daten zwischen dem Transponder und dem entsprechenden Lesegerät.

- *Digitale Steuerungstafel:* In jedem Fertigungsbereich befindet sich eine physische, digitale Steuerungstafel (Bild 6.17). Kommt ein Auftrag in einen Bereich, so wird die Fertigungsschrittkarte an den entsprechenden Steckplatz an dieser Tafel angebracht. Über den RFID-Transponder an der Karte und der Tafel als Lesegerät erkennt das System, wo sich der jeweilige Auftrag befindet. Diese Information wird auf die digitale Steuerungstafel im System übertragen (Bild 6.18).

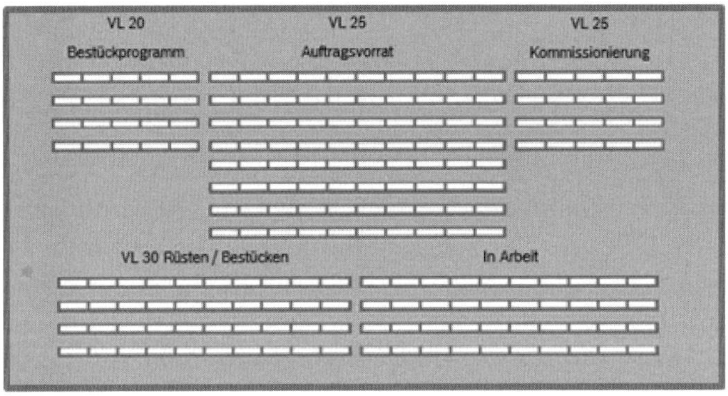

Bild 6.17 Beispiel digitale, physische Steuerungstafel

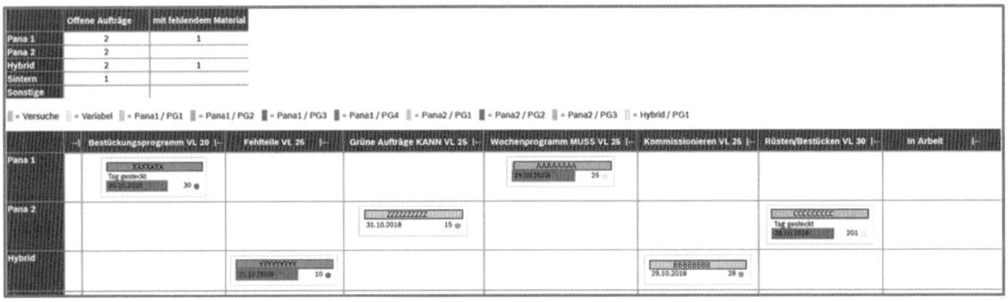

Bild 6.18 Beispiel digitale Steuerungstafel im System

Die physische Tafel dient für die Mitarbeiter eines Bereiches als visuelle Unterstützung, um einen transparenten Überblick über den gesamten Auftragsbestand zu haben und die Steuerung zu vereinfachen. Wird ein Auftrag, zum Beispiel in Bild 6.17, aus dem Auftragsvorrat entnommen und zum Rüsten übergeben, so wird die Karte physisch auf der Tafel zum Abschnitt „Rüsten/Bestücken" verschoben. Diese Information wird automatisch in das System übertragen und ist auf der Tafel am Bildschirm auf Bild 6.18 zu erkennen. Damit herrscht für alle beteiligten Bereiche volle Transparenz, in welchem Status sich ein Fertigungsauftrag gerade befindet. Sie können sich jederzeit über das System anzeigen lassen, was gerade mit einem Auftrag geschieht. Kommt es zu Änderungen zum Beispiel der Priorität eines Auftrages, so werden diese Informationen über das System übermittelt und sind auf der Steuerungstafel ersichtlich. Ein manuelles Ändern ist nicht mehr notwendig.

- *Software:* Als beste Unterstützung für diese Tafeln und Karten sollte eine Software für ein eKanban dienen. Zwar handelt es sich bei der oben beschriebenen Lösung um kein eigentliches Kanban, doch stellte diese Software die notwendigen Funktionalitäten und Schnittstellen zur Verfügung. Deshalb wurde dieses Projekt auch als Einführung eines eKanbans tituliert.

Jeder einzelne Abschnitt im Musterbau hatte zwar unterschiedliche Fertigungsschritte, doch konnten die einzelnen Tafeln ähnlich zu der der Steuerung der Vormontage aufgebaut werden. Auf dieser wurden je Produktionseinheit die aktuellen Aufträge entsprechend ihres Status angezeigt:

- *In Bearbeitung:* Für jede Anlage oder jeden Arbeitsplatz wird der aktuell bearbeitete Auftrag angezeigt. Durch die Rückmeldung in SAP nach dem Abschluss wird dieser von der Tafel vom durchgeführten Prozessschritt gelöst und zum nächsten gebucht.

- *Auftragspool:* Hier wird angezeigt, welche folgenden Aufträge sich bereits im Bereich befinden und auf die Bearbeitung warten. Durch den Link zu SAP wird über die Termine die Priorisierung vorgegeben. Wurde ein Auftrag abgeschlossen, so wird der darauf folgende über den Monitor auf den Status In Bearbeitung gezogen.

- *Beanstandung:* Kommt es zu einer Beanstandung, so wird der Auftrag in diesen Bereich gezogen. Wie schon in der Ausgangssituation kurz erklärt, sind diese Teil der täglichen Arbeit innerhalb eines Musterbaus. Wird festgestellt, dass aus einer Vielzahl von möglichen Gründen ein Teil nicht so produziert werden kann wie ursprünglich geplant, so kommt es zu einer Beanstandung. Die Mitarbeiter tragen nun über das System ein, was genau beanstandet wurde. Damit steht auch diese Information automatisch allen beteiligten Bereichen zur Verfügung.

Mit dieser digitalen Auftragstafel können mehrere Vorteile erzielt werden:

Für die Mitarbeiter ist es klar ersichtlich, welche Aufträge im Bereich anstehen und welche Prioritäten sie haben. Sollte es zu kurzfristigen Änderungen zum Beispiel beim Termin kommen, so werden diese automatisch über das System übertragen. Die Priorisierungen auf der Tafel passen sich entsprechend an. Die Fertigungssteuerer zum Beispiel müssen nicht mehr vor Ort gehen, um eine Änderung der Reihenfolge von Aufträgen einzuleiten. Es ist damit auch sichergestellt, dass die Mitarbeiter immer mit den aktuellsten Daten arbeiten, falls an einer anderen Stelle etwas geändert wurde.

Es herrscht für alle volle Transparenz, wie der Status eines jedes einzelnen Auftrages ist. Ein Produktbetreuer kann zum Beispiel jederzeit überprüfen, wie weit die Fertigstellung eines Musterauftrages für ein Produkt aus seinem Programm fortgeschritten ist. Kam es zu Beanstandungen, so können diese ebenfalls sofort eingesehen werden.

Für die Shopfloor Manager reduziert sich der Aufwand für die Handhabung von Aufträgen erheblich. Einerseits ist die Dauer der morgendlichen Abstimmungsrunde wesentlich verkürzt, da sich der Klärungsaufwand zur Priorisierung der Aufträge in ihren Bereichen nicht mehr stellt. Andererseits hat dies auch unmittelbare Auswirkung auf die Steuerung vor Ort. In der Vergangenheit mussten sie die Erkenntnisse aus der Abstimmungsrunde auch in der Produktion umsetzen. Diese Änderungen laufen nun transparent über das System ab.

 Lokalisieren von Aufträgen in der Fertigung

Wie schon in der Ausgangssituation beschrieben, kam eine Definition von strukturierten Pufferplätzen aus Platzmangel nicht in Frage. Es musste davon ausgegangen werden, dass Material durchaus an jedem beliebigen Punkt in der Halle stehen konnte. Ziel sollte es bei diesem Projekt demnach sein, dass jeder Auftrag mit einfachen Hilfsmitteln jederzeit an jeder Stelle im Fertigungsbereich lokalisiert werden könnte. Als Lösung wurde ein System bestehend aus iBeacons und Lesegeräten gewählt.

 iBeacons

Wie schon der Name andeutet, wurde dieses System von Apple entwickelt. Bei iBeacons handelt es sich um kleine Funksender, auf dem limitierte Informationen gespeichert sind. Über Bluetooth-Verbindung kann mit einem Mobilgerät mit der entsprechenden App diese Information gelesen werden. Kommt das jeweilige Gerät, auf der die App installiert ist, in die Nähe des iBeacons, so wird die Übertragung der Information automatisch ausgelöst.

Jeder Materialwagen erhält dazu einen iBeacon. (Bild 6.19) Auf diesen werden die MES-Identifikationsnummern von allen Aufträgen gespeichert, die sich auf einem bestimmten Wagen befinden. In der gesamten Halle werden Lesegeräte an definierten Punkten angebracht, die die Signale der iBeacons empfangen. Über diese Geräte lässt sich durch die Kommunikation mit diesen die Position eines Materialwagens relativ genau bestimmen. Über eine HTML-Oberfläche oder eine Standard-App muss nur die Auftragsnummer eingegeben werden und der Standort wird am Layout angezeigt. Das Suchen beschränkt sich damit auf wenige Quadratmeter.

Bild 6.19 iBeacon zur Lokalisierung von Aufträgen

 MES-Einführung zur transparenten Auftragsnachverfolgung

Ziel dieses Projektbereiches sollte es sein, durch eine papierlose Fertigung ein
lückenloses Nachverfolgen von Aufträgen zu erleichtern bzw. zu ermöglichen. Dies
sollte mit der Einführung eines MES erreicht werden. Dieses Thema kann damit in
Kombination mit dem Punkt zur Steuerung gesehen werden. Durch die Digitalisierung der Erstellung der Begleitpapiere ergibt sich die Möglichkeit der digitalen
Archivierung. Dies beinhaltet auch, dass alle Informationen und Daten, die im Fer-
tigungsfluss für einen Auftrag generiert wurden, in digitaler Form aufgezeichnet
und abgelegt werden. Damit wurde die Basis geschaffen, dass Abfragen zu abgeschlossenen Aufträgen zeitnah und ohne großen Aufwand durchgeführt werden
können.

 Manufacturing Execution System (MES)

MES ist in der gesamten Systemstruktur eines Unternehmens eine Ebene
unter dem Enterprise Resource Planning (ERP) angesiedelt. Mit dem ERP
wird zumeist die Produktionsplanung durchgeführt. Das MES übernimmt
anschließend folgende Aufgaben:

- Rückmeldung zum jeweiligen Auftragsstatus, womit auch die Feinplanung
  bzw. Steuerung aktualisiert werden kann

- Aufzeichnung aller wichtiger Produktionsdaten wie Mengen, Stillstände,
  etc. und daraus abgeleitet Kennzahlen und Berichte wie OEE, Paretos,
  Zykluszeitabweichungen

- Rückverfolgung der einzelnen Produktionsschritte mit allen Details, um
  rechtliche und von Kunden geforderte Produktionsnachweise zu liefern

Ein MES liefert damit ein komplettes, zeitnahes Abbild davon, was gerade in
der Produktion geschieht. Daraus können je nach Anforderungen einerseits
andere Systeme angeschlossen werden, die diese Informationen nutzen.

> Andererseits ermöglicht es Daten und Informationen zu den Abläufen in der Produktion in eine Form umzuwandeln, dass sie für alle betroffenen Bereiche als Entscheidungsgrundlage dienen. ∎

Für die Erstellung der Begleitpapiere eines Auftrages existierten bereits alle notwendigen Daten und Informationen in den unterschiedlichsten Systemen. Diese wurden in der analogen Vorgehensweise ausgedruckt und zu einer Begleitmappe zusammengestellt. Auf die einzelnen Blätter dieser Begleitmappe konnten die Mitarbeiter in der Fertigung ihren entsprechenden Input manuell eintragen. Die Herausforderung sollte nun sein, Eingabemöglichkeiten und Schnittstellen zu definieren und aufzubauen, damit das analoge Eintragen auf Blätter durch ein digitales in einem System ersetzt werden könnte. Manche Daten konnten über ein MES automatisch übernommen werden. Andere mussten durch die Mitarbeiter eingescannt und in MES-Eingabemasken eingetragen werden. Besonders musste dabei berücksichtigt werden, dass der Aufwand für die einzelnen Personen dadurch nicht ansteigen sollte und durfte. Der Aufwand für das Erstellen und Archivieren der Mappen sollte komplett entfallen. Im Musterbau selber gab es jedoch zahlreiche Bedenken, dass für die Mitarbeiter ein Zusatzaufwand entstehen könnte. Es zeigte sich bei den Diskussionen dazu, dass für die Einführung des MES ein zusätzlicher Schulungs- und Betreuungsaufwand nötig sei. Für manche Mitarbeiter sollte es fast selbstverständlich sein, dass eine digitale Erfassung eine Vereinfachung darstellen würde. Andere waren weniger geübt mit dem Umgang von digitalen Medien und hatten größere Bedenken zur Umstellung. Ein Aspekt dabei sollte auch sein, dass die digitale Version weniger Flexibilität bei den einzutragenden Informationen zuließ. In der analogen Aufschreibung konnten Informationsgehalte teilweise eher flexibel aufgezeichnet werden. Die volle Transparenz über den Ablauf eines Auftrages an einem Prozessschritt konnte so nicht voll gewährleistet werden. Die digitalen Eingaben sollten wesentlich standardisiert sein und hatten damit weniger Spielraum für Interpretationen.

Letztendlich würde sich das gesamte System so ergeben, dass Daten und Informationen nur noch digital erfasst werden. Trotz der Bedenken reduzierte sich damit der administrative Aufwand für alle Beteiligten. Alle Ebenen des Shopfloor Managements konnten auch wesentlich einfacher Auskunft geben, falls Fragen von Kunden oder der Produktion zu bestimmten Musteraufträgen kamen. Sie hatten jederzeit Zugang zur entsprechenden Datenbank.

Als Gesamtpaket brachten die drei Projektbereiche wesentliche Erleichterungen für alle beteiligten Mitarbeiter. Einerseits reduzierte sich der gesamte Aufwand für den Auftragsdurchlauf. Dies beinhaltet Punkte wie die Reduzierung des administrativen Aufwandes (z. B. Verarbeiten der Informationen der Auftragsmappen) oder des Suchens nach Aufträgen. Andererseits ergab sich durch das MES und dem eKanban die notwendige Transparenz zu allen Phasen der Erstellung und späteren Nachverfolgung von Mustern. Mit den einzelnen Stufen der Einführung dieser digitalen Hilfsmittel konnten anfängliche Vorbehalte und Skepsis abgebaut werden, sodass klare Fortschritte und Verbesserungen für alle Mitarbeiter realisiert werden konnten. Durch die Kombination der unterschiedlichen Themen in den Projekten gab es keinen Arbeitsplatz, der nicht in einem bestimmten Umfang von den Veränderungen profitieren konnte.

Fazit aus den Praxisbeispielen

- Inhalte der Definition des genauen Inputs an Schnittstellen sollten zumindest sein was, wann, wohin, in welchem Umfang und in welcher Form geliefert werden soll. Bei dieser Beschreibung sollten die Shopfloor Manager der internen Kunden und Lieferanten gleichermaßen beteiligt sein, da sie ein genaues Verständnis haben, was notwendig beziehungsweise möglich ist. Diese Definitionen sollten als Standards dienen, die für alle Beteiligten gültig sind und in denen sie auch unterwiesen wurden.

- Kommt es zu Abweichungen bei der Einhaltung dieser Standards, so sollte mit ihnen genauso verfahren werden wie bei rein internen Nicht-Konformitäten. In den Regelkreisen aus Kapitel 4 sollten demnach auch Verschwendungsarten, verursacht in den Schnittstellen, behandelt werden können. Der Problemlösungskreislauf wird zumeist vom Kunden ausgelöst, die Lösungen können in vielen Fällen gemeinsam gefunden werden.

- Handelt es sich um Schnittstellen zwischen zwei aneinandergrenzenden Bereichen, so können die Hilfsmittel zum Schnittstellenmanagement analog und mit physischer Visualisierung genügen. Je komplexer und umfangreicher der Input ist bzw. je größer die Distanzen zwischen den einzelnen Abschnitten sind, umso sinnvoller kann eine digitale Unterstützung sein. Sollen verschiedenste Unternehmensbereiche volle Transparenz zu einem gesamten Wertstrom haben, so lässt sich dies nur noch über digitale Systeme ermöglichen. Eine wichtige Fragestellung beinhaltet dennoch was notwendig und sinnvoll und nicht was möglich ist. Auch hier sollte der beschriebene Zielzustand aus Kapitel 5 als Leitfaden dienen.

6.2 Schnittstellen Output

Beim Thema Output wollen wir uns ausschließlich auf die Informationen konzentrieren. Für das Material als Output ergeben sich ähnliche oder identische Aussagen, wie wir sie bereits zum Input betrachtet haben. In einem Wertstrom kommt es zumeist auf die Seite des Betrachters an, ob es sich um den internen Kunden oder Lieferanten handelt. Werkzeuge befinden sich in einem kontinuierlichen

Kreislauf und verändern sich eigentlich nicht grundlegend. Informationen als In- und Output können hingegen etwas komplett Unterschiedliches sein. Als Input im Wertstrom haben wir sie hauptsächlich in Bezug auf einen Fertigungsauftrag betrachtet. Im Zusammenhang mit Output werden wir sie als Feedback zum Produktionsprozess an indirekte Bereiche genauer beschreiben. Ein zentrales Konzept, das sich als roter Faden durch alle Kapitel hindurchzieht, sind Standards und die Abweichung von diesen. Eine der Hauptaufgaben von Shopfloor Management ist, sicherzustellen, dass diese Standards eingehalten werden. Kommt es zu Abweichungen, so ist nicht nur die Produktion am Umfang und den Ursachen interessiert. Dies stellt einen wichtigen Input für Bereiche wie die Planung, das Controlling oder das Engineering dar.

Anhand von einigen Beispielen werden wir auf den folgenden Seiten aufzeigen, welcher Bereich an welchen Informationen interessiert sein kann und wie diese zustande kommen können. Zumeist schreckt Unternehmen der potenziell erhebliche Aufwand von manuellen, analogen Erhebungsmethoden ab. Auch konnten klassische BDE- oder Rückmeldesysteme die geforderten Informationen ohne nachträgliche Bearbeitung nicht liefern. Erst durch die Möglichkeiten der digitalen Medien in der Produktion ist es für viele Produktionsbetriebe möglich, aussagekräftige Daten und Informationen für andere Bereiche zu generieren. Die meisten Systeme, die dabei verwendet werden, werden als Manufacturing Execution Systeme bezeichnet.

Praxisbeispiel 6.5 – Digitale Informationsverarbeitung zur Kontrolle der Zykluszeiten

Ausgangssituation:

Im zweiten Kapitel wurde die Bedeutung der Zykluszeiten als Teil der Standards bereits im Detail beschrieben. Nur sehr selten stimmen die tatsächlichen Zeiten in der Produktion mit einmal festgelegten überein. Zumeist wurden sie einmal im Rahmen der Produktentwicklung oder einer Kalkulation berechnet. Eventuell wurden sie in einer späteren Nachkalkulation angepasst. Oder es wurden Verbesserungsmaßnahmen an den Prozessen durchgeführt, die zu einer Aktualisierung der Zykluszeiten führten. Selbst wenn ein und dasselbe Produkt an zwei theoretisch identischen Anlagen gefertigt wird, kann es zwischen diesen Abweichungen in den Zeiten geben. Bis zu einem gewissen Grad können oder müssen diese Unterschiede auch akzeptiert werden. Vielen Unternehmen ist es allerdings nicht bewusst, wie gravierend diese in ihrer eigenen Fertigung tatsächlich sind. Die Planung arbeitet mit einem Wert, der hoffentlich auch mit den Zahlen im Controlling übereinstimmt. Die Anlagen laufen allerdings mit einer anderen Zeit. Je größer diese Abweichungen sind, umso unrealistischer ist die Planung oder eventuell auch die Kalkulation. Eine kontinuierliche Überprüfung der Zykluszeiten ist für viele Unternehmen zumeist ein Aufwand, den sie nicht erbringen wollen.

In der Fertigung in diesem Praxisbeispiel wurden über 2000 verschiedene Varianten an Kugellagern gefertigt. Die gesamte Produktion bestand aus ca. 300 Anlagen, die zum großen Teil vollautomatisiert waren. Für lange Zeit gab es nur sehr wenig Transparenz, wie gut oder schlecht die Produktion tatsächlich arbeitete. Wie es der Produktionsleiter selber ausdrückte: „Wir waren über Jahre im Blindflug unterwegs." Eine manuelle Überprüfung der Zykluszeiten einiger Produkte zeigte eines der Probleme des Blindfluges auf (Bild 6.20). Für die meisten Artikel wichen die Ist- von den Planzeiten zwischen 20 und 30 % nach oben wie auch nach unten ab. Dies war nur einer der Faktoren, dass die Feinplanung nicht richtig funktionierte und wichtige Produktionskennzahlen nicht hinreichend bekannt waren. Das Management hatte keinen Zweifel daran, dass mehr Transparenz in die Produktion kommen müsste. Dazu wurde ein System eingeführt, das mit dem Fokus auf die Zykluszeiten im Folgenden erklärt werden soll.

Artikelbezeichung	Artikel Nr.	Zykluszeit		
		Ist-Zeit	Plan-Zeit	Abweichung
Artikel A	2143020000	73	57.1	28%
Artikel B	2172026000	27.5	34.3	-20%
Artikel C	2124015000	70	97.3	-28%
Artikel D	2109032201	130	163.6	-21%
Artikel E	15210019031	14.5	20.3	-29%
Artikel F	2124019100	117.5	133.0	-12%
Artikel G	402100040401	105	65.5	60%
Artikel H	2124017108	103	138.0	-25%
Artikel I	2109032201	139	164.0	-15%
Artikel J	2143022000	151	120.0	26%

Bild 6.20 Stichprobenvergleich Ist- zu Planzykluszeiten

Anwendung:

Ein Kernelement dieses neuen Systems stellt das „Dashboard" dar, in dem für jede einzelne Anlage jederzeit der aktuelle Status zu allen wichtigen Parametern und Informationen aufgerufen werden konnte (Bild 6.21). Dieses Dashboard konnte von allen Mitarbeitern direkt an Monitoren an ihren Anlagen beziehungsweise von allen Shopfloor Managern und unterstützenden Bereichen über ihre mobilen Geräte abgerufen werden. Über das Diagramm rechts oben wurde der Leistungsgrad des Auftrages angezeigt, der zu dem gegebenen Zeitpunkt gerade lief. Mit diesem Bild wurden zwei wichtige Informationen dargestellt:

▪ Wann gab es welche Störung? Die einzelnen Segmente innerhalb des Feldes (1 in Bild 6.21) stellen Unterbrechungen dar. Durch Anklicken jedes einzelnen Abschnittes konnten weitere Details dazu aufgerufen werden. Damit verbunden konnten natürlich auch Auswertungen und Reports zu wichtigen Kennzahlen wie OEE oder Paretos zu Stillstandsgründen angezeigt werden.

- Wie ist das Verhältnis Ist zu Soll? Das Feld in der Graphik stellt im Zeitverlauf die tatsächlich produzierte Menge dar. In der Kurve darüber (2 in Bild 6.21) wird dieser dem Sollwert gegenübergestellt. Einerseits lässt sich daraus sofort erkennen, ob der Auftrag in der geplanten Zeit auch abgeschlossen werden kann. Neben den oben erwähnten Störungen kann aber auch sofort die tatsächliche Zykluszeit ermittelt werden. Ein automatisch generierter Report liefert somit unmittelbar die Information, welche Abweichungen der Zykluszeiten es bei welchen Produkten gegeben hat.

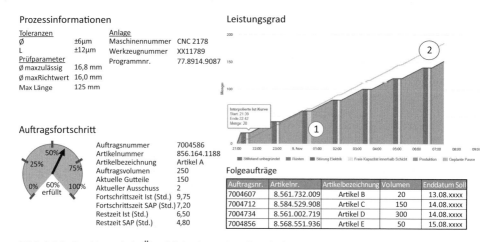

Bild 6.21 Dashboard als Überblick eines aktuellen Auftrages

Selbst wenn solche Informationen verfügbar sind, bedeutet es noch lange nicht, dass sie auch richtig genutzt werden. Im nächsten Schritt musste definiert werden, wer diese Daten wie verwendet. Dazu mussten auch einige Regeln verfasst werden, da es nicht sinnvoll wäre, bei jeder kleinen Abweichung sofort die Stammdaten zu ändern. Kleinere Differenzen können sich auch durch Faktoren wie Umweltbedingungen oder Materialbeschaffenheit ergeben, die innerhalb bestimmter Grenzen als normale Varianzen in der Produktion angesehen werden können. Folgende Regeln wurden deshalb aufgestellt, damit eine Abweichung zu Änderungen führen würde:

- Die Abweichung musste mindestens +/- 10 % betragen
- Sie musste an zwei Aufträgen des selben Teils hintereinander festgestellt werden.

Kam es zu solchen Abweichungen, musste die zuständige Person im Engineering tätig werden. Zuerst wurde bei diesen Aufträgen ermittelt, ob es offensichtliche Gründe für die Abweichungen gab. Konnten keine ermittelt werden, mussten beim nächsten Auftrag entsprechende Beobachtungen vor Ort durchgeführt werden. Aus der Kombination der damit gewonnenen Informationen musste im Engineering die Entscheidung getroffen werden, welche Maßnahmen ergriffen werden sollten. Entweder wurden die Zykluszeiten in den Stammdaten angepasst. Oder die Gründe für die Abweichungen mussten beseitigt werden. Für die folgenden Bereiche ergab die Änderung der Stammdaten Konsequenzen:

- *Planung:* Zumeist stellten sie eine Änderung nicht einmal fest. Die Zykluszeiten wurden automatisch in den Stammdaten geändert, auf die das Planungssystem unmittelbar zugriff. Mit der Zeit wurde allerdings durch die notwendigen Aktualisierungen der Parameter die Planung immer stabiler. Was geplant wurde, konnte somit auch immer genauer in der Steuerung der Produktion umgesetzt werden. Änderungen in der Produktionsplanung wurden immer seltener.

- *Controlling:* Durch die Änderungen der Zykluszeiten wurden Nachkalkulationen ausgelöst. Hier musste im Einzelfall auch entschieden werden, ob dies Auswirkungen auf die Preisgestaltung haben würde. Mehr zum Informationsfeedback in das Controlling in Praxisbeispiel 6.6

- *Engineering:* Für die Mitarbeiter im Engineering bedeutete diese Information ein Feedback, wie genau ihre ursprünglichen Ermittlungen der Zykluszeiten waren. Ziel sollte es sein, daraus zu lernen und die notwendigen Rückschlüsse für zukünftige Kalkulationen zu ziehen. Der Idealzustand wäre damit, dass es keine Abweichungen mehr geben sollte in neuen Projekten. Realistischer weise sollte die Differenz immer kleiner werden.

Für die Shopfloor Manager der ersten Ebene (Teamleiter) ergab sich durch das komplette, neue System eine wesentlich stabilere Feinplanung. Sie mussten immer weniger eingreifen, um eventuell die Reihenfolge von Aufträgen zu ändern. In der zweiten Ebene (Bereichsleiter) gewannen Kennzahlen eine neue Bedeutung. Sie erhielten Daten und Informationen zu den Abläufen in der Produktion in einer Genauigkeit und Aktualität, die es zuvor nicht gab. Sie konnten nun Entscheidungen treffen, die auf tatsächlichem Wissen beruhten.

Praxisbeispiel 6.6 – Digitale Informationsverarbeitung zur Kostentransparenz

Ausgangssituation:

Bei einem Zulieferer der Automobilindustrie wurden Abweichungen in der Produktion lange Zeit analog erfasst. Die Mitarbeiter schrieben Daten wie zum Beispiel gefertigte Mengen oder Störgründe in Schichtblätter ein, die täglich vom jeweiligen Schichtleiter eingesammelt wurden. Diese verbrachten täglich ein bis zwei Stunden damit, diese Daten in Excel-Tabellen zu übertragen. Da die Erfassung speziell der Stillstände nicht standardisiert war, wurde keine detaillierte Auswertung mit einem Pareto dazu erstellt. Den eigentlichen Störungsgründen wurde damit auch nicht nachgegangen. Für das Controlling bedeutete dies, dass die Abweichungen der Kosten in der Produktion nur sehr eingeschränkt genau den Verursachern zugerechnet werden konnten.

In der Übersicht der Deckungsbeitragsrechnung führte dies zu einer mangelhaften Transparenz wie in Bild 6.22 beispielhaft dargestellt. Im Punkt „Abweichungen Menge" wurden zwei wichtige Aspekte berücksichtigt. Zum einen ging es um die tatsächliche Abweichung an verbrauchten Rohstoffen. Was in diesem Zusammenhang mehr zum Tragen kommt, ist die Abweichung an real benötigter Fertigungszeit. Wurden zum Beispiel zwei Stunden für einen Auftrag geplant, die tatsächliche Zeit betrug hingegen drei Stunden, so musste diese Abweichung hier berücksichtigt werden. Unter den Punkt „Abweichungen Struktur" werden die Kosten verbucht, die anfallen, wenn ein Auftrag andere Kostenstellen/Arbeitsplätze in Anspruch nimmt als die ursprünglich geplanten. Die analogen Aufzeichnungen lieferten nicht den Detaillierungsgrad, um hier sinnvolle Daten einsetzen zu können. Alle Abweichungen, die nicht korrekt aufgezeichnet wurden, landeten letztendlich in dem „Sammelbecken" Ergebnis der Kostenstelle. Wurde zum Beispiel auch nicht jeder Ausschuss korrekt verbucht, so ging das Kostenstellenergebnis entsprechend nach oben oder unten.

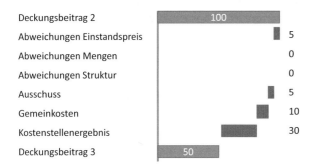

Deckungsbeitrag 2	100
Abweichungen Einstandspreis	5
Abweichungen Mengen	0
Abweichungen Struktur	0
Ausschuss	5
Gemeinkosten	10
Kostenstellenergebnis	30
Deckungsbeitrag 3	50

Bild 6.22 Beispiel Deckungsbeitragsrechnung ohne klare Kostenabweichung

Diese Intransparenz resultierte darin, dass die Produktion nicht wusste, wo die größten Hebel für Verbesserungen in den Prozessen lagen. Genauso wusste das Controlling nicht, wo die größten Abweichungen in den Kosten zu finden waren. Weder gab es ein klares Bild zum OEE, den einzelnen Kostenkomponenten oder der Genauigkeiten der wichtigsten Parameter für die Planung.

Anwendung:

Um für alle Bereiche die notwendige Transparenz zu generieren, sollte ein firmenweites, digitales Manufacturing Execution System (MES) eingeführt werden. Controlling sollte nur ein Nutznießer davon sein. Der zentrale Punkt dieses Praxisbeispiels sollte es auch sein, die Kostentransparenz als Ergebnis des Inputs der Produktion an das Controlling zu behandeln.

Das MES ersetzte über die Anbindung mit der bereits existierenden Vernetzung der Anlagen das manuelle Aufschreiben in den Schichtblättern. Einerseits konnten gewisse Informationen wie Stückzahlen oder Zykluszeiten der Anlagen unmittelbar über das System aufgezeichnet werden. Andererseits mussten die Mitarbeiter über Monitore an ihren Arbeitsplätzen immer noch detaillierte Stillstands – oder Ausschusszahlen eingeben. Über das System konnten damit jederzeit alle relevanten Informationen zu einem Auftrag oder einer Anlage abgerufen werden. Aus Controlling-Perspektive ergaben sich daraus folgende Vorteile:

- Abweichungen konnten auf einen einzelnen Auftrag oder zusammengefasst auf ein Produkt bestimmt werden. So konnte für jedes einzelne Produkt festgestellt werden, ob Parameter in den Stammdaten wie zum Beispiel die Zykluszeit oder Materialeinsatz korrekt waren oder nicht.
- Der OEE stellt eine der wichtigsten Kennzahlen für die Produktion und das Controlling dar. Bis dahin konnten keine Details zu den einzelnen Verlusten des OEE ermittelt werden. Nun gab es volle Transparenz mit der Zuweisung auf die wichtigsten Verlustquellen.

Das Controlling hatte damit die notwendigen Daten, um Varianzen in der Deckungsbeitragsrechnung und dem Budget zu erklären. Daraus ließen sich auch die richtigen Entscheidungen und Maßnahmen ableiten. Die gewonnene Transparenz ist vereinfacht in Bild 6.23 dargestellt.

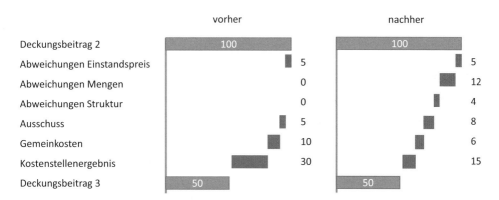

Bild 6.23 Beispiel Deckungsbeitragsrechnung mit klarer Kostenabweichung

Speziell die beiden Punkte Abweichungen Mengen und Struktur konnten nun mit tatsächlichen Daten hinterlegt werden. Auch die Ausschusszahlen wurden wesentlich genauer erfasst, was sich in den geänderten Werten widerspiegelte. Entsprechend der genaueren Zahlen in den einzelnen Posten ging das Kostenstellenergebnis nach unten. Hinter diesen Daten gab es natürlich wesentlich detailliertere Informationen. Damit hat das Controlling ein erheblich genaueres Bild, was die Varianzen in den Kosten verursacht und wo Handlungsbedarf liegt.

Praxisbeispiel 6.7 – Digitale Informationsverarbeitung zur Nachverfolgbarkeit

Ausgangssituation:

Für viele Automobilzulieferer ist die Nachverfolgbarkeit von einzelnen Komponenten ihrer Produkte schon lange ein Thema, das entweder auf rechtliche Anforderungen oder Vorgaben ihrer Kunden zurückzuführen ist. Zumeist wird zwischen Kunden und Lieferanten vereinbart, welche Informationen notwendig sind, um den Anforderungen der Nachverfolgbarkeit gerecht zu werden. In den meisten Fällen sollen für kritische Komponenten und Baugruppen folgende Punkte nachvollziehbar sein:

- Bezogen auf die eigenen Prozesse: Wer hat sie wann an welcher Anlage produziert oder verbaut? Dazu gehören auch Informationen wie Chargennummer oder Freigaben durch die Qualität.
- Bezogen auf Zukaufteile: Über die Teilenummer kann ein Bezug zur jeweiligen Charge hergestellt werden und damit die notwendigen Lieferanteninformationen. Es sollte also nachvollziehbar sein, welches Teil, von welchem Lieferanten aus welcher Charge oder welchem Los wann verbaut wurde.

Mit diesen Informationen soll sichergestellt werden, dass bei einem Schaden nachverfolgt werden kann, wie die Historie der kritischen Teile ist. Damit wird gewährleistet, dass nachvollziehbar ist, dass in allen Prozessschritten nach den jeweiligen Vorgaben gearbeitet wurde. Ein Lieferant kann mit diesen Informationen also belegen, dass der Schaden nicht bei ihm verursacht wurde oder wo potenzielle Fehlerquellen liegen könnten.

Mit dieser Nachverfolgbarkeit ist in der Regel ein sehr hoher Dokumentationsaufwand verbunden. In einer rein analogen Welt muss jeder Mitarbeiter seinen Arbeitsschritt quittieren. Für jedes einzelne Produkt muss ganz genau dokumentiert werden, welche Komponente verbaut wurde. Bei Qualitätsprüfungen müssen die jeweiligen Protokolle archiviert werden. Kommt es bei einem einzelnen Produkt oder einer Charge beim Kunden zu einer Beanstandung, müssen diese Informationen für jede einzelne Artikelnummer verfügbar sein. Der administrative Aufwand kann dabei immens sein.

Bei diesem Zulieferer wurden nun die Anforderungen durch einen der Kunden noch einmal wesentlich verschärft. Im Endeffekt musste die Produktion für jedes einzelne Produkt, das eine Fabrik in Richtung dieses Kunden verließ, zur Gänze nachvollziehbar sein. Dies sollte unter anderem ein Auslöser dafür sein, dass ein unternehmensweites MES eingeführt werden sollte.

Anwendung:

Würde also vom Kunden eine spezifische Artikelnummer angegeben, müsste völlig transparent sein, wann welches Teil wo verbaut wurde. Im Prinzip müsste die Stückliste aufscheinen, über die die Informationen zu jeder einzelnen Komponente abgerufen werden können. Für die kritischen Teile musste bis auf den Arbeitsplatz nachverfolgbar sein, wie diese entstanden. Für die nicht-kritischen Teile reicht eine Rückverfolgbarkeit auf die jeweilige Charge oder das Los aus. Für jede einzelne Komponente in einer Stückliste sollten über ein MSE solche Daten erfass- und auswertbar sein. Die Herausforderung ist, diese Einzelinformationen so zusammenzuführen, dass eine einwandfreie Nachverfolgbarkeit möglich ist. Bei hunderttausenden Endprodukten je Werk, die aus dutzenden Einzelteilen bestehen, stellt diese eine Unmenge an Daten dar.

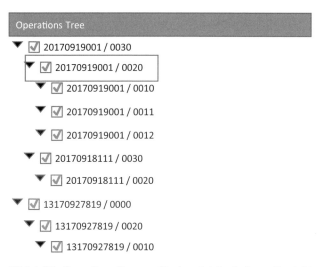

Bild 6.24 Operations Tree zur Nachverfolgbarkeit von Produkten

Ein Systemanbieter hatte als eine Komponente im MES die Funktion des Track & Trace. Über einen Operations Tree konnte der gesamte Entstehungsprozess jedes einzelnen Produktes nachvollzogen werden. (Bild 6.24) Dieser Operations Tree spiegelt die Stückliste wider, mit der auf die benötigten Informationen je Komponente zugegriffen werden kann. In Bild 6.24 könnte zum Beispiel Einzelteil 20170919001/0020 beim Kunden als schadhaft identifiziert worden sein. Über die Artikelnummer könnte so in dem Operations Tree alle vorab definierten Informationen zu dieser Komponente abgerufen werden (Bild 6.25). Es könnte zum Beispiel sofort Auskunft gegeben werden, wann und an welcher Anlage es produziert wurde oder was die Ergebnisse der Qualitätsprüfung waren. Der Kunde kann nun zu jedem einzelnen Endprodukt nachfragen und erhält relativ zeitnah Auskunft zu den vereinbarten Informationen bezüglich der Nachverfolgbarkeit. Der administrative Aufwand reduziert sich damit natürlich erheblich.

Bild 6.25 Beispiel Abfrage zur Nachverfolgung von Komponenten

 Fazit aus den Praxisbeispielen

- Für indirekte Bereiche wie Planung, Controlling oder Engineering ergeben sich durch digitale Systeme wie MES neue Möglichkeiten, Daten aus der Produktion zu erhalten. Es entsteht durch einen digitalen Informationsfluss eine Transparenz, die mit analogen Systemen nur unter erheblichem Aufwand möglich gewesen wäre.

- Wie bereits in anderen Kapiteln und Abschnitten hervorgehoben wurde, gilt auch hier, dass mit der reinen Verfügbarkeit an Daten und Informationen noch nichts gewonnen wurde. Es muss klar beschrieben werden, wie damit umgegangen wird und wie diese sinnvoll verwendet werden. Besonders muss berücksichtigt werden, dass nicht ein zu viel an Daten generiert wird und nicht mehr klar ist, was wichtig und was nur vorhanden ist. Bei der Definition solcher Systeme müssen die späteren Anwender so intensiv wie möglich mit eingebunden werden.

7

Potenzielle Widersprüche zwischen Lean und Digitalisierung

In den vorangegangenen Kapiteln wurden mehrere Anwendungsbeispiele beschrieben, wie digitale Instrumente das Shopfloor Management unterstützen können. Die Möglichkeiten konzentrierten sich hierbei fast zur Gänze auf die Sammlung, Auswertung und Verarbeitung von Daten und Informationen. Mit den aufgeführten digitalen Werkzeugen sollen die Shopfloor Manager Informationen schneller und besser aufbereitet bekommen als mit analogen Mitteln. Daraus sollen ebenfalls schneller fundierte Entscheidungen getroffen werden können. Teilweise wurden in den einzelnen Praxisbeispielen Bedenken aufgeführt, welche potenziellen Widersprüche es zu manchen Lean-Prinzipien gibt. Diese sollen hier noch einmal zusammengefasst und mit zusätzlichen Punkten erweitert werden. Folgende Themen werden auf den nächsten Seiten behandelt:

- Einbindung der Mitarbeiter
- Anwesenheit der Vorgesetzten am Shopfloor
- Streben nach Vermeidung von Verschwendung
- Prozesse vs. Technologie
- Lean Konzepte mit neuem Namen

 Einbindung der Mitarbeiter

Im vierten Kapitel wurde dieser Punkt bereits thematisiert. Die Mitarbeiter nehmen im Lean Shopfloor Management eine zentrale Stellung ein. In analogen Regelkreisen, wie sie in Kapitel 4 beschrieben wurden, übernehmen sie auch eine bedeutende Aufgabe beim Erfassen von wichtigen Informationen und Daten zur Produktion. Sie beschäftigen sich also nicht nur mit ihren Eindrücken zu den Prozessen, sondern auch mit den relevanten Daten. Sie sind die Experten für ihr Arbeitsumfeld und stellen damit eine der wichtigsten Quellen für die Stabilisierung und Verbesserung dar. Ihre Erfahrungen und Ideen ergeben gemeinsam mit den richtigen Daten die Grundlage für so manche Entscheidungen der Shopfloor Manager in Bezug auf die Prozesse. Zusätzlich sind sie wertvollere Partner für die Vorgesetzten, Potenziale in der Produktion zu entdecken und zu realisieren.

Einer der größten Vorteile der Digitalisierung in Bezug auf Shopfloor Management ist die Möglichkeit, dass wichtige produktionsrelevante Daten schneller, genauer und komplett aufbereitet verfügbar sind. Dies soll automatisch durch das verwendete System erfolgen, sodass der Aufwand für Mitarbeiter und Vorgesetzte sich auf ein Minimum reduziert. Und genau in diesem Punkt liegt auch das Potenzial für eine der größten Schwächen solcher Systeme. Im Extremfall werden die Mitarbeiter komplett übergangen und die Vorgesetzten arbeiten nur noch mit den Daten, die ihnen aufbereitet zur Verfügung gestellt werden. Wie im Praxisbeispiel 4.12 beschrieben, reicht es auch schon aus, dass sich die Mitarbeiter nicht mehr unmittelbar mit den Daten und Zahlen beschäftigen. Ihre Identifikation mit dem gesamten Prozess schwindet mit der Zeit. Kern davon ist, dass sich diese Unternehmen nur noch zu sehr auf die reinen Daten konzentrieren. So wichtig diese auch sind, die Bedeutung der Beteiligung der Mitarbeiter und deren Erfahrung mit den Prozessen gehören genauso zum gesamten Bild.

Prinzipiell können bei der Einführung von digitalen Regelkreisen drei Situationen vorgegeben sein.

- Es existieren bereits erfolgreiche analoge Regelkreise: Das Unternehmen hat erfolgreich Erfahrungen mit Regelkreisen zur Stabilisierung und Verbesserung gesammelt und möchte nun teilweise oder komplett auf digitale Werkzeuge umsteigen. In solch einem Umfeld sollte man sich besonders vor Augen führen, was den analogen Prozess nachhaltig erfolgreich gemacht hat. Wie und warum wurden die Prozessverbesserungen erzielt? Sehr häufig wird als Antwort kommen, dass alle Mitarbeiter miteinbezogen waren bzw. alle diesen Prozess unterstützten. Die digitalen Werkzeuge sollten diese Stärken unterstreichen und sie nicht ersetzen. Daraus kann sich natürlich ergeben, dass nur einzelne Komponenten des Shopfloor Managements digitalisiert werden. Eine Mischform mag durchaus Sinn machen, wenn sich manche Teile in analoger Form als einfacher und effektiver erwiesen haben.

- Es existieren analoge Regelkreise, die nicht die erwünschten Resultate ergeben: Hier wurden zumeist grundsätzliche Fehler bei der Definition und/oder der täglichen Umsetzung der Regelkreise gemacht. Im Detail können dies folgende Gründe sein:

  - Die Mitarbeiter wurden nicht entsprechend miteinbezogen. Diese Aussage kann sich auf die ursprüngliche Entwicklung sowie auch auf das tägliche Leben der Regelkreise beziehen. Die Ideenfindung und Umsetzung wird nur von einer kleinen Gruppe an Personen durchgeführt, die zumeist nicht unmittelbar von den Lösungen betroffen sind. Die Mitarbeiter müssen allerdings mit den Ergebnissen leben und unterstützen sie damit eher eingeschränkt.

  - Die Art der Datenerhebung und -verarbeitung ist zu aufwendig und kompliziert. Müssen die Beteiligten zu viel Zeit mit diesen Tätigkeiten verbringen, wird sich allmählich Widerstand aufbauen oder sie werden einfach nicht konsequent durchgeführt. Dies verstärkt sich noch, wenn auch der folgende Punkt dazu kommt.

▪ Die Regelkreise liefern keine spürbaren Verbesserungen. Werden immer nur Daten erhoben und danach geschieht nichts, wird die Unterstützung der Mitarbeiter sehr bald nachlassen. Es sollte jeder an seinem Arbeitsplatz mitbekommen, dass sich auch für ihn persönlich etwas zum Besseren verändert.

Gerade der zweite Punkt kann sicherlich mit einer Digitalisierung entschärft werden. Es muss aber, wie schon eingangs erwähnt wurde, ein Ausgrenzen der Mitarbeiter vermieden werden. Man sollte sich aber der Gründe für das Scheitern bewusst sein. Die analogen Fehler werden häufig nicht durch eine Digitalisierung eliminiert.

▪ Es existieren noch keine Regelkreise: Wenn ein Unternehmen noch keine Erfahrung mit solchen Regelkreisen oder eventuell sogar mit dem Umgang mit Kennzahlen hat, dann werden digitale Systeme auch kein Allheilmittel sein. Bereits in den vergangenen Jahrzehnten wurde von Firmen versucht, das Ergebnis von schlechten oder nicht-definierten Prozessen durch Systeme und Programme zu verbessern. Auch beim Shopfloor Management sollte man nicht davon ausgehen, dass Digitalisierung schon alles richten wird. Sie werden keinen Mitarbeiter dazu bringen, sich Gedanken zu seinen Prozessen zu machen, nur weil er nun alle Daten über einen Touchscreen an seiner Anlage abrufen kann. Mitarbeiter und Verbesserungsprozesse müssen hier gemeinsam entwickelt werden. Eventuell kann es sinnvoll sein, mit einfachen, analogen Werkzeugen zu beginnen, um gemeinsam zu wachsen.

Wie auch immer die Ausgangslage in einem Unternehmen ist, das Zusammenspiel von Digitalisierung mit der Beteiligung der Mitarbeiter am Shopfloor Management darf nicht unterschätzt werden. Wie schon eingangs beschrieben, Daten sind nur eine Komponente im gesamten Shopfloor Management. Die Menschen, und in diesem Zusammenhang die Mitarbeiter am Ort der Wertschöpfung, spielen immer noch eine zentrale Rolle. Dieser Punkt sollte bei der Einführung von digitalen Werkzeugen nicht vergessen werden.

 Anwesenheit der Vorgesetzten am Shopfloor

Genauso wie die Beteiligung der Mitarbeiter an den Veränderungsprozessen und Regelkreisen von Bedeutung ist, spielt die regelmäßige Anwesenheit der Vorgesetzten in der Produktion eine wichtige Rolle im Lean Shopfloor Management. Konzentrieren wir uns in diesem Zusammenhang zuerst auf den Punkt, wie ein Vorgesetzter seine Informationen zu den Abläufen bekommt und was er damit macht. Danach folgt die Thematik der Mitarbeiterführung.

Als Einstieg eine kurze Beschreibung, wie ein Bereichsleiter mit der neu-gewonnen Transparenz eines MES (Manufacturing Execution System) umging. Ein Bestandteil von diesem System war, dass der gesamte Prozess seines Bereiches über eine Darstellung transparent gemacht wurde. Sämtliche Prozessschritte wurden abgebildet mit den Informationen, was gerade produziert wurde und wo es zu Abweichungen kam. Er hatte damit jederzeit Einblick, ob die operativen Ziele erreicht würden bzw. wo und warum es zu Abweichungen kam. Ständig hatte er auch das Tablet bei sich und überprüfte den aktuellen Status und die Ursachen für Abweichungen. Sehen wir einmal davon ab, dass er sich kaum an einem Gespräch/einer Besprechung beteiligen konnte, da sein Blick immer wieder auf das Tablet wanderte. Oder dass er in den meisten Fällen auch nicht wirklich etwas unternehmen konnte oder musste, weil es keine Notwendigkeit dazu gab. Wichtig ist in diesem Zusammenhang, dass sein Bereich kaum Fortschritte beim Erreichen der operativen Ziele machte. Einer der Gründe dafür war, dass er und seine Kollegen sich hauptsächlich mit der Flut an Daten beschäftigten, sich aber niemand wirklich um den Shopfloor vor Ort kümmerte. Sie hatten alle Zugang zu einer Menge an Informationen und konnten unmittelbar erklären, warum die operativen Ziele heute oder gestern nicht erreicht wurden. Sie hatten allerdings nicht das Verständnis, was wirklich unternommen werden musste, um die Abweichungen nachhaltig abzustellen. Dazu fehlte ihnen der Einblick, was täglich in der Produktion geschah und wie die Mitarbeiter damit umgingen.

Als ein großes Verkaufsargument für die Digitalisierung wird immer wieder angeführt, dass Manager jederzeit und überall Einblick haben, was in der Produktion geschieht. Von allen Anlagen und Arbeitsplätzen können online Informationen abgerufen werden, was aktuell genau vor sich geht. Zusätzlich können alle wichtigen Kennzahlen in aktuellster Version eingesehen werden. Nicht selten wird einem erklärt, dass man von überall auf der Welt abrufen kann, was Maschine XYZ irgendwo in einem Werk weit entfernt gerade produziert oder ob es eine Störung gibt. Alle Kennzahlen zu diesem Standort sind natürlich auch jederzeit verfügbar, damit man sofort den Werksleiter anrufen kann, was denn los sei. Wenn nur auf diese Daten geachtet wird, kann es eventuell zu einem Aktionismus führen, der die Situation noch verschlimmern könnte.

Wir haben in den verschiedenen Kapiteln immer wieder hervorgehoben, wie wichtig Transparenz ist. Und mit den digitalen Werkzeugen kann eine Form erreicht werden, die es so für das Management bisher nicht gab. Sie sollte sich aber nicht nur auf Zahlen und Daten alleine verlassen. Speziell in den ersten beiden Ebenen des Shopfloor Managements sollten sie eine Präsenz vor Ort nicht ersetzen. Die eigenen Eindrücke und Beobachtungen gekoppelt mit dem Feedback der Mitarbeiter ergeben erst ein Gesamtbild. Nur damit kann der Shopfloor Manager auch die richtigen Entscheidungen treffen.

Im Zusammenhang mit dem Thema Mitarbeiterführung kann der unmittelbare Kontakt zu den Mitarbeitern verloren gehen. Aufgaben wie kontinuierliches Feedback oder Coaching können nur sehr schwer durchgeführt werden, wenn man den Gang durch den Shopfloor auf ein Minimum reduziert. Führungskräfte, die sich zu sehr auf ihre Informationen und Daten über ein digitales Medium verlassen, werden mit großer Wahrscheinlichkeit auch ihre Führungsaufgaben unmittelbar in der Produktion vernachlässigen.

Zusätzlich kann damit auch eine Kultur der ständigen Kontrolle gefördert werden. Selbst wenn die Einführung zum Beispiel eines MES mit den besten Intentionen stattfindet, führt die Transparenz möglicherweise zu Widerständen in der Belegschaft. Unternehmen berichten immer wieder, dass dies die größte Herausforderung in der Implementierung von solchen Systemen ist. Dies ist in vielen Fällen allerdings nur das Ergebnis von Misstrauen, das sich in der Produktion über einen längeren Zeitraum gebildet hat. Gibt es keinen offenen Umgang mit Abweichungen und Daten in einem Unternehmen, so wird Transparenz durch digitale Werkzeuge auch nicht auf allen Ebenen erwünscht sein. In solch einem Umfeld werden die Mitarbeiter Transparenz mit Kontrolle gleich setzen. Mängel in der Führungskultur werden eine reibungslose Implementierung eher schwierig gestalten.

Für Shopfloor Manager können die digitalen Werkzeuge eine wertvolle Unterstützung in ihren täglichen Tätigkeiten sein. Teil der Einführung solcher Systeme sollte allerdings auch sein, dass man sich genau Gedanken zum Umgang mit diesen macht. Es sollte klar definiert werden, wie sie in ein Gesamtkonzept zum Thema Shopfloor Management und Mitarbeiterführung passen. Die digitalen Medien sollten nicht zum zentralen Mittel der Leitung eines Produktionsbereiches werden und die Präsenz am Ort der Wertschöpfung und den unmittelbaren Kontakt mit den Mitarbeitern verdrängen.

 Streben nach Vermeidung von Verschwendung

Ein weiterer, wichtiger Grundsatz von Lean Shopfloor Management ist, dass Prozesse kontinuierlich hinterfragt werden, um Verschwendung und Abweichungen zu reduzieren. Es wird nach der Grundursache für deren Auftreten gesucht, um sie ein für alle Mal zu vermeiden. Dies mag in so manchen Fällen nicht so einfach und mit großem Umsetzungsaufwand verbunden sein. Trotzdem steht das Bestreben im Vordergrund, Ursachen für Verschwendung zu eliminieren und nicht die Symptome abzustellen. Und genau hier liegt ein großer Unterschied zur Anwendung so mancher digitalen Hilfsmittel. Mit Hilfe von Technologie soll die Auswirkung eines mangelhaften Prozesses behoben werden. Der Prozess selber bleibt davon unangetastet. Dies soll mit zwei Beispielen verdeutlicht werden. Das erste ist ein tatsächliches Praxisbeispiel. Das zweite baut auf einem Konzept auf, welches als einer der großen Fortschritte von Industrie 4.0 angesehen wird.

Praxisbeispiel 7.1 – Lokalisieren von Aufträgen durch iBeacons

Bei einem metallverarbeitenden Betrieb setzte sich die Produktion aus den zwei Hauptbereichen Ablängen und Schweißen zusammen. Zwischen diesen Abteilungen befand sich ein Pufferplatz, an dem die Aufträge aus dem ersten Prozessbereich in chaotischer Lagerung abgestellt wurden. Dutzende Gitterboxen standen auf-, neben- und hintereinander. Der Meister vom Schweißen verbrachte einen nicht unerheblichen Teil seines Arbeitstages mit dem Suchen nach den nächsten Aufträgen. Natürlich befand sich der gesuchte Auftrag nie an vorderster Stelle. Nach der nicht-wertschöpfenden Tätigkeit des Suchens folgte das Bewegen von Gitterboxen, um an den gefundenen Auftrag zu gelangen. Die Hauptursachen für diesen aufwendigen Vorgang konnten auf zwei Punkte reduziert werden. Zum einen wurden Schneiden und Schweißen separat geplant und nicht aufeinander abgestimmt. Es konnte zu keinem Fluss kommen. Zum anderen bestand der Puffer nur aus einer Fläche in der Produktion ohne jegliche Struktur oder Konzept. Es galt einfach nur: „Abstellen, wo Platz war.“

Als Verbesserung wurde nicht angedacht, wie der Fluss zwischen den Bereichen verbessert oder ein vernünftiges Konzept für den Puffer entwickelt werden könnte. Das Symptom Suchen sollte das zentrale Thema sein. Die Lösung bestand darin, dass jeder Auftrag mit einem iBeacon versehen wird. Über dessen Signal kann jeder Behälter relativ genau geortet und der entsprechenden Auftragsnummer zugeordnet werden. Der Meister oder auch Logistikmitarbeiter bzw. Maschinenbediener musste über eine App auf einem mobilen Gerät nur die Auftragsnummer eingeben. Damit wurde am Layout in dieser App der aktuelle Standort der Gitterbox angezeigt. Der Suchaufwand konnte durch diese Anwendung so gut wie eliminiert werden, was für den Meister eine gravierende Zeitersparnis darstellte. Die Box stand damit natürlich immer noch nicht ganz vorne. Auf die Verschwendung der Bewegung der Behälter hatte diese Lösung also keine Antwort.

Bild 7.1 Identifikation einer Gitterbox inklusive eines iBeacon

Das Unternehmen war mit diesem Ansatz hoch zufrieden und sah es als wesentliche Verbesserung der internen Abläufe an. Durch die Lean-Brille gesehen wurde damit nur ein Symptom bekämpft. Der Prozess der Planung & Steuerung und das Konzept des Puffers waren immer noch genauso mangelhaft.

Als ein Zukunftsbild in Industrie 4.0 wird an der Entwicklung der Smarten Fabrik gearbeitet. In einem vernetzten Umfeld soll der Fluss eines Auftrages flexibel und selbstgesteuert funktionieren. Einige der wichtigsten Bestandteile in dieser Smarten Fabrik sind kurz beschrieben: (Bochmann; Gehrke; Gehrke; Mertens; Seiss 2016)

- Flexible und vernetzte Produktionseinheiten: Die Flexibilität bezieht sich auf zwei Aspekte. Einerseits sind es die Varianten des Produktes. Diese Einheiten können jederzeit jede Variante produzieren, ermöglichen damit die Losgröße 1. Andererseits sind es die Arbeitsinhalte. In diesen Zellen können demnach zahlreiche verschiedene Prozessschritte durchgeführt werden. Jede Produktionseinheit ist mit der Steuerung verbunden und gibt kontinuierlich Rückmeldung zum aktuellen Status.

- Digital identifizierbare und vernetzte Produkte: Die Aufträge oder Produkte in der Fertigung sind digital ständig identifizierbar und mit der Steuerung vernetzt. Dadurch kann jederzeit festgestellt werden, wo sie sich befinden und wie der aktuelle Bearbeitungsstand ist.

- Vernetzte, selbstfahrende Transporteinheiten: Die Aufträge werden mit vernetzten, selbstfahrenden Transporteinheiten zwischen den Produktionseinheiten bewegt. Kommt es zu einer Änderung in der Planung, so wird diese automatisch an diese Transporteinheiten übermittelt. Somit kann gegebenenfalls die Route durch die Produktion zeitnah aktualisiert werden.

- Selbstorganisierende Steuerung: Durch die Vernetzung von Produktionseinheiten, Produkten und Transporteinheiten kann die Steuerung kontinuierlich auf die aktuelle Situation in der Produktion reagieren. Kommt es zu Abweichungen, so kann das System selbstständig Aufträge umplanen oder umleiten. Damit soll eine Optimierung der Produktion erreicht werden.

Folgender Punkt wird von den Befürwortern der Smart Factory immer wieder als besonderer Vorteil hervorgehoben. Kommt es zu einer Störung oder Abweichung, so kann die Steuerung unmittelbar darauf reagieren. Ein betroffener Auftrag könnte sofort auf eine andere Produktionseinheit umgeleitet werden. Zusätzlich wird diese Änderung automatisch im System verarbeitet und die Planung aktualisiert. Auswirkungen auf andere Aufträge werden online berücksichtig und an die betroffenen Produkte übertragen. Damit kommt es zu einer kontinuierlichen Aktualisierung der Planung und Steuerung, da alle Abweichungen unmittelbar registriert und verarbeitet werden. Hört sich zuerst einmal gut an. Was bedeutet dies allerdings genau, wenn wir wieder die Lean-Brille aufsetzten?

Diese Vorgehensweise ist prinzipiell mit dem See der Bestände zu vergleichen. Dabei geht es darum, dass Probleme in der Produktion durch Bestände überdeckt werden. Eine Störung wird nicht als Verschwendung wahrgenommen, solange es im Fluss zu keinem Stillstand kommt. Der Stillstand an einer Anlage hat also keine Konsequenzen auf andere Prozessschritte. Dies wird erreicht, indem sich ausreichend Bestände vor diesen Arbeitsplätzen befinden. In Lean Production ist es allerdings wichtig, dass Abweichungen sichtbar gemacht und auch die Konsequenzen von allen bemerkt werden sollen. Dies ist der Grundgedanke, dass zum Beispiel ein komplettes Montageband angehalten wird, wenn an einer Station ein Qualitätsproblem entdeckt wird. Kommt es zu einer Störung oder Abweichung an einem Arbeitsplatz, so wird der gesamte Fluss gestoppt.

Nun bietet die Smart Factory die Möglichkeit, dass Aufträge bei Störungen automatisch umgeleitet werden. Die Konsequenzen aus dieser Abweichung werden auf ein Minimum reduziert. Gehen wir einmal davon aus, dass die Systeme noch nicht so ausgereift sind, dass sie auch selbstständig eine Ursachenanalyse durchführen und eine Prozessverbesserung einleiten. Die Wahrscheinlichkeit ist groß, dass die Störung in einer Kennzahl aufscheint. Da sie aber keine wirklich spürbaren Auswirkungen auf die Produktion hatte, wird kein besonders großer Druck in Richtung Problemlösung entstehen. Statt eines Sees der Bestände wird die Verschwendung nun durch eine Flexibilität der Produktion überdeckt. Oder anders ausgedrückt, in der analogen Fabrik wird der Pegel des Flusses erhöht; in der Smart Factory wird der Fluss umgeleitet.

Beide Beispiele sollen verdeutlichen, dass die Digitalisierung auch manchmal den einfacheren Weg bieten kann. Allerdings wird damit anhand von Technologie nur an den Symptomen gearbeitet. Die Ursachen bleiben weiterhin bestehen. Dies kann natürlich zu einer Diskussion von Grundsätzen führen. Jedes Unternehmen muss für sich selber entscheiden, welchen Weg es gehen will. Sollen es wirklich schlanke Prozesse sein oder will man Produktivität durch digitale Lösungen erreichen. Dies führt uns auch zum nächsten Punkt.

 Prozesse vs. Technologie

In Kapitel 5 wurde bereits auf die Vorgehensweise in Lean Production bei der Weiterentwicklung von Prozessen eingegangen. Ein Zielzustand wird im ersten Schritt für einen gesamten Prozess, Wertstrom oder Bereich definiert. Anschließend wird dieser auf die unteren Ebenen heruntergebrochen, es werden also zukünftige Zustände von Teilprozessen oder gar Arbeitsplätzen erarbeitet. Die Umsetzung zur Erreichung des Zielzustandes wird in Schritten durchgeführt. Damit soll die Möglichkeit gegeben werden, dass der Weg dorthin je nach Bedarf angepasst werden kann. Für die Mitarbeiter bietet diese Vorgehensweise auch die Möglichkeit, sich mit den Veränderungen weiterzuentwickeln. Mit der fortschreitenden Umsetzung kristallisiert sich also erst heraus, was der Inhalt der Lösung genau sein soll. Dies kann eine Veränderung des Layouts sein, ein neues Materialflusskonzept oder auch die Implementierung einer neuen Technologie. Es kommt zu keiner, einzelnen, großen Veränderung mit einem Schritt, sondern zu einer graduellen Entwicklung zu einem definierten Zielzustand. Im Zentrum stehen Prozesse und Menschen.

Mit Industrie 4.0 wird ein anderer Weg eingeschlagen. In den einzelnen Kapiteln wurden einzelne digitale Werkzeuge beschrieben, die das Shopfloor Management in ihrer täglichen Arbeit unterstützen sollen. Diese können natürlich auch in kleinen Schritten eingeführt werden, was in den einzelnen Praxisbeispielen aufgezeigt wurde. Wenn es allerdings um weiterreichende Konzepte wie mit der vorab beschriebenen Smarten Fabrik geht, reden wir von gravierenden Veränderungen, wie eine Produktion strukturiert ist und funktioniert. Die erste Frage ist natürlich einmal, für welche Unternehmen dieser grundlegende Wandel sinnvoll oder notwendig ist. Daraus ergibt sich die nächste Frage, wer überhaupt die Möglichkeiten dazu hat. Letztendlich werden wahrscheinlich einzelne Komponenten für manche Unternehmen interessant sein. Und diese werden sie eventuell in kleinen Schritten einführen. Es bleibt aber immer noch der Aspekt, dass dies sehr technologiegetrieben ist. Dabei muss gegenübergestellt werden, was machbar und was sinnvoll ist. Dies stellt natürlich eine Grunddiskussion zwischen Lean und Industrie 4.0 dar. Denn hier stehen im Zentrum neue Technologien und nicht mehr Prozesse und Menschen.

Die unterschiedlichen Betrachtungsweisen können vielleicht auch wie folgt beschrieben werden. Bei Lean wird zuerst überlegt, wie ein zukünftiger Zustand sein soll. Daraus wird abgeleitet, was sich wie ändern muss und was dazu benötigt wird. Mit der fortschreitenden Digitalisierung und der damit verbundenen Diskussion zum Begriff Industrie 4.0 werden Konzepte und Werkzeuge entwickelt, deren Bedeutung momentan nur teilweise abzuschätzen ist. Je weiter die Entwicklung von tatsächlichen Anwendungsmöglichkeiten vorangeschritten ist, umso intensiver wird auch nach Anwendern gesucht. Es wird also zuerst die Technologie entwickelt und dann überlegt, wer sie wie einsetzen kann. Sicherlich werden einige Komponenten und Ansätze aus der Smarten Fabrik sinnvoll in die Zielzustände von schlanken Unternehmen integriert werden können.

 Lean Konzepte mit neuem Namen

Im ersten Kapitel wurde bereits erwähnt, dass Industrie 4.0 bzw. vieler seiner Bausteine häufig auch als CIM (Computer Integrated Manufacturing) in neuem Gewand gesehen wird. Tatsächlich finden sich einige der bedeutendsten Verkaufsargumente für die Digitalisierung in der Industrie in Ansätzen von Lean wieder. Transparenz und die Verfügbarkeiten von Daten und Informationen stellen einen zentralen Punkt in diesem Buch dar. Die Anwendungsmöglichkeit von digitalen Werkzeugen wurde detailliert behandelt. In Diskussionen und Vorträgen zum Thema Industrie 4.0 kann man allerdings immer wieder den Eindruck gewinnen, dass Unternehmen vor der Existenz von Systemen wie MES keinerlei Zahlen, Daten und Fakten zu ihrer Produktion hatten. Vor der Digitalisierungswelle schienen Produktionsmanager anscheinend im reinen Blindflug unterwegs gewesen zu sein. Es ist tatsächlich erstaunlich, dass es immer noch zahlreiche Unternehmen gibt, die nur eine sehr mangelhafte Transparenz zu ihren Abläufen in der Produktion haben. Dies liegt aber nicht daran, dass es keine geeigneten, analogen Werkzeuge gibt. Mit der Digitalisierung wurde Transparenz nicht erfunden. Es wurde eventuell für viele Unternehmen nur leichter und schneller, an die richtigen Daten zu kommen. Transparenz stellt aber immer schon eine wichtige Komponente in Lean Production dar.

Als eine zentrale Errungenschaft der Digitalisierung in der Industrie wird Flexibilität der Produktion dargestellt und in diesem Zusammenhang die Losgröße 1. In der Fertigung soll es möglich sein, dass jederzeit jede Variante eines Produktes gefertigt werden kann. Mit One-Piece-Flow und Produktionsglättung gibt es in Lean Production schon seit Jahrzehnten Konzepte, die genau dies zum Ziel haben. Für mache Unternehmen war diese Flexibilität immer schon einfacher zu erreichen als für andere. Bei zahlreichen Firmen muss natürlich in Frage gestellt werden, ob ein One-Piece-Flow im engen Sinne - also wirklich ein Stück nach dem anderen - sinnvoll ist. Walzwerke werden zum Beispiel nicht so schnell nur ein Blech nach dem anderen produzieren. Unternehmen, für die One-Piece-Flow oder eine Produktion in sehr kleinen Losen immer schon von Vorteil war, hatten auch die notwendigen Werkzeuge dazu verfügbar. In Praxisbeispiel 4.6 wurde ein Unternehmen beschrieben, dass sehr erfolgreich seinen Montagebereich auf Losgröße 1 umgestellt hatte. Es wurden in diesem Beispiel zwar einige digitale Werkzeuge vorstellt, die Fertigung in Losgröße 1 wäre auch ohne diese möglich. Autobauer fertigen schon lange mit One-Piece-Flow. Sie werden dabei innerhalb eines Jahres nur wenige identische Varianten vorfinden, die mehrmals produziert wurden.

Die Anforderungen der Kunden haben sich zweifelsohne geändert. Damit ergibt sich für manche Firmen erst jetzt die Notwendigkeit, die Flexibilität der Produktion voranzutreiben. Durch die intensive Diskussion und Präsenz des Themas Digitalisierung sehen sie vielleicht auch hier die einzige Möglichkeit, ihre Fertigung an diese Anforderungen anzupassen. Vielleicht kann allerdings auch der analoge Werkzeugkasten von Lean Production Lösungen anbieten, die einfacher zu erreichen sind. Am Anfang sollte eine Definition eines Zielzustandes stehen, aus dem die notwendigen Schritte der Einführung abgeleitet werden. Im Laufe der Umsetzung kann sicher bestimmt werden, wie viel an analogen und wie viel an digitalen Lösungen sinnvoll und notwendig ist.

8 Literatur

Baudin, M. (2004): Lean Logistics – The Nuts and Bolts of Delivering Materials and Goods, Productivity Press, 2004

Benes, G. M. E. und Groh P. E. (2012): Grundlagen des Qualitätsmanagements, Carl Hanser 2012

Bochmann, L.S; Gehrke, L.; Gehrke, N.; Mertens, C.; Seiss, O. (2016): Innovative Konzepte einer sich selbstorganisierenden Fahrzeugmontage am Beispiel des Forschungsprojektes SMART FACE; In: Roth, A.: Einführung und Umsetzung von Industrie 4.0; Springer 2016

Brenner, J (2016): Lean Production: Praktische Umsetzung zur Erhöhung der Wertschöpfung ; Hanser, 2016

Claushues, J.; Hurtz, A. (2017): Lean Leadership: Agiles Lean gelingt nur mit Menschen. Business Village, Göttingen 2017

Deming, W. E. (1982): Out of the Crisis; Massachusetts Institute of Technology, Cambridge 1982

Dettmer, H. W. (1998): Breaking the Constraints to World-Class Performance, ASQ Quality Press, 1998

Gorecki, P.; Pautsch, P. (2013): Praxishandbuch Lean Management, Hanser 2013

Humble, J.; Molesky, J.; O'Reilly, B. (2017): Lean Enterprise: Mit agilen Methoden zum innovativen Unternehmen; O'Reilly 2017

Imai, M. (1997): Gemba Kaizen: a commonsense, low-cost approach to management, McGraw-Hill 1997

Koch, A. (2008): OEE für das Produktionsteam, CETPM Publishing 2008

Koenigsaecker, G. (2012): Leading the Lean Enterprise Transformation, Taylor & Francis Ltd. 2012

Laufer, H. (2018): Grundlagen erfolgreicher Mitarbeiterführung; Gabal 2018

Lendzian, H.; Martin-Martin, R. (2016): Shopfloor Management: Nachhaltige Problemlösungen schaffen; In: Künzel; H: Erfolgsfaktor Lean Management 2.0; Springer 2016

Liker, J. K.; Convis, G. L. (2012): The Toyota Way to Lean Leadership; McGrawHill; 2012

Ohno, T. (1988): Toyota Production System: Beyond Large-Scale Production, Productivity Press, 1988

Peters, R. (2017): Shopfloor Management: Führen am Ort der Wertschöpfung, Log_X, 2017

Rother, M. (2009): Die Kata des Weltmarktführers: Toyotas Erfolgsmethoden, Campus Verlag 2009

Schmidt, G. (2009): Organisation und Business Analysis – Methoden und Techniken, Verlag Dr. Götz Schmidt 2009

Syska, A.; Lièvre, P. (2016): Illusion 4.0: Deutschlands Naiver Traum von der Smarten Fabrik, CETPM, 2016

Womack, J.; Jones, D. (2004): Sehen Lernen: Mit Wertstromdesign die Wertschöpfung erhöhen und Verschwendung beseitigen, Lean Management Institut 2004

https://www.zeit.de/mobilitaet/2018-04/tesla-model-3-produktionsstopp-elon-musk-elektroautohersteller (Stand 17. 04. 2018)

Stichwortverzeichnis